O Caminho para o Despertar

Robert Masters

O Caminho para o Despertar

Exercícios para Estimular o Corpo,
a Personalidade e a Alma

Tradução
ZILDA HUTCHINSON SCHILD SILVA

EDITORA PENSAMENTO
São Paulo

Título do original:
The Way to Awaken

Copyright © 1997 Robert Masters.

Todos os direitos reservados. Nenhuma parte deste livro pode ser reproduzida ou usada de qualquer forma ou por qualquer meio eletrônico ou mecânico, inclusive fotocópias, gravações ou sistema de armazenamento em banco de dados, sem permissão por escrito, exceto nos casos de trechos curtos citados em resenhas críticas ou artigos de revistas.

O primeiro número à esquerda indica a edição, ou reedição, desta obra. A primeira dezena à direita indica o ano em que esta edição, ou reedição, foi publicada.

Edição
1-2-3-4-5-6-7-8-9

Ano
99-00-01-02-03-04-05

Direitos de tradução para a língua portuguesa
adquiridos com exclusividade pela
EDITORA PENSAMENTO LTDA.
Rua Dr. Mário Vicente, 374 — 04270-000 — São Paulo, SP
Fone: 272-1399 — Fax: 272-4770
E-mail: pensamento@snet.com.br
http://www.pensamento-cultrix.com.br
que se reserva a propriedade literária desta tradução.

Impresso em nossas oficinas gráficas.

Dedicado ao meu querido amigo

DR. MOSHE FELDENKRAIS,

grande desbravador da

floresta do cérebro

Sumário

Agradecimentos 9
Prefácio 11
Introdução 13

Primeira Parte: Caminhos para o Despertar
   A Abordagem Psicofísica 23
   O Uso do Ser Total 40
   A Formação e a Reconstrução das Pessoas 56
   A Mente, o Cérebro e o Corpo 62
   Conheça a Si Mesmo 72
   Como Fazer os Exercícios 84

Segunda Parte: Exercícios para Reanimar o Corpo, a Personalidade e a Alma
   Aperfeiçoe os Movimentos da Cabeça, do Pescoço
   e dos Olhos 93
   Aumente a Mobilidade dos Ombros 100
   Melhore a Habilidade Manual 110
   Mude um Lado do Corpo para Reeducar o Corpo Inteiro 118
   Alivie a Tensão na Língua 126
   Movimentos Objetivos em Realidades Subjetivas 133
   O Fenômeno da Neurolinguagem 143
   Aplicações Geriátricas 154
   Lado Esquerdo do Cérebro, Lado Direito do Cérebro ... 162
   Estimule o Sistema Nervoso 171
   Vibrações Sonoras no Corpo (Primeira Parte) 178

Vibrações Sonoras (Segunda Parte): Canção do Eu 185
Use Palavras e Imagens para Mudar o Corpo 189
Transforme o Corpo com a Emoção 196
Outras Aplicações do Método 206
Remova os Obstáculos 214
Movimento, Música, Meditação 224
A Técnica da Liberdade 228
Conclusões 232
Bibliografia Selecionada 234

Agradecimentos

Muitas pessoas contribuíram com o meu trabalho e para a obtenção dos conhecimentos que apresento neste livro.

A principal contribuição, de Moshe Feldenkrais, já foi mencionada tanto na dedicatória quanto na introdução.

O doutor Wilfred Barlow e sua esposa, Marjory Barlow, do Alexander Institute de Londres, passaram várias semanas demonstrando para mim os métodos psicofísicos de Alexander e conversando comigo sobre o trabalho que eles mesmos desenvolviam, inclusive na área de formação de professores.

Passei alguns anos praticando ioga; fui discípulo, em particular, de Swami Karmananda.

A dra. Margaret Mead, aluna minha, fez muitas observações úteis e me passou informações importantíssimas sobre o movimento, a postura e o "uso" do corpo em diferentes culturas.

Com Pak Subur, mestre de pentjak-silat, arte marcial da Indonésia, eu tive conversas muito úteis sobre as interações entre mente e corpo, tanto do ponto de vista oriental quanto do ocidental.

Michael Carrier, faixa-preta de kung-fu, também foi prestativo ao comparar o seu entendimento das artes marciais com o meu próprio.

Lillemor Johnsen, da Noruega, me deu a conhecer as contribuições singularíssimas que ela mesma deu aos métodos psicofísicos, especialmente no que diz respeito às aplicações psicoterápicas.

Kolman Korentayer, devoto e infatigável assistente de Moshe Feldenkrais, colaborou com essas investigações de várias maneiras, todas elas importantes.

Ilana Rubenfeld, que desenvolveu sua própria síntese entre os métodos da Gestalt, de Alexander e de Feldenkrais, fez sugestões relativas ao manuscrito.

Ao longo dos anos, trabalhei com milhares e milhares de pacientes, alunos e voluntários que se submeteram às minhas pesquisas. Eles permitiram que eu adquirisse, em primeira mão, grande parte dos conhecimentos que deram forma a este livro.

Finalmente, meu velho mastim inglês, Titan, me obrigou a aprender, para poder ajudá-lo, muitas coisas sobre músculos e ossos que os veterinários parecem não conhecer, e que acabaram por lançar luz sobre problemas de que os seres humanos também sofrem.

Prefácio

O leitor superficial deste livro importante e originalíssimo pode vir a considerar a reeducação como um assunto simples e fácil de entender. A escrita lúcida e a passagem gradativa dos exercícios simples para os mais complexos tendem a levar o leitor a concordar automaticamente com o que é dito. Numa segunda leitura, porém, ele poderia apreciar a erudição, a amplitude da abordagem e a originalidade do conteúdo.

A reeducação, na maioria das vezes, é compreendida como uma revisão da educação original, no intuito de melhorá-la. Mas o autor nos apresenta algo muito mais importante. Ele ensina o leitor a educar-se em certos assuntos, e a educar-se de um certo modo, que com toda probabilidade nunca constaram da educação original.

Na verdade, o autor leva o leitor a progredir a partir do ponto onde ele abandonou a sua educação — a educação psicofísica, é claro, não a educação acadêmica. Esse progresso não é uma continuação das experiências anteriores, mas um novo tipo de educação autodidática. Trata-se de um tipo de educação que levará o leitor a continuar seu crescimento como pessoa a partir do ponto em que esse crescimento foi deixado de lado e abandonado à própria sorte em meio à violência e à incoerência dos "acasos" da vida.

Para muitas pessoas, este livro será sua primeira experiência de uma *verdadeira* educação. Portanto, este livro é muito mais do que o seu título dá a entender.

Na minha opinião, esse tipo de educação leva a um novo período de desenvolvimento da personalidade, aumentando-lhe a versatilidade. Desejo ao leitor todo o sucesso que pode resultar da sua dedicação a essa empreitada.

MOSHE FELDENKRAIS

Preface

Introdução

Robert Masters

A prescrição délfica:
GNOTHI SEAUTON. CONHECE-TE A TI MESMO.

Por quê?

Porque, caso contrário, a percepção e o entendimento seriam sempre incertos e errôneos. É claro que eles sempre o serão em alguma medida, pois o conhecimento é sempre imperfeito. Mas, quanto mais a pessoa conhece a si mesma, tanto mais aumentam as suas possibilidades de perceber, conhecer e compreender de modo mais autêntico o que existe fora dela. Importante também para o indivíduo, o autoconhecimento autêntico permite que ele seja fiel à essência e chegue perto daquilo que tem a possibilidade de ser.

A meta de atingir o autoconhecimento, respeitada desde a antigüidade remota, permanece quase tão fugidia quanto sempre foi. Na verdade, para a maioria das pessoas, o objetivo indubitavelmente se tornou mais difícil de alcançar, na medida em que os homens se isolaram cada vez mais da natureza e se separaram mais ainda uns dos outros.

Um dos motivos que justificaram a meta do autoconhecimento como caminho para a atualização dos potenciais das pessoas é a crença de que indivíduos mais plenamente desenvolvidos podem criar unidades sociais muito melhores — sociedades, culturas e nações. Mas esses esforços se destinam ao fracasso desde o início quando são presididos por sistemas educacionais, ideologias políticas e religiões organizadas de massa, todos os quais sempre tentam impor as suas idéias e métodos particulares a *grupos* de pessoas.

Adota-se essa estratégia em vez de — como deveria ser feito — tentar-se descobrir meios para que os *indivíduos* descubram, tão plenamente quanto possível, as suas capacidades únicas. São esses *indivíduos* que terão a maior probabilidade de formar unidades sociais mais bem-sucedidas. É um fato trágico e terrível da nossa história que o desenvolvimento e a concretização dos potenciais individuais tenham sido sempre frustrados por definições ignorantes e arbitrárias do como e do quê os homens devem ser. Nós tentamos imaginar como seria um ser humano de posse de todas as suas capacidades; mas o fato é que ninguém o sabe, pois esses homens não existem.

Ao longo de milhares de anos, bilhões de pessoas viveram em sociedades e culturas de todo tipo, dotadas, todas elas, de noções as mais diversas sobre o que o ser humano é e deveria ser. Criaram-se e puseram-se em prática inúmeras estratégias com a finalidade de conhecer e efetuar a transformação e a realização dos potenciais do homem. No entanto, como este livro demonstra clara e objetivamente, todas essas tentativas, de alguma forma, deixaram de levar em conta uma boa parte dos fatos mais fundamentais, mais importantes e aparentemente mais óbvios no que diz respeito ao modo pelo qual nós trabalhamos contra o autoconhecimento, e também no que toca às desastrosas conseqüências desse comportamento. (Eu eximo parcialmente dessa terrível falta de consciência do óbvio vários sistemas psicoespirituais e outros sistemas esotéricos, os quais, no entanto, exigem uma tão extrema dedicação que se tornam quase descabidos para a condição da imensa maioria dos seres humanos.)

A ausência quase absoluta de autoconsciência por parte do ser humano só se explica se aceitarmos o que os filósofos e outros mestres vêm nos dizendo pelo menos desde a época das antigas civilizações egípcia e grega: *o ser humano está adormecido*. De qualquer forma, nossa condição normal é bem mais parecida com a do sonâmbulo do que com a da pessoa totalmente desperta e consciente, cujo estado podemos vislumbrar por ter captado dele alguns lampejos ocasionais. Este livro tem o objetivo de tornar essas afirmativas mais significativas, para os leitores, do que podem ter sido no passado; tem também o objetivo de torná-las *comprovadamente verdadeiras*, desde que o leitor faça os exercícios aqui apresentados e faça-os de acordo com as instruções.

O leitor deste livro está travando contato com um dos meios mais possantes de desenvolvimento humano a que já se teve acesso. Depois de anos e anos de pesquisas, afirmo que este é o meio *mais eficaz* para adquirir-se a atenção e a consciência prática do corpo humano normal, dentre os meios já oferecidos às pessoas fora do contexto das acima mencionadas disciplinas esotéricas e dos grandes esforços e sacrifícios que elas exigem.

São várias as implicações e aplicações desse fato. Como o filósofo da educação John Dewey várias vezes afirmou, a reeducação neural e sensorial do tipo da que se apresenta neste livro é a *educação mais fundamental de todas* e tem de ser a base de toda a educação restante. Nestas páginas estão as sementes, ainda raramente usadas, para a revolução educacional que é hoje tão desesperadamente necessária.

As aplicações na área da saúde humana também são muito amplas. Como disse o educador-filósofo Thomas Hanna em seu livro *Somatics*, a medicina está mal preparada (ou, às vezes, completamente despreparada) para lidar com uma boa metade dos problemas que são apresentados aos médicos; muitos desses problemas, porém, se curam com segurança e, às vezes, até com bastante facilidade mediante a aplicação dos métodos de *reeducação* psicofísica. Não se trata de problemas de saúde propriamente ditos, mas de problemas que um dos gênios pioneiros deste campo, F. Matthias Alexander, chamou de problemas de *uso incorreto*. Quando os *maus hábitos* forem corrigidos, o problema estará resolvido.

Além disso, os métodos de reeducação psicofísica são, dentre os métodos que eu conheço, os mais eficientes para a prevenção e/ou reversão de muitos dos assim-chamados "sintomas do envelhecimento". Os mesmos métodos semelhantes também servem para melhorar o desempenho ativo das mais diversas categorias de pessoas — desde atletas profissionais, dançarinos e outros indivíduos que já estão muito bem condicionados e já chegaram muito perto de realizar todo o seu potencial, até pessoas que sofrem de diferentes tipos de deficiências, de moderadas a graves, físicas, mentais e emocionais. Segundo as observações dos mestres da técnica de Alexander na Inglaterra, a prática regular dos métodos de reeducação psicofísica também pode reduzir em medida notável a incidência de doenças e acidentes graves e prolongar substancialmente a vida humana.

Alexander trabalhou muito para tornar tudo isso possível, mas o que era mais necessário foi suprido por outro grande gênio, o físico israelense Moshe Feldenkrais, que depois se fez neurocientista e educador. Na técnica desenvolvida por Alexander, o professor trabalhava na maioria das vezes com um único aluno por vez. Mas Feldenkrais desenvolveu um método de ensino que permite que um único professor transmita essencialmente o mesmo tipo de conhecimento, com resultados semelhantes, até a um grupo muito grande de alunos. Embora sempre seja boa a presença de um professor para corrigir erros e responder perguntas, Feldenkrais possibilitou que partes importantíssimas do trabalho de reeducação psicofísica fossem divulgadas por meio de televisão ou de fitas de áudio. O trabalho, em suas aplicações, parece ter a mesma eficácia em membros de praticamente todas as culturas do mundo.

Faz 25 anos que eu mesmo comecei a pesquisar os métodos de reeducação psicofísica — estudando primeiro o trabalho de Moshe Feldenkrais, familiarizando-me em seguida com o trabalho de Matthias Alexander e, depois disso, partindo para a pesquisa independente e o desenvolvimento das minhas próprias contribuições. Apesar da enorme importância das descobertas dos pioneiros e dos seus alunos, eu acho que o trabalho ainda mal começou e que por fim temos acesso a meios que nos permitam caminhar a passos largos rumo à meta do autoconhecimento. Não se trata da solução completa para o problema, mas é um fator de importância fundamental e de amplas conseqüências.

Além dos usos que já mencionei, acrescento a possibilidade de usar o trabalho como um instrumento importantíssimo para a exploração psicoespiritual. Ele será útil para qualquer disciplina espiritual na qualidade de meio mais prático de se adquirir uma atenção respeitosa não só em relação à superfície do corpo e ao meio circundante, mas também a diversas partes e funções internas do corpo e a um conjunto de estímulos externos que normalmente não são acessíveis aos sentidos. Além disso, se o trabalho for realizado com bastante intensidade, levando a consciência a se aprofundar dentro do corpo e assim alterando-se num grau suficiente, as portas para as áreas de experiência descritas pelos grandes exploradores religiosos do passado se abrirão. Esse trabalho sempre foi respeitado como um meio de se ter acesso às Potestades, aos Principados, aos mundos dos seres arquetípicos e à percepção dos corpos e energias sutis. Então o praticante saberá o que os sufis e outros guardiães da antiga sabedoria queriam dizer quando declaravam que *deuses estão dentro do corpo*. Dentre os leitores deste livro e os que de alguma outra forma entram em contato com os métodos de reeducação psicofísica, provavelmente serão poucos os que vão se dedicar por tempo suficiente e com intensidade suficiente para ter acesso a esses domínios. Mas, para os que têm a forte determinação de se dedicar a uma investigação séria da consciência e das dimensões espirituais que ficam bem além da realidade comum e consensual, eu gostaria de frisar que temos aqui um meio autêntico de realizar esse trabalho. Com esse grau de dedicação, a pessoa se vê envolvida numa intensa prática de meditação. Não é necessário que se tenha uma ideologia específica, e, embora a presença de um mestre sempre seja desejável, esse caminho de pesquisa e/ou de investigação espiritual certamente pode ser trilhado pelo indivíduo dedicado e audacioso, sem nenhum outro amparo exceto os exercícios existentes.

Os menos afeitos à pesquisa e à investigação também podem esperar muitos benefícios da prática regular dos exercícios do método psicofísico. Por meio dessa prática, você será capaz de movimentar-se com mais naturalidade e elegância do que antes. Seus sentidos se apurarão, especialmente o tato e a sensibilidade cinestésica. Seus reflexos corporais e processos mentais serão muito mais rápidos. Você estará menos sujeito a ferimentos acidentais e terá um acesso muito mais amplo ao seu potencial energético. Será capaz de perceber seu corpo com mais exatidão e clareza, de tal modo que tudo o que você fizer será pelo menos um pouco melhor do que se fosse feito com menor consciência. Pode haver também inúmeros benefícios, dependendo da qualidade e da quantidade do seu esforço.

O livro que você está lendo é uma versão revista e ampliada de *Listening to Your Body*, publicado há vinte anos. Não mudei nem excluí nada do que nele estava escrito, somente acrescentei novas informações. O assunto do livro é atemporal, desde que não ocorram grandes saltos de entendimento que poderiam torná-lo obsoleto — algo que espero sinceramente venha a acontecer, embora não anteveja agora essa possibilidade. Nesta nova edição, trato de temas que não foram abordados na edição anterior, inclusive de uma técnica de meditação extremamente poderosa e que é uma decorrência direta dos conceitos aqui apresentados; talvez a leitura deste livro a torne um pouco mais acessível do que era quando foi apresentada ao mundo por seu pretenso descobridor, Alexander. Era essa a técnica em que o filósofo John Dewey estava pensando quando atribuiu a Alexander o fato de ter demonstrado "um novo princípio científico, relativo *ao controle do comportamento humano*, tão importante quanto qualquer princípio já descoberto no domínio da natureza externa". Graças aos novos trechos que acrescentei e ao fato de eu ter sido o autor principal da obra anterior, minha esposa, Jean Houston, generosamente me cedeu todo o crédito pela autoria desta edição revista e batizada com novo título.

Sob diversos aspectos, eu mesmo avancei muito em relação ao que eu sabia e era capaz de realizar há vinte anos. Uma das inovações mais significativas foi o método que chamei de NEUROSPEAK*, que é apresentado de maneira muito mais completa no livro que leva esse título, recentemente publicado. No entanto, também neste livro eu apresento alguns exemplos. Eles comprovam que é possível usar a palavra, sem nada que a auxilie, para induzir o cérebro humano a reorganizar os músculos e o esqueleto, aumentar a acuidade sensorial e provocar muitas outras mudanças significativas e desejáveis no funcionamento do corpo e em algumas de suas partes. Sendo assim, como a NEUROLINGUAGEM demonstra claramente, parece não haver nada que impeça o cérebro de ser condicionado da mesma maneira para provocar mudanças precisas e previsíveis nos órgãos internos e em muitas outras partes e funções do corpo; a única coisa necessária é uma linguagem eficaz — *tudo o que o cérebro é capaz de organizar, o corpo é capaz de executar.*

Por que, dadas todas as possibilidades que mencionei, a reeducação psicofísica não se difundiu tanto nem suscitou o surgimento de movimentos influentes? Ela é mais eficaz do que a imensa maioria das terapias e técnicas de saúde e de crescimento que conquistaram um apoio amplo e uma clientela fiel. Ela é extremamente confiável; seus efeitos no nível físico são evidentes e, muitas vezes, são obtidos com trepidez e facilidade. Como eu disse, ela também tem efeitos em vários níveis, dirigindo-se de modo significativo ao corpo, à mente e ao espírito.

---

* Neurolinguagem.

Exige-se que os professores de reeducação psicofísica invistam três ou mais anos da sua vida num processo rigoroso de formação, o que leva à exclusão dos diletantes. A fusão dessas técnicas com outros tipos de abordagem é fortemente desencorajada. Além disso, o aluno acaba compreendendo que a qualidade do seu trabalho será determinada não só pelo que se aprendeu durante os programas de formação, mas também, e numa medida muito mais significativa, por um empenho posterior que terá de prolongar-se durante muitos anos, senão indefinidamente. O *trabalho em si mesmo impõe exigências*, pois vai ficando cada vez mais evidente que *não se pode saber sobre outra pessoa algo que não se sabe sobre si mesmo*. Trata-se, portanto, de uma verdadeira disciplina, que não se destina aos que não têm força de vontade ou se desencorajam facilmente. Esses fatos não contribuem nem um pouco para a popularidade do método, e os jornalistas e outras pessoas tiveram dificuldade para entendêlo e escrever sobre ele.

Mas, na minha opinião, o que mais nos faz falta são os bons porta-vozes, que fizeram da psicanálise, por exemplo, um movimento tão forte e tão popular. Os pioneiros, Alexander e Feldenkrais, foram ambos homens de grande genialidade. Feldenkrais, que desprezava Freud, tinha um intelecto pelo menos tão poderoso quanto o de Freud e deu à raça humana uma das maiores contribuições que alguém já ofereceu. Mas, infelizmente, esses pioneiros não eram escritores e seus trabalhos não motivaram a imaginação e o intelecto daqueles que poderiam ter granjeado, para o método, um reconhecimento amplo. Além disso, a reeducação psicofísica e as experiências que ela proporciona são muito mais difíceis de pôr em palavras e, sobretudo, de explicar para aqueles que não têm experiências delas em primeira mão, do que os trabalhos que lidam com experiências mais conhecidas.

Recentemente, dois dos melhores divulgadores — Wilfred Barlow na Inglaterra e Thomas Hanna nos Estados Unidos — morreram prematuramente em circunstâncias trágicas. Hanna, com o tempo, poderia ter se tornado uma figura análoga àqueles que falaram com tanta eloqüência em prol da psicanálise.

O trabalho em si é bom o suficiente para ser reconhecido e aplicado em todo o mundo. O que ele precisa é ser suficientemente bem formulado e apresentado, de modo que não seja prejudicado pelo fato de os professores não conseguirem o seu sustento ou se sentirem desencorajados pela falta de progresso rumo a um reconhecimento mais do que merecido. Se lhes for dada a oportunidade, os métodos psicofísicos apresentados neste livro surpreenderão o mundo com o que eles podem fazer para melhorar a condição da humanidade.

A prática do MÉTODO PSICOFÍSICO fica muitíssimo facilitada quando se trabalha com os cursos de exercícios divulgados em fita de áudio e as outras instruções disponíveis. As encomendas podem ser feitas ao autor através do P.O. Box 3300, Pomona, New York 10970. Os cursos rápidos sobre o método são oferecidos periodicamente nos E.U.A. e em vários países da Europa e da Ásia. Dois cursos completos de formação já foram oferecidos, e, no momento, existem cerca de 75 professores credenciados.

Primeira Parte

Caminhos para o Despertar

A Abordagem
Psicofísica

A educação deveria ensinar-nos a usar o corpo e a mente de modo mais eficiente, mas não faz nada disso. Nós não aprendemos que existe uma correlação entre as funções do movimento, dos sentidos, do pensamento e dos sentimentos; não aprendemos que a mente e o corpo agem juntos para determinar o que nós somos e o que podemos fazer; não aprendemos nem mesmo a usar o corpo com eficácia, de modo a evitar danos ao organismo. A educação não faz, por fim, nenhuma alusão à verdadeira extensão do potencial humano, muito menos a como usá-lo produtivamente. Suprimindo muitos dos nossos potenciais, nós desenvolvemos a personalidade (e, sem dúvida, também o cérebro) de maneira desequilibrada. A percepção adequada do corpo e das interações entre mente e corpo é um fator básico de autoconhecimento; enquanto esses defeitos da educação não forem sanados, ela sempre será deficiente em seus fundamentos. Indivíduos que ignoram a si mesmos num nível tão básico não são capazes de ensinar e aprender tão bem quanto poderiam. Vou demonstrar-lhe várias vezes a exatidão e a importância dessas afirmações. No entanto, eu não o faria se não pudesse oferecer também as soluções.

Vamos a um exemplo. Quero que você leia este parágrafo até o fim e pare. Quando acabar de lê-lo, volte e releia o primeiro parágrafo. Leia com concentração, tentando ao máximo não perder nenhuma palavra e compreender o que está escrito. Faça isso agora e, quando terminar, continue a leitura.

Se fez a experiência, procure lembrar-se do que aconteceu quando você tentou concentrar-se. Se você é semelhante à maioria das pessoas, seus músculos se tensionaram e sua respiração se alterou. Leia este parágrafo de novo, com concentração, e observe o que você faz.

Os leitores mais capazes de observar-se com atenção provavelmente reconheceram, ao reler o parágrafo anterior, a tensão e a alteração respiratória. Se você estava sentado, é muito possível que tenha contraído os ombros, mesmo que só um pouco. Provavelmente ocorreram também outras alterações. É comum franzir-se as sobrancelhas ou contrair-se os músculos faciais, e na maioria das vezes os olhos perdem um tanto da sua mobilidade. Em geral, essas mudanças nos músculos, na postura e na respiração são inconscientes. Mas elas são importantes por diversos motivos; um dos principais é que essas tensões inconscientes solapam o propósito original, estorvando e prejudicando o esforço de concentração. Pior ainda: esses maus hábitos de uso corporal destroem o corpo e a mente. Eles demonstram claramente a necessidade de uma autoconsciência maior, visto que é só por meio dessa ampliação da consciência que eles poderão ser eliminados.

Quero que este livro seja lido, mas sobretudo que seja posto em prática. Ele apresenta vários exercícios — talvez seja melhor chamá-los de "experiências" — que você pode fazer e, ao fazê-los, vir a conhecer-se melhor, compreender-se melhor e, sobretudo, movimentar-se melhor, incrementando assim, de várias maneiras, a sua saúde e a sua eficiência.

Como um método precisa ter um nome, vou chamá-lo de *Reeducação Psicofísica*. *Psicofísica* porque quero evitar qualquer falsa separação entre a mente e o corpo, separação que não existe em nenhuma ação humana. *Reeducação* porque o trabalho consiste em primeiro desaprender o modo inadequado de agir ao qual nos condicionamos; e, depois, em redescobrir o que já foi nosso, ou o que teria sido nosso caso nos tivéssemos desenvolvido sem deformações. O método não só traz à tona capacidades antes latentes; ele também desenvolve ainda mais as capacidades que já temos.

Muitos dos exercícios apresentados neste livro fazem uso do singularíssimo método de ensino único criado por Moshe Feldenkrais, a quem o livro é dedicado. Suas intuições e descobertas me foram tão úteis que seria tedioso mencioná-lo sempre que tal lhe fosse devido. No entanto, naturalmente, a responsabilidade pelos exercícios e afirmações é toda do autor, que se baseou em muitos anos de pesquisa para ampliar a abordagem psicofísica num rumo que ela antes não tinha tomado.

Meus estudos experimentais da consciência, das possibilidades humanas, do processo criativo, das imagens sensoriais, da psicodinâmica e de vários outros aspectos da existência humana e do processo dessa existência naturalmente influenciaram os meus entendimentos, o meu modo de resolver problemas e a redação deste livro. Assim, por exemplo, dentro do contexto da psicofísica, eu faço mais uso das técnicas psicológicas do que outros autores. Com isso, tenho o objetivo de atuar mais diretamente sobre algumas funções do pensamento e do sentimento e de usar o cérebro e o sistema nervoso de maneira diferente.

O alcance das aplicações do método psicofísico parece ser tão grande que praticamente todos os processos que envolvem a mente e o corpo podem ser trabalhados e melhorados. Na verdade, uma das principais premissas deste livro é a de que o homem é quase indefinidamente maleável — cada pessoa, bem como a humanidade em geral. Além disso, sou de opinião de que é possível controlar consciente e voluntariamente muitos processos e funções aparentemente involuntários. Só é preciso encontrar os meios apropriados, visto que a capacidade que o sistema nervoso tem de modificar a mente e o corpo, sem excluir o próprio sistema nervoso, é praticamente ilimitada. Essa capacidade já se evidencia na reconhecida diversidade dos bilhões de pessoas que viveram e ainda vivem nesta terra. Pode-se dizer que um potencial manifestado mesmo por um único indivíduo faz parte do potencial humano geral, e pode ser realizado por muitos outros indivíduos.

O trabalho que você fará com este livro não levará você aos limites extremos do seu potencial de mudança, sejam quais forem esses limites. A caminhada rumo a esse desconhecido é tarefa para exploradores dotados de habilidades muito especiais. Antes, vou levá-lo a caminhar sobre um terreno já mapeado, onde as experiências são previsíveis e, como muitas vezes já se confirmou, são instigantes e produtivas.

Os exercícios apresentados neste livro são certamente mais seguros e tendem a provocar muito menos desgaste do que quaisquer outros exercícios e esportes que você possa praticar. Se isso não acontecer, é porque você não os terá executado segundo as instruções claramente especificadas. A prática, mesmo que de apenas um exercício, sempre acarretará algum tipo de progresso. Além disso, os efeitos são cumulativos, de modo que depois de um certo tempo vão acontecer uma ou mais mudanças benéficas evidentes — mudanças muito mais amplas e abrangentes do que quaisquer outras que possam decorrer de um trabalho que se dirija exclusivamente ao corpo ou à mente, como em quase todos os modos atuais de educação.

Eu o convido a participar de experiências que serão ao mesmo tempo uma revelação e uma aventura no campo da descoberta de si mesmo. Elas são muito intensas; se lhes for dada a oportunidade, enriquecerão a sua vida com algo que você sempre quis, mas também com algo com que nunca sonhou.

Todos sabem que a mente e o corpo atuam juntos e que um afeta o outro. Por exemplo, as fantasias sexuais e os sonhos estimulam complexas mudanças corporais. As drogas atuam sobre a mente por meio do corpo, desencadeando emoções, idéias e imagens. Quando o mundo cotidiano de Ebenezer Scrooge começou a se tornar cada vez mais estranho, ele supôs que a causa estivesse num pedaço de carne indigesta; felizmente para ele, a causa não era tão "natural" assim. Mesmo as crianças aprendem, ou sabem de algum modo, que os estados mentais podem ser alterados pelos movimentos de balançar e rodopiar, e por outros meios. Muitas crianças também sabem que a dor física pode ser eliminada pelo envolvimento intenso numa atividade física ou mental.

À medida que as pessoas vão vivendo, elas vão adquirindo um conhecimento aleatório ou especializado das interações entre a mente e o corpo, conhecimento que pode ser aplicado de várias maneiras. Alguns aprendem a relaxar "pensando em coisas agradáveis" e outros aprendem a curar-se de vários males "tendo bons pensamentos". Outros correm, nadam ou caminham, tanto pelos benefícios mentais e emocionais quanto pelos benefícios físicos. Nos últimos anos, nos países do Ocidente, milhões de pessoas descobriram que a meditação, em alguma de suas formas, pode levá-las a melhorar física e mentalmente. Um número menor, trabalhando com o *biofeedback*, descobriu-se capaz de controlar até mesmo alguns processos "involuntários", tais como o fluxo sangüíneo, a temperatura da pele, o ritmo do batimento cardíaco e as ondas cerebrais. No *biofeedback*, a mente, o corpo e a máquina trabalham juntos para concretizar algo que pode ser concebido como uma mudança física — como, por exemplo a alteração do fluxo sangüíneo para eliminar uma dor de cabeça — ou algo que se pode definir como uma mudança predominantemente mental — como, por exemplo, no caso em que as ondas cerebrais são controladas para criar estados de tranqüilidade e de devaneio criativo. Quase todos os adultos já tiveram o seu estado mental alterado pelo consumo de bebidas alcoólicas, drogas tranqüilizantes, café, nicotina ou outras substâncias químicas que afetam primariamente o corpo. As interações entre a mente e o corpo são um fato cotidiano na vida da maioria das pessoas.

Nas circunstâncias acima mencionadas, as mudanças físicas ou mentais envolvidas são em geral provocadas intencionalmente, e suas causas são claramente conhecidas. Por isso, a ação da mente sobre o corpo e do corpo sobre a mente é evidente. Mas, fora dessas circunstâncias, o corpo e a mente permanecem em contínua interação, afetando-se mutuamente de maneira mais ou menos profunda e produzindo mudanças das quais a pessoa muitas vezes nem tem consciência. Isso acontece em tal medida que a grande maioria das pessoas não tem controle voluntário sobre o corpo, a mente e o comportamento num grau suficiente para se proteger dos sérios danos inconscientes que infligem a si mesmas de várias maneiras, tanto na mente quanto no corpo. A condição normal do ser humano que age no mundo se parece muito mais com o sono do que com o estado desperto em que ele pensa estar. Essas afirmações, no entanto, têm de ser demonstradas para serem sentidas como verdadeiras, pois não se pode entendê-las somente por meio de esforço do intelecto, por mais que este concorde "intelectualmente" com elas. Para a verdadeira compreensão é necessária a *experiência*.

O mesmo problema se faz sentir quando eu lhe digo, por exemplo, que a sua consciência do corpo é mais ou menos distorcida, de modo que, quando você age de acordo com essa consciência, há uma discrepância entre o que você pretende fazer e pensa que está fazendo, por um lado, e o que de fato faz — sem saber que está fazendo —, por outro. Do mesmo modo se eu lhe disser que a maior parte das coisas que você faz é totalmente inconsciente, como você compreenderá de fato o que quero dizer, a menos que seja capaz de tornar consciente o que era inconsciente?

No caso deste livro, chegamos assim a uma situação curiosa: a pessoa que consegue entendê-lo pela mera leitura provavelmente está perdendo seu tempo. Mas, se *não for capaz* de entendê-lo pela simples leitura, ela tem necessidade urgente de fazer as experiências que, só elas, poderão capacitá-la a entender. Quando tiver feito esse trabalho, então, *e só então*, a pessoa saberá que os obstáculos com que antes deparava não tinham nada que ver com a sua aptidão intelectual ou a extensão do seu saber acadêmico. Compreenderá que os obstáculos eram uma falta de autoconhecimento, uma consciência insuficiente do próprio conjunto corpo-mente: sensação, sentimento, pensamento, cérebro e sistema nervoso, músculos e ossos, mente e corpo compreendidos como aspectos de um todo interdependente e interativo.

Uma vez que você vai mudar se puser em prática o método deste livro, é minha obrigação demonstrar com clareza e na prática quais serão as mudanças, bem como o modo de realizá-las. Minha técnica consiste em mostrar-lhe qual é a sua situação, mostrar-lhe que ela pode ser muito melhor do que é, mostrar-lhe como você deve agir se decidir melhorá-la. Depois, você prosseguirá por sua conta.

Peço-lhe que, na leitura, você evite usar apenas os processos mentais para aceitar ou rejeitar o que é dito. Sendo este um livro que segue a abordagem psicofísica, ele lhe dará muitas oportunidades de fazer com que o corpo e a mente, ou o conjunto corpo-mente, participem num grau extraordinário das suas experiências. Aceite ou rejeite com base nas experiências. Prometo-lhe que, por meio delas, você alcançará um entendimento que de outro modo jamais alcançaria.

Reeducação Psicofísica

Os exercícios de reeducação psicofísica trabalham o corpo e a mente em conjunto para melhorar o funcionamento geral e específico de ambos e para deixar você bem mais perto de tudo o que você pode ser. Prescreve-se uma grande diversidade de movimentos suaves, mantendo-se sempre a atenção voltada para os movimentos e as sensações que os acompanham. Quando você aprender, com um mínimo de esforço, a prestar atenção no seu corpo, vai perceber que ele se tornará mais acessível à mente; e, quando isso acontecer, ele funcionará melhor. Você vai descobrir que o corpo só pode funcionar da melhor maneira possível quando está "mentalizado", isto é, quando a mente tem consciência dele; e você vai perceber a medida em que essa consciência lhe faltava. Alguns exercícios não trabalham com movimentos dos músculos e dos ossos, mas com "movimentos" da atenção, que vai mudando de maneira a acarretar várias mudanças no corpo. Outros só envolvem "movimentos" da imaginação; depois de fazê-los, você vai verificar que eles tornaram o seu corpo capaz de se movimentar melhor, acarretando às vezes um progresso que os movimentos físicos não poderiam proporcionar. Em todos os casos há um trabalho simultâneo do corpo e da mente, ou do corpo-mente, para chegar aos resultados visados.

A intensificação da consciência corporal, da capacidade de movimento e da percepção sensorial não é o único efeito dos exercícios; as funções cognitivas e sentimentais também progridem, pois as grandes mudanças no córtex motor do cérebro, necessárias para possibilitar mudanças no sistema muscular, também afetam as áreas cerebrais adjacentes. Como diz Feldenkrais: "Devido à grande proximidade que existe entre o córtex motor e as estruturas cerebrais que lidam com o pensamento e o sentimento, devido à tendência que os processos cerebrais têm de se difundir e se espalhar para os tecidos adjacentes, uma mudança drástica no córtex motor terá efeitos parecidos no pensamento e no sentimento."[1]

A reeducação psicofísica é uma reeducação neurológica; ela aumenta a percepção que o cérebro tem dos músculos e articulações e restabelece uma comunicação eficiente entre o cérebro e partes do corpo que, parcial ou totalmente, deixaram de responder ao controle voluntário. À medida que você progredir, a superfície do corpo e as articulações do esqueleto serão recebidos no domínio da consciência; sua postura vai melhorar; o corpo, um tanto mais liberto do fardo da gravidade, lhe parecerá muito leve; os esforços excessivos que acompanham quase todas as ações serão eliminados ou minimizados. Constelações de tensão muscular antes inconscientes serão trazidas à consciência, e, ao mesmo tempo, as tensões se desfarão e os músculos se alongarão quando você de fato mudar os padrões cerebrais que antes serviam para manter a contração. Com essas mudanças na musculatura, você se tornará um pouco mais alto; a estrutura óssea assumirá um alinhamento mais natural, e a melhora na condição das articulações será fonte tanto de boa saúde quanto de uma grande liberdade de movimentos. Mas insisto em que nenhuma mudança acontecerá no corpo sem ser acompanhada das correspondentes mudanças mentais, emocionais e outras. Parece ser regra geral que o recondicionamento corpóreo estimula outras melhoras. A dissolução das constelações de tensão muscular, por exemplo, provavelmente acarreta uma redução do nível de ansiedade. Alguns hábitos perderão muito da sua força e será muito mais fácil libertar-se deles. Do mesmo modo, alguns bloqueios e inibições se tornarão mais fracos ou simplesmente desaparecerão. Eu já vi esses resultados acontecer várias vezes, e as mudanças invariavelmente foram construtivas. Nada a que se dava valor jamais se perdeu. O que pode nos destruir, de várias outras maneiras, é o que prejudica e destrói o corpo.

A Síndrome da Consecução do Objetivo

F. Matthias Alexander, brilhante pioneiro dos métodos psicofísicos, deu o nome de síndrome da consecução do objetivo a um padrão quase universal de comportamento que os exercícios contribuem em grande medida para eliminar. A síndrome da consecução do objetivo é o hábito de concentrar-se com tamanha intensidade no objetivo ou finalidade a ser alcançada que os meios empregados para atingi-la não são concebidos com perfeição. Esses meios, então, não podem ser eficientes, e com muita freqüência acabam sendo danosos. Todos nós nos parecemos, em alguma medida, com a criança cuja bola rola pela rua, e que está tão interessada em recuperar a bola que sai correndo pela rua sem pensar nos carros, sendo atropelada por um deles. O comportamento voltado para a consecução do objetivo dá origem a uma ação inconsciente ou minimamente consciente, a ponto de a pessoa não perceber que a ação em si é nociva. Não fosse pela falta de percepção sensorial de que quase todos sofremos, ninguém insistiria em ações que normalmente seriam percebidas como dolorosas. Dou, a seguir, um exemplo desse fato.

Se você pedir a um homem que erga um objeto mais ou menos pesado, uma cadeira, por exemplo, observará que ele logo se concentra no seu objetivo — o esforço muscular que terá de fazer. Antes de ter-se aproximado da cadeira, ele já terá tensionado os músculos que pretende usar (braços, costas, pescoço, etc.) e terá feito isso segundo o seu cálculo do esforço necessário. O *esforço feito sempre será excessivo*. Como Alexander diz, "O sistema cinestético não aprendeu a registrar corretamente a tensão, ou, em outras palavras, a medir com precisão a quantidade de esforço necessária para executar determinados atos; *o esforço é sempre maior do que o necessário* [o grifo é meu], excelente exemplo da falta da harmonia num organismo não-educado"[2]. Além disso, a sensação que o homem vai ter do peso da cadeira será determinada em boa parte pelas suas preconcepções e pela magnitude do seu esforço, e só em pequena parte pelo peso real da mesma. Por isso, a cadeira pode parecer muito mais leve ou mais pesada para um indivíduo do que para outro aproximadamente tão forte quanto o primeiro. Parecerá o mais leve possível para aquele que se aproximar dela sem idéias preconcebidas e sem nenhuma organização prévia dos músculos, e que a levantar segurando o objeto e exercendo só a força necessária para superar-lhe a resistência. Quanto mais desequilibrado for o sistema cinestético e/ou quanto mais anormalmente contraídos estiverem os músculos, tanto mais desproporcional será a força exercida. Vemos isso no caso de certos neuróticos, cujos esforços são tão desproporcionais às tarefas que a disparidade fica evidente para todos. Num caso assim, o estado da musculatura, que é um componente da neurose, é uma causa mais imediata do esforço excessivo do que quaisquer fatores emocionais.

Há outros fatores que determinam a facilidade ou a dificuldade de uma tarefa. Um deles é a eficiência do posicionamento e do uso do corpo — o que Alexander definiu como "assumir a posição que proporciona a maior vantagem mecânica". Outro é o fator social. Quando um homem está sendo observado, por exemplo, ele pode agir de forma bem diferente do que agiria se ninguém estivesse presente. A timidez pode causar um aumento da tensão nos músculos e torná-lo desajeitado. Já outra pessoa, pelo fato de estar sendo observada, pode agir melhor, sem, contudo, fazer um esforço consciente para que isso aconteça.

No entanto, como Alexander observou, mais importante do que qualquer caso individual é o fato de que quase todos nós empenhamos um esforço excessivo em praticamente tudo o que fazemos. Portanto, o que temos de levar em conta é o imenso desperdício de energia e o efeito das tensões desnecessárias sobre o corpo no decorrer da vida, e o dano resultante que infligimos à nossa vida e ao nosso corpo — às vezes de forma rápida, mas em geral por um lento desgaste. Inclusive, é muito possível adivinhar o quanto a vida é difícil para um indivíduo observando-se quanto esforço ele esbanja em ações que têm pouco conteúdo simbólico ou importância afetiva. Pelo quanto a síndrome da consecução do objetivo se manifesta em ações corriqueiras, podemos imaginar em que medida esse hábito se aplica à busca de todos os objetivos, grandes e pequenos, e os custos que isso acarreta para o indivíduo e para os que cercam.

Como ocorre com a maioria dos hábitos, a melhor maneira de vencer a síndrome da consecução do objetivo não é um empenho extremado da vontade nem a tentativa de suprimir todas as manifestações do hábito, mas antes a aquisição de modos agradáveis de agir que nos permitam abandonar os velhos hábitos sem ter de opor-nos diretamente aos mesmos. Muitos dos exercícios psicofísicos são meios eficazes de "abandonar" — não de "superar" — a síndrome da consecução do objetivo.

Ao fazer os exercícios, não há um grau de excelência que você tenha de atingir. Não há competição alguma, e eu lhe peço que evite todo esforço excessivo e só faça o que estiver facilmente ao seu alcance. É muito importante que você preste cuidadosa atenção às sensações que acompanham os diversos movimentos; a novidade das sensações tornará esse esforço mais fácil, pois muitos desses movimentos não são executados desde que você era criança ou mesmo bebê e já não lhe são conhecidos. Aos poucos, você desenvolverá o hábito de prestar atenção aos movimentos e sensações sem conceber de modo algum uma meta a ser atingida. É claro que algo será realizado; mas, mesmo depois que o exercício se tornar familiar, os resultados muitas vezes serão uma surpresa. Com o tempo você criará o hábito de prestar atenção, sem fazer esforço algum, aos movimentos envolvidos em todas as espécies de atividade, não só enquanto faz os exercícios, mas em todas as ocasiões. Então você há de ver-se atingindo um número maior de metas com facilidade muito maior e sem risco para você mesmo e para os outros. Estes resultados são possíveis porque, além de desviar parte da atenção dos fins para os meios, os exercícios corrigem ou melhoram a imagem do corpo.

▬ ▬ ▬ ▬

O Corpo e a Percepção do Corpo

O termo *imagem do corpo*, neste livro, refere-se ao corpo tal como o percebemos. Idealmente, ele abrange toda a superfície do corpo e as articulações principais. Além dessa consciência cinestética, a imagem do corpo inclui nossa aparência, o modo pelo qual nos vemos no espelho ou quando olhamos para as várias partes do corpo e a noção que temos de como os outros nos vêem — que é muito diferente de como eles nos vêem de fato. A imagem do corpo é um dos aspectos de uma autoimagem muito mais ampla e abrangente, que incorpora tudo o que acreditamos ser.

É fácil demonstrar — como você verá — que a imagem do corpo não coincide necessariamente com o corpo físico, o que em tese deveria acontecer. Em todas as pessoas, algumas partes estão simplesmente ausentes dessa imagem; algumas só são percebidas de modo muito indistinto, e outras são percebidas de um modo que não corresponde à realidade objetiva do corpo. Como nós sempre agimos de acordo com a imagem do corpo, é importante que essa imagem se aproxime tanto quanto possível do corpo objetivo. (Embora isso geralmente seja verdade, há casos específicos em que, se a imagem do corpo excluir determinadas deficiências ou limitações objetivas, permitirá que o indivíduo se movimente melhor do que se movimentava se a imagem do corpo fosse objetivamente correta.)

A imagem do corpo adquire de várias maneiras as suas lacunas, as suas áreas de indefinição e as suas distorções. A dor, o desuso ou mau uso do corpo e as dificuldades mentais e emocionais contam-se entre os fatores que criam uma disparidade entre o corpo e a percepção do corpo. Tanto o corpo objetivo quanto a imagem do corpo são afetados de modos diversos pela auto-imagem mais ampla, que também sofre de omissões e distorções.

Quando não se usam certas partes do corpo e as conexões que as interligam, esses elementos desaparecem da imagem. As ansiedades de natureza sexual e outros problemas relativos ao sexo podem fazer com que a imagem dos órgãos genitais desapareça ou fique muito enfraquecida — a pessoa pode ser incapaz de sentir a presença deles sem olhá-los ou tocá-los. Um esquizofrênico pode perder completamente a sensação do corpo, como se os nervos estivessem mortos. Um homem que perdeu um membro pode continuar a senti-lo como se ainda o tivesse; a imagem do corpo, nesse caso, retém o que o corpo físico perdeu. Mesmo as pessoas que se consideram modelos de saúde e de preparação física podem não ser capazes de sentir nitidamente os dedos do meio dos pés ou a parte traseira da cabeça, em comparação com os lábios ou mesmo o dedão e o dedinho dos pés.

No caso dos dedos dos pés, a falta de sensação clara significa que eles são indiferenciados, incapazes de movimentar-se separadamente. Essa incapacidade não é natural e prejudica a flexibilidade dos pés, dos tornozelos e talvez de outras articulações, a ponto de comprometer o andar. Muitas mulheres que usam sapatos estreitos e de bico fino ficam com os dedos dos pés superpostos, o que pode causar problemas graves de saúde. Andar descalço tanto quanto possível é bom para a saúde dos dedos dos pés e a agilidade no caminhar, além de ajudar a tornar os pés e dedos dos pés mais nítidos na imagem do corpo.

De modo que, sempre que houver lacunas, áreas indefinidas ou distorções na imagem do corpo, a operação das partes correspondentes será prejudicada em vários graus e, se vivermos o suficiente, mais cedo ou mais tarde teremos problemas graves. Em contrapartida, a consciência corporal clara propicia a boa saúde e a facilidade de movimentação. Além disso, uma consciência adequada do corpo também é um dos elementos que mais contribuem para evitar ferimentos acidentais. Os problemas que sofrem atletas e dançarinos muitas vezes decorrem de lacunas ou distorções na imagem do corpo, o que faz com que eles se imponham esforços que não se imporiam se de fato sentissem o que estão fazendo. O mesmo se pode dizer dos problemas que acometem tantas pessoas idosas — quedas, em particular —, quando não são provocados por tonturas ou pela má circulação sangüínea. Uma consciência maior e uma imagem do corpo que correspondesse melhor ao corpo objetivo preveniriam incontáveis acidentes trágicos.

Os exercícios psicofísicos levam à consciência aquelas partes do corpo que não são sentidas ou que só são sentidas vagamente. Além disso, eliminam distorções da imagem do corpo. Quando usamos o corpo de maneira mais completa, nós temos muito mais sensações e, segundo se supõe, pomos em uso certas vias nervosas que antes não usávamos ou usávamos muito pouco. O corpo, por assim dizer, volta à mente quando o usamos bem e, em específico, quando concentramos a atenção nas partes do corpo que estamos usando e nas sensações decorrentes, não só naquelas partes, mas em outras partes não tão óbvias, porém mais sutilmente envolvidas. O sentido cinestético volta à normalidade quando, por meio dos movimentos, nós levamos reiteradamente as várias partes do corpo a estados muito mais próximos do funcionamento excelente. As sensações criadas pelo bom funcionamento do corpo são prazerosas, ao passo que as produzidas pelo mau funcionamento, quando nós ainda conseguimos senti-los, são desagradáveis. O sentido cinestético e, de maneira mais geral, o sistema nervoso inteiro, preferem esses estados mais prazerosos; se tiverem a oportunidade de senti-los várias vezes, farão deles uma norma e protestarão contra desvios em relação a essa norma, visto que esses desvios serão corretamente sentidos como algo desagradável.

Consciência

É muito útil fazer uma distinção entre percepção e consciência. "A consciência é a percepção junto com a compreensão do que está acontecendo dentro dela ou dentro de nós mesmos enquanto percebemos."[3] Você percebe que está lendo este livro, mas é pouco provável que esteja consciente de todos os movimentos que está fazendo à medida que lê, ou mesmo da posição do seu corpo. Por exemplo, você sabe dizer imediatamente se as partes do seu corpo estão simétricas entre si ou se algumas estão voltadas para um lado e outras para o outro? O seu ombro esquerdo está mais alto ou mais baixo que o direito, ou eles estão nivelados? Que partes do seu corpo se mexem quando você respira? Eu poderia fazer muitas outras perguntas, e a sua capacidade de responder indicaria o estado da sua percepção. Quem tem uma consciência adequada sabe exatamente o que está fazendo quando age — quando anda ou fica parado no lugar, por exemplo, ou quando se senta ou se levanta. Se não tem essa consciência, a pessoa certamente vai empreender muitas ações ineficazes e nocivas, como é óbvio que faça aquele que não sabe o que faz. A maioria das pessoas não sabe o que está fazendo e nem mesmo sabe que não sabe, tal é o ponto em que se tornaram estranhas para si mesmas.

A execução de uma ação não prova de modo algum que nós sabemos, mesmo superficialmente, o que estamos fazendo ou como o fazemos. Se tentarmos executar uma ação voltando para ela a nossa consciência — isto é, se a acompanharmos em seus detalhes —, logo descobrimos que até mesmo a mais simples e a mais comum das ações, como levantar-se de uma cadeira, é um mistério, e que não temos idéia alguma de como ela acontece. Nós contraímos os músculos do abdômen ou das costas? Flexionamos as pernas primeiro ou primeiro arremessamos o corpo para a frente? O que fazem os olhos, o que faz a cabeça? É fácil demonstrar que o homem não sabe o que está fazendo, e que se dependesse de seu saber seria incapaz de levantar-se de uma cadeira. Por isso, ele não tem escolha: tem de voltar ao seu método costumeiro, que consiste em dar a si mesmo a ordem de se levantar e deixar que as organizações especializadas dentro dele executem a ação como lhes for do agrado, isto é, da maneira que ele está acostumado a fazer.[4]

Não se trata apenas de uma falta de atenção; muitos movimentos envolvidos no ato de levantar-se de uma cadeira nos escaparão, por mais que a nossa atenção esteja voltada para o ato. Enquanto a imagem do corpo for deficiente, enquanto o sentido cinestético estiver distorcido, enquanto não tivermos cultivado e formado a faculdade da consciência, não seremos capazes de saber o que fazemos mesmo nesse ato simples. Esse problema foi constatado há muito tempo. O Buda, por exemplo, deu à consciência da qual estou falando o nome de "atenção plena". Em virtude do que foi dito, o leitor será agora capaz de entender um pouco melhor o sentido deste discurso do *satipatthanasutta**.

"E como, ó monges, um monge vive no que diz respeito ao corpo, observando o corpo?

"...Ó monges; o monge, ao andar, compreende perfeitamente o seu andar, ao ficar em pé compreende perfeitamente o estar em pé, ao sentar-se compreende perfeitamente o estar sentado, ao deitar-se compreende perfeitamente o estar deitado e, seja qual for o estado do seu corpo, ele compreende perfeitamente esse estado.

"Assim ele vive, quer na sua pessoa, no que diz respeito ao corpo, observando o corpo, quer ao mesmo tempo na sua pessoa e nas outras, no que diz respeito ao corpo, observando o corpo; quer observando a origem no corpo, quer observando a destruição no corpo, quer observando ambas, origem e destruição no corpo; e o conhecimento do corpo por meio da sua contemplação atenta não ultrapassa jamais a extensão desse conhecimento, não ultrapassa jamais a extensão dessa contemplação, e ele vive sem compromisso e não se apega a nada neste mundo.

"...Mas vos digo de novo, ó monges: um monge, ao avançar e retroceder, tem uma compreensão perfeita do que faz; ao olhar e observar, tem uma compreensão perfeita do que faz; ao flexionar e estender o braço, tem uma compreensão perfeita do que faz; ao envergar o manto, a tigela e as vestes, tem uma compreensão perfeita do que faz; ao comer, beber, mastigar e sentir o gosto da comida, tem uma compreensão perfeita do que faz; ao defecar e urinar, tem uma compreensão perfeita do que faz; ao andar, ficar em pé, sentar-se, dormir, acordar, falar e ficar em silêncio, tem uma compreensão perfeita do que faz."5

Além disso, o monge (ou poderíamos dizer também, o ser humano consciente) é instruído a ficar atento a todas as suas sensações, emoções,

---

* Um dos *sutras* ou textos sagrados budistas (N.R.).

desejos, modos de usar a mente, pensamentos e percepções; em suma, à totalidade dos seus objetos de consciência em cada momento. "Assim vive o monge..." Essa "atenção plena" não tem como único efeito assegurar ao ser humano consciente que ele sabe o que está fazendo; ela também o liberta da sua subserviência aos próprios processos inconscientes. É só livrando-se das compulsões interiores que ele pode ter a esperança de atingir a meta budista do desapego.

A consciência perfeita é um estado ideal que poucos têm a possibilidade de alcançar. Entretanto, uma consciência requintada que se aproxime da atenção plena do monge budista não é inatingível nem exige uma "contemplação", se nisso estiver implícito um *esforço* contínuo. Na verdade, se um esforço contínuo e disciplinado da vontade e da atenção fosse um requisito necessário, um obstáculo praticamente insuperável haveria de se interpor no caminho da consciência adequada e do bom uso do corpo. Algumas disciplinas espirituais de fato exigem todo esse rigor, de modo que suas metas só podem ser alcançadas pelos que se dedicam completamente ao trabalho. Mas isso significa apenas que os seus métodos são falhos, não que a dedicação total seja o único caminho para atingir a meta.

Por mais dificuldade que alguns tenham para acreditar nisso, os exercícios psicofísicos, depois de certo tempo, desenvolvem um grau de consciência que se aproxima do que se menciona no antigo texto budista. *Essa percepção torna-se o estado natural da pessoa, e, por esse motivo, não exige esforço.* A atenção é atraída para o corpo por causa das sensações novas e agradáveis estimuladas pela grande variedade de movimentos, os quais também não exigem esforço, ou só um esforço mínimo, para serem realizados. *A consciência é cultivada como um hábito,* formada como são formados os outros hábitos, sem que se procure formá-la. Uma vez alcançada, não é fácil perdê-la; aliás, ninguém gostaria de perdê-la. Ela não domina a consciência; pelo contrário, é sutil e pode ser ampliada pela concentração da atenção, quer para que a pessoa se observe e se corrija, quer por mero prazer. Uma consciência suficiente do corpo também faz aumentar a consciência dos processos mentais e emocionais, o que facilita o autocontrole. Todavia, para aumentar ainda mais esse controle, será preciso fazer um trabalho específico.

O texto budista menciona a consciência da "origem e destruição" no corpo. Traduzindo, isso significa que a pessoa atenta e consciente muitas vezes é capaz de sentir suas necessidades e captar suas dificuldades quase no momento em que elas se originam. Também pode adquirir, por exemplo, a consciência da organização dos músculos afetados pelo cérebro — enquanto pensa ou imagina diversas ações. Em geral, esse aprimoramento da consciência só se obtém depois de muito trabalho. Como o texto dá a entender, o desenvolvimento da consciência corporal acarreta uma consciência maior dos outros indivíduos e do mundo em geral. Os sentidos do indivíduo consciente sentem mais e com mais fidelidade; além disso, ele opera no mundo com mais eficácia, com menos deselegância, tanto mental quanto fisicamente. Tal indivíduo será capaz de eliminar ou minimizará os "erros estúpidos" — pois o que se chama de estupidez muitas vezes é uma falta de consciência, não de intelecto.

1. Moshe Feldenkrais, *Awareness Through Movement* (Nova York); Harper & Row, 1972, p. 39.
2. F. M. Alexander, *Man's Supreme Inheritance* (Londres: Chaterson, 1946), pp. 58-9.
3. Feldenkrais, *Awareness Through Movement*, p. 50.
4. *Ibid.*, p. 46.
5. Citado em Jacob Needleman, *A Sense of the Cosmos* (Nova York: Doubleday, 1975), pp. 152-3.

O Uso do Ser Total

No sistema mente-corpo do indivíduo humano, as partes e funções do ser total estão interligadas de maneira muito mais sutil e complexa do que nós, dotados de uma percepção destreinada, poderíamos imaginar. Até agora ninguém chegou perto de compreender a complexidade integral e as plenas capacidades do ser humano. Ainda há muito que aprender sobre como o homem funciona, e não há dúvida de que as maiores realizações da nossa espécie só acontecerão quando chegarmos a esse conhecimento. Na medida em que conseguimos compreendê-los, mesmo os grandes homens só foram capazes de realizar uma pequena fração do potencial humano. Nas palavras de Sartre, a chamada genialidade sempre foi "uma saída pela qual optamos em circunstâncias particularmente desesperadas" — um desenvolvimento extremo de umas poucas capacidades acompanhado de uma atrofia, igualmente extrema, de outras.

Nosso estado geral é determinado pelo modo como nós usamos todo o nosso organismo num momento e numa situação dadas. O fato de nós só o usarmos parcialmente ou o usarmos mal, por um lado, ou de o usarmos mais plena e eficientemente, por outro, será o determinante do nosso fracasso ou sucesso globais — do quanto nós conseguimos nos aproximar do nosso potencial.

Muitos estudiosos do assunto concluíram que nós só usamos de cinco a dez por cento do nosso potencial físico e mental. Para a sobrevivência da espécie, é urgente encontrar meios de usá-lo em maior medida. Também existe o problema da qualidade do uso, que, naturalmente, se aplica unicamente aos potenciais aos quais temos acesso. Temos de ter, portanto, dois objetivos; o de usar uma parte maior do nosso ser e o de usá-la melhor.

A noção de "uso" foi desenvolvida por Alexander, que afirmou o princípio de que *o uso afeta o funcionamento*. Isso parece óbvio, mas quando entendermos toda a complexidade do conceito de "uso", começaremos a compreender o quanto esse princípio é profundo. Como já observamos, há muitas coisas que podem nos impedir de dar bom uso ao nosso ser total: a falta de percepção, as lacunas na imagem do corpo, as distorções sensoriais. Se nós não somos capazes de usar bem o nosso potencial e se é o uso que determina o funcionamento do organismo, é evidente que o mau uso vai acarretar um mau funcionamento. Se Alexander estiver certo, como acredito que está, a única saída para esse dilema é a aquisição de bons hábitos de uso. Alguns exemplos propiciarão uma compreensão melhor do quanto o uso é importante.

Num caso que está longe de ser excepcional, o menino ainda novo imita a postura do pai — se consciente ou inconscientemente, pouco importa. Ele pretende manter os ombros retesados para cima e para trás, o que por sua vez curva a coluna vertebral, prejudica a respiração e inibe a livre movimentação da pelve, das articulações dos quadris e dos joelhos, prejudicando-lhe assim o andar e o correr e embaraçando-lhe a vida de várias outras maneiras. O pai pode ter levado várias décadas para chegar a usar tão mal o seu ser total, mas o filho, pela imitação, assume o padrão destrutivo muito mais depressa. Ele pode, ao menos em parte, conservar esse padrão durante toda a sua vida, e por isso o padrão desempenha um papel decisivo na formação da sua personalidade, do seu pensamento, das suas sensações, no modo pelo qual ele reage às outras pessoas e das reações que ele provoca nas pessoas. Junto com os hábitos de uso, com o tempo ele pode herdar também os problemas sexuais do pai, etc.

Não é difícil encontrar homens que de várias maneiras se assemelham aos pais, especialmente no que se refere aos defeitos gritantes. (Em geral, as pessoas imitam os defeitos dos outros com muito mais presteza do que imitam as virtudes, como sabem os professores de aspirantes a atores. Os atores jovens que gostariam de aprender com profissionais bem-sucedidos quase sempre imitam os trejeitos óbvios e outras falhas, e deixam de ver as sutilezas que deram tanto êxito aos seus modelos.)

O garoto do nosso exemplo provavelmente vai se basear em diversos modelos, criando para si mesmo um uso eclético, pelo menos até que o seu próprio padrão habitual se torne tão rígido que não lhe permita mais imitar ninguém. Além dos hábitos de uso adquiridos por imitação, o garoto dá suas próprias contribuições. A mãe grita freqüentemente com ele, e ele reage encolhendo-se de medo, arqueando ainda mais as costas já maltratadas e virando a cabeça um pouco para o lado, o que cria uma curva diferente na coluna vertebral, desloca a caixa torácica e tensiona os músculos peitorais. Com o tempo, essas mudanças não só se tornam permanentes como também em várias situações de excesso de tensão, ele reage com versões exageradas do padrão original. Aprende ainda a reter a respiração e a tensionar outros músculos, o que lhe intensifica a ansiedade e o torna ainda menos capaz de agir em situações de tensão. No fim, ele morre de uma arteriosclerose legada pelos pais, que o amaram com paixão e "só quiseram o bem do filho". Por outro lado, esse indivíduo, criativo e inteligente, pode ter tido uma carreira destacada e prosperado financeiramente bem mais do que a maioria, sendo, na opinião de terceiros, um "indivíduo de sucesso". Não sabemos o que ele poderia ter sido se tivesse procurado ajuda para eliminar os seus maus hábitos de uso do organismo; mas, por certo, ele teria sido mais saudável e senhor de si, provavelmente teria vivido mais. Sem uma base muscular tão fortemente arraigada, sua neurose poderia ter sido menos grave. No colégio, ele poderia ter sido o atleta que tanto quis ser; mas não pôde sê-lo por causa dos seus movimentos canhestros, da falta de coordenação motora e dos péssimos hábitos de respiração, que o faziam cansar-se depressa demais. O sucesso nos esportes poderia tê-lo feito gostar mais de si mesmo e, conseqüentemente, melhorado seus relacionamentos sociais. Ele poderia ter-se casado uma só vez e sido feliz com a esposa, em vez de casar-se e separar-se várias vezes. As tensões crônicas e as reações exageradas ao *stress* emocional não teriam provocado a sua morte prematura. Mas tudo isso não passa de uma descrição superficial do princípio do uso e de como ele afetou a vida desse indivíduo.

A qualquer momento ele poderia ter decidido corrigir o uso que dava ao organismo, e sua vida teria tomado outro rumo. Contudo, ele nunca admitiu que usava mal o seu ser total, e muito menos corrigiu-se. Sua saúde geral sempre foi considerada normal, embora mais tarde percebessem que ele tinha graves problemas emocionais. Enquanto a arteriosclerose não estava demasiadamente avançada, a correção do uso poderia ter prolongado a vida e melhorado muito a saúde dele. Os efeitos emocionais das várias dificuldades que ele teve na vida evidentemente não poderiam ser anulados, mas o abandono das reações habituais da mente-corpo e dos velhos padrões de comportamento poderia ter permitido que ele criasse relacionamentos novos e bem-sucedidos, minimizando assim o impacto dos fracassos do passado.

Wilfred Barlow, médico e diretor do Alexander Institute em Londres, faz um breve resumo da história real de um homem cuja vida foi quase irremediavelmente arruinada pelo mau uso prolongado do conjunto corpo-mente:

O dr. James P., médico especializado nos problemas do pulmão, está sendo atormentado há algum tempo por uma depressão crescente e uma dor constante no pescoço. Para anestesiar-se, ele recorre a grandes quantidades de bebida alcoólica e à gratidão dos pacientes. O dr. P. é um homem instruído e conhece tudo sobre depressão e dores psicossomáticas no pescoço. Mesmo assim o pescoço dele dói, e a dor está acabando com ele.

Há cerca de vinte anos, quando era um tímido estudante de medicina, ele decidiu adotar um ar pomposo e um tanto empolado: esticava o pescoço, puxava o queixo para baixo encostando-o na garganta e, ocasionalmente, soltava um arroto — aquele tipo de arroto delicado, forma comum de manifestação nos clubes aristocráticos [ingleses], precedido por uma leve ingestão de ar para providenciar a necessária munição.

Alguns anos depois, ele aprimorou a postura da cabeça, acrescentando-lhe um giro depreciativo da cabeça para um dos lados, junto com o estufar do peito para a frente. Alguns anos mais tarde, já fazia esses movimentos mesmo quando estava só e sentado tranqüilo: o arrotar havia se tornado um hábito, e, entre os arrotos, ele tensionava a garganta e diminuía o ritmo respiratório.

O dr. P. havia consultado seus colegas psiquiatras e, com relutância, diminuíra bastante o ritmo de trabalho, visto que lhe era impossível concentrar-se. Não havia a mais remota possibilidade de acabar com a dor no pescoço enquanto esses estranhos hábitos de uso musculares não fossem identificados...[1]

A "identificação" e correção dos "estranhos hábitos de uso musculares" desencadeiam muitas mudanças na pessoa. Moshe Feldenkrais propõe o caso hipotético de alguém que sofra de rouquidão (o problema que motivou Alexander a trabalhar em si mesmo e o levou à evolução da sua técnica).

Imagine que um ator, orador ou professor que sofra de rouquidão comece a procurar um modo de melhorar sua emissão de voz a fim de livrar-se do problema. Para começar, ele vai tentar localizar o excesso de esforço que impõe ao aparelho respiratório e à garganta. Quando aprende a reduzir o esforço e a falar com mais naturalidade, nota, com surpresa, que também está impondo um trabalho desnecessário aos músculos da mandíbula e da língua, trabalho que antes não percebia e que contribuía para a sua rouquidão. Assim, o alívio obtido numa área possibilita a observação mais detalhada e atenta de áreas correlatas.

Continuando a pôr em prática suas novas conquistas e conseguindo por fim usar os músculos da língua e do maxilar sem esforço, ele talvez descubra que andou usando apenas a garganta e a parte de trás da boca para produzir a voz, e não a parte da frente da boca. Isso implica um trabalho maior dos músculos respiratórios, porque é necessária uma boa pressão de ar para forçar a voz através da boca. Quando ele aprende a usar também a parte da frente da boca, a fala se lhe torna mais fácil e ele percebe, além disso, uma melhora no uso dos músculos peitorais e do diafragma.

Então, para a sua surpresa, ele descobre que os problemas dos músculos peitorais, do diafragma e da boca eram devidos a uma tensão contínua dos músculos da base da nuca, que forçavam-lhe a cabeça e o queixo para a frente e prejudicavam-lhe os aparelhos respiratório e fonador. Isso o leva a outras descobertas relacionadas com o seu jeito de ficar em pé e de andar.

Tudo isso significa que a personalidade total está envolvida no simples ato de falar. Mas o caso não se limita a essas descobertas, à melhora obtida e à resultante naturalidade de ação. Nosso amigo descobre que a sua voz, antes limitada a uma única oitava, agora alcançava notas muito mais graves e mais agudas. Ele percebe, portanto, uma qualidade totalmente nova em sua voz e se vê capaz de cantar. Isso lhe abre novas possibilidades em campos mais amplos e revela capacidades com as quais ele jamais sonhara.[2]

O "uso" é uma constelação elaborada de posturas inatas e adquiridas que se tornam habituais. Alguns elementos do uso são adquiridos muito cedo na vida e outros são acrescentados depois; alguns são modificados e outros são descartados; alguns se tornam mais pronunciados e outros se retraem para o segundo plano. Todos sabem alguma coisa sobre o uso do corpo, mas poucos percebem toda a riqueza e a complexidade dessa tapeçaria de interações.

Nada mais inútil do que dizer a alguém que faça um uso melhor do seu ser; e é isso que estamos fazendo quando mandamos alguém "sentar-se direito", por exemplo. Depois dessa orientação, a pessoa pode até mudar o seu jeito de se sentar, mas sua postura não deixará de incluir os seus vários padrões de mau uso do corpo. O único modo de mudar o uso é fazer com que a pessoa tenha acesso a várias experiências de bom uso, em quantidade suficiente para fazer o sistema nervoso dela decidir que o bom uso é melhor; é então, e só então, que o padrão de uso vai mudar.

Neste livro, eu dou uma ênfase toda especial ao uso do corpo — o que, naturalmente, envolve tanto elementos físicos quanto elementos mentais. É nesse nível da sua realidade pessoal que você, trabalhando sozinho, pode obter os resultados mais expressivos. Não ignoro nem subestimo a psicodinâmica, que tem de fazer parte de qualquer programa completo de reeducação ou terapia. Mas o que eu friso aqui é o que você pode fazer por si mesmo, e há muito o que fazer antes de entrar naquelas áreas em que é necessário que um terapeuta ou professor oriente o trabalho.

Alguns Determinantes de Uso

A longa evolução da espécie humana não nos preparou para as condições da vida civilizada moderna. Em geral, quanto mais o homem se afasta do estado de natureza, tanto mais possibilidade ele tem de privar o seu organismo psicofísico de todas as atividades de que esse organismo precisa para evitar desequilíbrios de desenvolvimento, distorções deformantes e padrões de uso autodestrutivos. O homem primitivo, que vive junto à natureza, é presa de muitas forças naturais destrutivas, e o indivíduo realista não inveja o seu modo de vida. Apesar disso, o homem primitivo não usa tão mal o seu ser nem vai tão contra a sua natureza quanto o homem civilizado.

O homem que vive num estado de natureza pouco pode fazer para se proteger das forças naturais que o ameaçam de tantas maneiras, tornando-lhe a vida, na maioria dos casos, difícil e breve. O homem civilizado, no entanto, tem condições de compensar muitas desvantagens da civilização. Se assegurasse um desenvolvimento mais equilibrado e um uso melhor do organismo, poderia eliminar muitos males que agora o afligem. A reeducação psicofísica poderia ter grande utilidade para criar indivíduos muito menos autodestrutivos do que quase todos nós somos no presente. Se analisarmos apenas uns poucos dentre os inúmeros erros que cometemos, a importância preventiva e corretiva do bom uso do organismo há de se patentear com evidência.

Sob alguns aspectos bastante importantes, as crianças em geral têm mais autoconhecimento e mais consciência do que os adultos. A criança está em contato mais íntimo com seu corpo — seus movimentos, sensações, necessidades e desejos. Ela se movimenta e expressa seus pensamentos e sentimentos com mais liberdade. Seus sentidos, ainda impolutos, captam um mundo mais colorido e vital; e essa realidade sensorial, por sua vez, reanima a criança. A menos que esteja intensamente envolvida numa ação ou no seu mundo de fantasia, a criança tem consciência das dores e dos prazeres, por menores que sejam. O adulto simplesmente não percebe, ou só percebe vagamente, muitas coisas que a criança sente intensamente.

O adulto (e a criança mais velha) é relativamente inibido no que diz respeito às reações e expressões de sentimento. Isso pode parecer uma coisa boa, mas não é, pois a inibição quase sempre é uma reação automática, e nesse processo se perdem a liberdade de expressão e a espontaneidade. Com poucos anos de idade, a criança desvia a sua atenção do corpo e a volta para o mundo exterior. Os processos mentais passam a ser percebidos como se fossem acompanhados de mudanças concomitantes no corpo. Convém que o indivíduo se volte para o mundo exterior, mas isso não precisa necessariamente se realizar à custa da diluição e da distorção da consciência da sua realidade psicofísica.

Como muitos já fizeram notar, a alienação da criança do seu corpo se inicia quando ela vai para a escola e fica presa à carteira por horas a fio, todos os dias, aprendendo a construir uma realidade configurada em grande medida pelas palavras — uma realidade cada vez mais abstrata, cada vez menos concreta. Quando não se tomam medidas para evitá-lo, a concepção torna-se inimiga da percepção. Assim que a criança rotula algo, ela passa a pensar que sabe tudo sobre aquilo e, por isso, não continua a explorar a coisa com os sentidos, que vão perdendo o seu poder. Essa debilitação psicogênica piora a distorção dos sentidos (especialmente do sentido cinestético) que resulta do modo errado de usar o corpo.

Entretanto, mesmo antes de entrar para a escola, a criança perde certas capacidades; a menos que seja remediada, essa perda a impedirá de realizar plenamente o seu potencial. Por exemplo, um estudo descobriu que, aos 2 anos de idade, as crianças "aparentemente têm um grau de coordenação física que diminui flagrantemente até o final do terceiro ano de vida; aos 4 anos, essa coordenação já cedeu lugar a hábitos bem estabelecidos de postura — posições rigidamente fixas de certas partes do corpo".[3] A partir desse momento, mas especialmente depois do fim da infância, a pessoa vai deixando de tentar movimentos novos, a coordenação continua a diminuir e, de muitas outras maneiras, a concretização dos potenciais da mente e do corpo vai sendo obstruída. Por isso, é dever da educação trabalhar desde o início o desenvolvimento das possibilidades de movimento — estimular na prática todos os movimentos corporais possíveis. Caso contrário, a criança desenvolverá inibições que a impedirão até de conceber muitos movimentos que ela seria capaz de fazer. Essas inibições são um fator importante da degradação da imagem do corpo e, além disso, limitam o número de atividades a que a criança pode se dedicar. Do mesmo modo, e sem dúvida alguma, provocarão uma inibição maior ainda das funções do sentimento e do pensamento.

Bem antes de começar a escolaridade formal, a criança já pode ter começado a acumular tensões musculares crônicas. Essas tensões podem ter muitas causas, entre as quais os ferimentos e dores, o sofrimento mental e emocional e os esforços errôneos dos adultos para apressar o seu desenvolvimento, obrigando-a a praticar exercícios malconcebidos e encorajando-a ou forçando-a a sentar-se, ficar em pé ou andar antes do tempo. As tensões musculares, à medida que vão criando raízes, afetam o modo pelo qual a criança se movimenta, a sua postura e, com o passar do tempo, a própria capacidade de sentir o corpo. A postura se deteriora à medida que as crianças imitam os adultos e outras crianças. Só uma deformação como essa permite à criança, por exemplo, sentar-se curvada por horas na frente da televisão ou diante da carteira de escola. Num corpo bem organizado e perfeitamente percebido pela consciência, tal posição seria demasiado dolorosa. O fato de não sê-lo evidencia o dano já infligido ao sistema ósseo-muscular e ao sentido cinestético.

A despeito dessas mudanças precoces para pior, as crianças, se comparadas com o jovem ou o adulto, continuam livres e ágeis e têm muito mais consciência do corpo. Como a criança permanece em contato íntimo com o próprio corpo, ela sabe quando algo está errado e expressa seus sentimentos. No entanto, grande parte dos seus sinais de sofrimento são desconsiderados, mal-interpretados, ativamente desencorajados ou até mesmo castigados. Assim, a criança aprende a inibir, primeiro, a expressão dos sentimentos, e, depois, os próprios sentimentos. Se ela aprende a ignorar certas tensões musculares, e depois a inibir a consciência das mesmas, os mecanismos pelos quais o corpo comunica ao cérebro o que os músculos estão fazendo aos poucos vão ficando seriamente prejudicados. É preciso sentir claramente o mau uso para que o corpo possa começar a corrigir a si mesmo; mas, com o abuso prolongado e habitual, as ações errôneas começam a parecer "corretas" e as corretas a parecer "errôneas". O sentido cinestético se distorce e a consciência do corpo se deteriora, de forma que o corpo e a imagem do corpo vão coincidindo cada vez menos. O mau uso do corpo, com distorções sensoriais e contrações musculares crônicas e inconscientes, começa e deformar a simetria corporal e a tirar o esqueleto da posição correta. Disso é provável resultar um padrão errôneo de respiração, que mina a vitalidade do corpo e prejudica várias das suas funções, além de criar problemas emocionais e psicológicos, dificuldades de aprendizagem e assim por diante. Aqui não estamos falando de casos excepcionais, mas do estado típico do homem de hoje, embora haja, é claro, grandes diferenças de nível.

Wilfred Barlow relata que, já com 11 anos, 70% de todos os meninos e meninas apresentam marcantes deficiências musculares e de postura. A maior parte desses defeitos se manifesta como ineficiências passageiras e dificuldades de aprendizado; eles se acentuam nas situações de abalo emocional, pressagiando uma adolescência difícil na qual as pequenas imperfeições da infância crescem e se transformam em defeitos gritantes. Com a idade de 18 anos, apenas 5 por cento da população está livre de defeitos; 15 por cento têm defeitos leves, 65 por cento têm defeitos graves e 15 por cento têm defeitos gravíssimos. Essas estatísticas se baseiam nas pesquisas que fiz, e publiquei, com meninos e meninas das escolas secundárias e estudantes de educação física, música e teatro; seria razoável supor que alguns desses estudantes tivessem um padrão físico mais elevado do que o do resto da população. É quase certo que você, leitor... tem defeitos bem marcantes dos quais nem sequer tem consciência; defeitos que os seus médicos, pais e professores não notaram, com os quais não se preocupam ou apenas aceitaram como uma parte inevitável de você.[4]

Aqui Barlow está falando de crianças inglesas, mas ele participou de uma pesquisa de âmbito mundial sobre os sistemas de educação física, constatando que também nos Estados Unidos, na Austrália e na União Soviética, por exemplo, os problemas são os mesmos, uma vez que a educação física convencional é absolutamente incapaz de "levar seus alunos a adquirir o conhecimento ou o desejo necessário para manter uma atividade saudável quando ficam mais velhos". Ele acrescenta: "Agora as provas são quase irrefutáveis. Estamos testemunhando uma deterioração universal do USO, deterioração que começa na mais tenra infância e que os atuais métodos de educação pouco fazem para impedir. A maioria das pessoas perde o bom USO assim que passa da primeira infância. Esse problema não as acomete o tempo todo, mas na maioria das suas atividades e até mesmo nos períodos de descanso. Ninguém se incomoda com isso porque ninguém percebe nada até o momento em que os defeitos se tornam graves demais."[5]

As observações que eu mesmo fiz de crianças e jovens nos Estados Unidos e em outros países corroboram totalmente as tristes descobertas de Barlow. Também descobri que até mesmo os defeitos que saltam aos olhos do observador atento passam despercebidos aos médicos, às enfermeiras das escolas, aos professores de educação física e a outros que poderiam desencadear uma ação para remediar o problema. Só quando a pessoa sofre um colapso ou apresenta alguma outra patologia já conhecida é que essas autoridades de saúde percebem que a situação tem de ser corrigida com urgência. Para que elas percebam algo, *é preciso que o erro esteja mais errado que a norma*. O problema é que a própria norma está muito, muito errada — errada o suficiente para que 80 por cento dos jovens com 18 anos de idade tenham defeitos graves.

Quando pensamos no que já foi dito, começamos a repensar as causas de vários assim-chamados "sintomas do envelhecimento". Muitos desses sintomas não passam de sintomas de "mau uso", e uma prova dessa afirmação é o fato de que, mesmo quando pessoas muito idosas aprendem a usar bem o seu organismo, muitos dos "sintomas do envelhecimento" se abrandam ou mesmo desaparecem. Caso se tratasse de verdadeiros "sintomas do envelhecimento", eles seriam irreversíveis pelos meios disponíveis atualmente.

Há modos eficientes e saudáveis de usar o corpo. Mas há também outros modos de usar o corpo, modos ineficientes, que desperdiçam força e energia e estragam a saúde e o bem-estar em geral. O modo pelo qual usamos o nosso organismo nos afeta mais profunda e totalmente do que qualquer outro fator considerado em si mesmo e isoladamente (à exclusão de algum desastre). Mas o bom uso, que deveria ser matéria de pré-escola, é um conceito pouco conhecido ou mesmo desconhecido dos responsáveis pela nossa educação e saúde. Temos de analisar o que essas autoridades oferecem e procurar saber se elas estimulam o bom ou o mau uso, se nos ajudam ou nos prejudicam e o quão verdadeira é a concepção do corpo e da mente que subjaz às estratégias predominantes de treinamento físico e boa forma.

Abordagens Convencionais

Há uma "Nova Educação Física" cuja filosofia e cujos métodos são superiores aos da antiga; nós aprovamos essas melhoras, mas esperamos que a educação física também incorpore algo da teoria e dos métodos contidos neste livro, nos escritos de Alexander e, sobretudo, nos de Feldenkrais. Então, as reformas necessárias serão feitas com muito mais rapidez e serão mais amplas.

Mas a pessoa comum que quer melhorar o seu corpo — que ela separa da mente ao contemplar esse objetivo — ainda está à mercê de livros, artigos de revista e professores que lhes oferecem "programas de exercícios" de valor limitadíssimo e quase infinitamente tediosos. Exemplo típico são os conhecidíssimos programas de boa forma que consistem em movimentos repetidos de forma mecânica e desatenta e que visam ao fortalecimento e alongamento dos músculos e à melhoria dos sistemas respiratório e circulatório. Se a pessoa é capaz de perseverar por tempo suficiente, eles trazem alguns benefícios, aumentando a força, a energia vital e a elasticidade do corpo. Eles fortalecem tudo, inclusive os defeitos; não contribuem nem um pouco para melhorar o uso do corpo ou para corrigir a imagem corporal e os mecanismos sensoriais falhos que estão na raiz de tantos problemas, tanto físicos quanto mentais. Wilfred Barlow estudou os efeitos de um típico programa de um ano de exercícios de "força e alongamento" e de programas de fisioterapia em estudantes universitários. Constatou, entre outras coisas, um aumento dos defeitos de postura no final do ano.

Correr, levantar peso, pular corda, nadar, dedicar-se à ginástica isométrica ou isotônica e aos esportes em geral — nada disso contribui para melhorar o uso do corpo; essas atividades são prejudiciais sob vários aspectos embora a maioria delas proporcione alguns benefícios; para a maior parte das pessoas, enfim, elas são melhores do que nada. Os que se dedicam especialmente à corrida e ao halterofilismo podem obter dessas atividades grandes recompensas emocionais, além dos benefícios físicos. Entretanto, eles se machucam com freqüência, o que seria muito improvável se a mente e o corpo estivessem mais bem integrados e se as sensações fossem mais precisas.

Os esportes e o atletismo não são a melhor forma de obter uma boa saúde ou melhorar o funcionamento do corpo. Os que os apreciam devem praticá-los pelas recompensas que daí derivam, mas devem ter consciência de algumas das desvantagens decorrentes. Por exemplo:

Não há nenhuma modalidade de atletismo que não ponha em jogo todos os músculos do corpo; mas, quando estudamos detalhadamente essas atividades, percebemos que algumas partes do corpo são estimuladas o suficiente para desenvolver-se bem, ao passo que outras mal são usadas. A execução dos movimentos exige um controle milimétrico de algumas partes, mas há outras que não precisam ou mal precisam ser controladas. Todo jogo ou esporte exercita e desenvolve alguns grupos de músculos ou alguma região do corpo mais do que outros grupos ou regiões, e, com o passar do tempo, provoca uma deformação mais ou menos marcante se não for contrabalançado por outros aspectos do programa de exercícios. A irregularidade na distribuição do esforço resulta numa irregularidade de desenvolvimento e controle. Em decorrência de tudo isso, nossos atletas são péssimos espécimes da espécie humana.[6]

O desenvolvimento desequilibrado resultante do atletismo só pode ser compensado por exercícios corretivos. Entretanto, não se trata de algo que uma pessoa comum possa fazer por si mesma; ela precisaria dos serviços de um professor habilitado para orientar seus esforços. A maioria das pessoas que faz exercícios, com ou sem um professor, não atinge os resultados que pretende obter. Os barrigudos, por exemplo, em geral pensam que a melhor coisa é embarcar num programa de abdominais. Mas, como a protrusão é causada pela contração dos músculos das costas e pela má postura, então tudo o que eles conseguem é ter músculos fortes num abdômen ainda protuberante.

Sem exceção praticamente nenhuma, os atletas (e dançarinos) deformam o corpo, às vezes de maneira monstruosa, porque só têm dele uma consciência parcial. Como não entendem a interdependência que existe entre os músculos e seus antagonistas, como não usam os músculos mais apropriados para o esforço que querem fazer, eles aplicam a força no primeiro lugar onde a resistência se faz sentir. Forçando a si mesmos, eles não têm escolha; vão machucar-se inevitavelmente. Mas forçar-se a si mesmo, superar-se a si mesmo, muitas vezes faz parte das regras do jogo. Mesmo quando o objetivo é vencer um rival, é quase impossível para o atleta disposto a obter o primeiro lugar deixar de "vencer", ou seja, de "castigar", a si mesmo.⁷

Ao atleta falta um conhecimento suficientemente completo e prático da mecânica e das funções do corpo, e o seu mecanismo sensorial também é distorcido, como o da imensa maioria das pessoas. Assim, quando o seu esporte exige uma ação violenta, ele fica especialmente suscetível a sofrer lesões que, na maioria das vezes, não lhe são infligidas pelos adversários, mas por ele mesmo. (Estamos falando dos ferimentos acidentais; os outros danos são inerentes ao próprio esporte.) Alguns atletas têm o torso de um Hércules, mas pernas relativamente mal desenvolvidas. Outros, como muitos dançarinos, têm o tronco tão mal desenvolvido em comparação com a parte inferior do corpo que parecem ter-se comprazido em transformar-se em aberrações anatômicas. Duas atividades costumam ser consideradas especialmente benéficas: nadar e andar de bicicleta. Bertherat assinala, entretanto, que a natação normalmente tem o efeito de desenvolver ainda mais os músculos das costas que já são superdesenvolvidos, acarretando um conseqüente não-desenvolvimento da parte da frente do corpo — uma configuração muscular que ameaça o bom uso do corpo e é nociva sob vários aspectos específicos, bem como em geral. Os nadadores profissionais muitas vezes sofrem de um tal superdesenvolvimento do músculo dorsal e de uma tal contração que acabam deslocando o esqueleto. Ela escreve, ainda, que um dos efeitos mais comuns do ciclismo é um "enrijecimento dos músculos da parte de trás do pescoço e da parte inferior das costas, e, por outro lado, uma perda de tonicidade nos músculos abdominais e uma compressão do estômago... que pode causar problemas digestivos (muito comum em ciclistas profissionais)".⁸ Andar de bicicleta também tende a puxar os ombros para a frente, atrofiar o peito e superdesenvolver os músculos extensores das coxas, segundo Shelton, que elaborou uma lista dos efeitos nocivos de muitos esportes. Particularmente prejudiciais, diz ele, são os esportes unilaterais, como o arremesso de peso. Se o arremessador de peso também se dedica ao lançamento de disco, ao arremesso de dardo e ao de martelo, os resultados são ainda piores: "...a pessoa que se especializou em arremesso de peso descobrirá depois de alguns anos que está deformada. O defeito mais marcante (quando a pessoa é destra) é uma curvatura da coluna vertebral, convexa para a direita. Seu braço direito é maior e mais comprido do que o esquerdo e muitas vezes há uma diferença nas pernas." O salto em distância, a corrida de obstáculos e especialmente o salto com vara também desenvolvem mais um lado do corpo do que o outro.[9]

Quantas pessoas que decidem praticar um esporte recebem informações sobre as possíveis deformidades a que estarão sujeitas? As objeções a essas assimetrias e desequilíbrios não são, de forma nenhuma, apenas estéticas. Eles não só afetam o modo de usar o corpo, que por sua vez afeta o bom funcionamento; podem também resultar, ao fim e ao cabo, numa doença grave e paralisante — dores nas costas, reumatismo e por aí afora.

A prática de esportes, quando não continua até a velhice, não dá nenhuma contribuição notável para a saúde ou a longevidade, na maioria dos casos. Muitos tipos de exercícios, quando praticados regularmente, adiam a manifestação de alguns sintomas do envelhecimento e prolongam a vida, especialmente quando fortalecem o sistema cardiovascular. Eles também reforçam os defeitos, como já fiz notar. Seu pior efeito é acabar com a motivação da pessoa para cuidar de si mesma. É exíguo o número de pessoas suficientemente disciplinadas para praticar a vida inteira um programa de exercícios que não lhes dá prazer nenhum. A reeducação psicofísica difere desses métodos porque ela estabelece um padrão de bom uso que, no fim, passa a conservar-se por si mesmo. Com os exercícios apresentados neste livro, qualquer indivíduo será capaz de continuar a trabalhar sozinho. Mesmo que não o faça, a melhora do uso do corpo provavelmente será conservada, beneficiando de modo marcante a sua saúde e seu bem-estar em geral, além de capacitá-lo a viver melhor e por mais tempo.

Wilfred Barlow acompanhou a vida dos professores do método Alexander na Inglaterra, todos eles bem treinados no uso correto do corpo. Ele obteve uma estatística que, pelo que sei, é ímpar e exemplifica muito bem a importância de tudo o que estivemos discutindo:

Alexander começou a trabalhar há 75 anos, quando tinha 30 anos de idade, e mais de cem professores do seu método foram formados neste país. Desses [professores ingleses], apenas quatro morreram, contando aí o próprio Alexander, com 87 anos, e sua primeira assistente, Ethel Webb, com 94; nenhum problema nas coronárias, nenhum câncer, nenhum enfarte, nada de artrite reumática, nenhuma hérnia de disco, nenhuma úlcera, nenhum distúrbio neurológico, nenhuma doença mental grave; só, às vezes, um ou outro ato mais ou menos inesperado; acidentes, é claro, mas uma recuperação rápida e uma baixa taxa de predisposição aos acidentes. No todo, trata-se de um padrão de saúde e felicidade na vida cotidiana de que a maioria das pessoas só goza nos primeiros anos de vida.[10]

---

1. Wilfred Barlow, *The Alexander Principle* (Londres: Arrow Books, 1975). p. 12. Uma versão um pouco condensada foi publicada por Alfred A. Knopf, Nova York, 1973, intitulada *The Alexander Technique*.
2. Feldenkrais, *Awareness Through Movement*, pp. 88-9.
3. O leitor interessado deve consultar todo o artigo escrito por Alma Frank, "A Study in Infant Development", *Child Development*, vol. 9 (1938). É antigo, mas continua muito interessante.
4. Barlow, *The Alexander Principle*, p. 15.
5. *Ibid.*, pp. 155-6.
6. Herbert Shelton, *Exercise!* (Chicago: Natural Hygiene Press, 1971), p. 37.
7. Therese Bertherat e Carol Bernstein, *The Body Has Its Reasons* (Nova York: Panteon Books, 1977), pp. 59-60.
8. Shelton, *Exercise!*, pp. 42-3.
10. Barlow, *The Alexander Principle*, p. 10.

A Formação e a Reconstrução das Pessoas

A altura potencial de uma pessoa é limitada pelo comprimento do esqueleto. A altura atual da maioria das pessoas, no entanto, não é aquela que os ossos permitiriam. O corpo é menos alto do que poderia ser devido às várias deformidades do esqueleto — sobretudo a curvatura da coluna vertebral — que são produzidas pelas tensões musculares e pela má postura. O corpo do adulto típico aumenta de altura cerca de 5cm quando os músculos são liberados de tensões supérfluas e se permite que o esqueleto reassuma o que seria o seu tamanho normal.

As contrações musculares não apenas encurtam o corpo como também deslocam as partes do esqueleto de várias maneiras, que diferem de uma pessoa para outra. As articulações muitas vezes são comprimidas num lado e separadas no outro. Ao fim e ao cabo, a cartilagem que fica no meio da articulação pode se gastar, fazendo com que os ossos raspem um no outro e sofram danos. Algumas tensões musculares, é claro, são normais e necessárias — sem elas o corpo se desfaria num montão disforme, como acontece com o esqueleto se não tiver apoio. Via de regra, a pessoa saudável não percebe essas tensões musculares, mas tem consciência das tensões anormais e desnecessárias. Quem gostaria, por exemplo, de estar constantemente consciente da tensão muscular no pescoço, necessária para o apoio da cabeça? Ou do esforço muscular necessário para impedir o maxilar inferior de ficar pendurado frouxamente? Quando ficamos em pé, as pernas têm de fazer um esforço, facilmente verificável quando comparamos as diferenças das panturrilhas quando estamos em pé, sentados e deitados. As tensões supérfluas, por outro lado, devem ser percebidas logo que se manifestam para que possam ser eliminadas.

São os músculos que determinam a forma do corpo; assim, a forma do corpo não é fixa, mas mutável. Françoise Mézières, uma "revolucionária" francesa no campo da fisioterapia, qualifica-se como uma escultora de corpos vivos. Ela afirma — e prova na prática — que nem mesmo os "tipos morfológicos" hereditários e as deformidades adquiridas são irreversíveis (exceto quando resultam de fraturas e mutilações). Ensina aos seus alunos que "a única morfologia normal é aquela que corresponde à relação das proporções recíprocas das partes do corpo que caracteriza a arte grega do período clássico. Essa arte tem o dom específico de representar o corpo humano como ele deve ser — ou seja, como poderia ser se concretizasse o seu verdadeiro potencial... [Ensina os seus alunos] a não aceitar qualquer tratamento que não tenha como meta essa forma perfeita. Nem a gravidade da deformação da pessoa nem a sua idade a impedem de aproximar-se bastante dessa forma ideal".[1] O corpo das pessoas idosas não é uma exceção e pode ser ainda mais maleável do que o corpo dos jovens.

A extraordinária maleabilidade do corpo humano foi confirmada muitas e muitas vezes pelos praticantes da Técnica de Alexander, pelos adeptos do sistema de Integração Funcional de Feldenkrais e por este autor, entre outros. É devido à sua maleabilidade que o corpo pode ser tão gravemente distorcido pelo uso, por tensões emocionais e de outros tipos e pela imagem que a pessoa tem de si mesma. Feldenkrais escreve:

> Portanto, muitos dos nossos defeitos físicos e mentais não precisam ser considerados doenças a ser curadas nem características infelizes do caráter, pois não são nem uma coisa nem outra. São o resultado adquirido de um modo errôneo de fazer as coisas. O corpo humano só executa o que o sistema nervoso o manda fazer. Ele modela a si mesmo na fase do crescimento durante um período mais longo e numa medida muito maior do que os de qualquer outro animal. Os atos repetidos inúmeras vezes durante anos, como todas as nossas ações habituais, por fim modelam até os ossos, quanto mais o envoltório muscular. Os defeitos físicos que aparecem no corpo muito tempo depois do nascimento decorrem principalmente de atividades que lhe impusemos. Os pés chatos resultam de um modo incorreto de ficar em pé e de andar, e o que tem de ser corri-

gido é esse modo incorreto, e não os pés. Parece não haver limite para a medida em que nossa estrutura é capaz de adaptar-se ao uso e às exigências que lhe fazemos; pela aquisição de um controle maior e melhor, os pés, os olhos ou qualquer outro órgão se adaptam outra vez e mudam de forma e função de acordo com o necessário. As transformações que podem ser produzidas, e a rapidez com que isso ocorre, às vezes chegam às raias do inacreditável.[2]

Segundo Feldenkrais, a reeducação pode "reconstruir toda a estrutura". A maior parte das grandes modificações na forma e funções do corpo ocorrem em decorrência de ações habituais que são repetidas "inúmeras vezes durante anos". No entanto, também observamos a manifestação de tensões musculares decorrentes da tensão emocional que são graves o suficiente para deformar a aparência do corpo quase instantaneamente, chegando a deslocar o esqueleto. Por exemplo, um ombro pode se erguer e deslocar-se para o lado, acarretando mudanças no pescoço, na caixa torácica, etc. Esses traumatismos emocionais do corpo-mente podem gerar no futuro uma resposta condicionada a tensões menores, porém semelhantes, de modo que a deformação logo se torna permanente, a menos que se tomem medidas para conter e reverter o processo.

Do mesmo modo, mesmo que as deformações do corpo existam há anos, elas podem ser rapidamente eliminadas por um praticante hábil que trabalhe no corpo com as mãos. Feldenkrais, por exemplo, demonstrou inúmeras vezes a sua capacidade de endireitar corcundas, espinhas com deformações graves e numerosas outras deformidades, algumas das quais vinham desde a infância do paciente. Ele o faz em vinte a trinta minutos de trabalho, e para o observador os resultados parecem quase milagrosos. O tratamento de doenças graves tem de ser repetido várias vezes para efetuar uma mudança permanente; o número de sessões depende da idade da pessoa, de há quanto tempo ela tem a doença, do grau de gravidade e de outros fatores.

Às vezes, uma única sessão é suficiente para libertar e restaurar a função de uma parte do corpo que estava imobilizada há anos. Eu mesmo já constatei que, quando o corpo de alguém já foi adequadamente tratado durante algum tempo, eu de repente começo a sentir que esse corpo se tornou extraordinariamente maleável e que o sistema nervoso está pronto, enfim, para aceitar a mudança. Quando isso acontece, os músculos não obstruem mais o esforço e eu posso, por assim dizer, reorganizar as partes do esqueleto, remodelando mesmo o corpo. É muito estranho o sentimento que temos quando percebemos que o corpo com que estamos trabalhando se tornou plástico como argila ou massa de vidraceiro. Como Feldenkrais disse acima, "As transformações que podem ser produzidas, e a rapidez com que isso ocorre, às vezes chegam às raias do inacreditável". Como são possíveis essas mudanças?

A organização dos músculos e dos movimentos voluntários só pode acontecer depois que as mudanças necessárias já tenham acontecido no córtex motor do cérebro. Quando há uma inibição total do córtex motor, não é possível realizar ações voluntárias. Quando a inibição é parcial, não se consegue movimentar as partes correspondentes.

Quando, por exemplo, um pulso se quebra e fica imobilizado por uma tala ou outro aparelho, pode acontecer uma inibição no córtex motor que impede os movimentos do pulso. Depois, o pulso quebrado sara e já pode se mexer, mas a inibição no córtex motor persiste. Só quando a inibição for eliminada por algum meio é que a pessoa vai perceber que pode mexer outra vez o pulso.

Há muitos métodos comprovadamente eficazes para obter a desejada desinibição. O fisioterapeuta, que muitas vezes não tem conhecimento para formular exatamente o problema, ainda assim pode ser bem-sucedido ao massagear e movimentar o pulso, induzir sensações de calor e de frio, aplicar estímulos elétricos e assim por diante, ao mesmo tempo que continuamente exorta o paciente a mover o pulso. Um paranormal ou agente de cura espiritual pode obter uma desinibição quase instantânea por meio de um forte apelo emocional, ou simplesmente porque a pessoa tem grande fé em seus poderes. A hipnose pode dar bom resultado, aumentando a sugestionabilidade da pessoa e submetendo-a a vários tipos de sugestões. Muitas "curas milagrosas" podem ser entendidas como apelos eficazes para que o cérebro altere o funcionamento do corpo. O que continua sendo um mistério é por que alguns indivíduos reagem, e outros não, a determinadas abordagens.

Não há dúvida de que as mudanças muito grandes e rápidas no corpo humano são produzidas por uma mudança extraordinária no cérebro, que por sua vez afeta o corpo, fazendo com que membros paralisados possam se mover, a vista melhore dramaticamente, a fala normal seja restaurada e assim por diante. Há cânceres que regridem quando o doente se vê confrontado com uma súbita situação de ameaça à vida, tal como uma batida de carro. Em Lourdes e outros santuários tradicionalmente associados à cura, pessoas que andavam curvadas e há anos sofriam de dores insuportáveis de repente ficam em pé e andam sem dor alguma. Não estou falando de contos da carochinha, mas de casos inequívocos de mudanças drásticas na condição do corpo, que somos obrigados a considerar como decorrentes de modificações anteriores no cérebro. Provavelmente, qualquer órgão do corpo pode ser substancialmente alterado caso se consiga induzir a ação cerebral apropriada. Ao que parece, só as condições físicas congênitas ou as que resultam de uma mutilação acidental ou cirúrgica não podem ser remediadas dessa maneira.

O acesso mais fácil aos músculos parece se dar através do córtex motor, talvez porque o homem naturalmente possui um alto grau de consciência do sistema ósseo-muscular; contudo, essa consciência pode ir sendo perdida no decorrer da vida. Os órgãos e processos de que normalmente não temos tanta consciência são mais difíceis de mudar, especialmente quando se almeja a uma mudança mais ou menos permanente. Entretanto, isso não é impossível. Em várias experiências, usou-se a hipnose para aumentar o tamanho dos seios de algumas mulheres. Dado esse fato, parece perfeitamente possível aumentar ou diminuir o tamanho dos órgãos internos e outras partes do corpo. A ioga, o treinamento autógeno, o *biofeedback* e muitas outras técnicas comprovam sem sombra de dúvida que é possível assumir voluntariamente o controle de processos "involuntários". Mais à frente, vou analisar certos modos de utilizar as interações mente-corpo, modos que podem ser aplicados como técnicas de autocura ou apenas para viver melhor.

O corpo-mente é maleável, pois, não apenas em sua forma, mas também em muitas das suas funções, senão em todas. As mudanças produzidas podem ser grandes e pequenas, mentais e físicas, de forma que todo o ser do indivíduo pode ser alcançado pelos processos de autocontrole e desenvolvimento pessoal.

A reeducação psicofísica é, entre outras coisas, uma reeducação neural que torna o sistema nervoso evidentemente mais suscetível e acessível à mudança. Os exercícios psicofísicos na verdade são um meio eficaz de comunicação com o cérebro, especificando mudanças corporais que o cérebro pode concretizar, e de fato concretiza, em resposta aos estímulos apropriados.

---

1. Bertherat e Bernstein, *The Body Has Its Reasons*, pp. 78-9.
2. Moshe Feldenkrais, *Body and Mature Behavior* (Nova York: International University Press, 1970), p. 152.

A Mente, o Cérebro e o Corpo

Este autor não está mais habilitado do que qualquer outra pessoa a resolver o "problema da mente e do cérebro". A mente e o cérebro são dois sistemas separados ou formam um único sistema? A mente é "explicada" pelo cérebro? Na ausência de uma conclusão a esse respeito, parece ser mais útil, na prática, tratar a mente e o cérebro como elementos separados, semi-independentes, mas que interagem a cada momento da consciência (e talvez, da inconsciência também).

Em seu excelente livro *The Mystery of the Mind*, Wilder Penfield resumiu toda uma vida de trabalho como neurocirurgião e pesquisador do cérebro, concluindo que a mente parece ser um sistema ou elemento independente e dotado da sua própria energia. Citando a antiga idéia hipocrática de que o cérebro é o "mensageiro" e o "intérprete" da consciência, propalada numa época em que no mundo inteiro se pensava que a consciência morava no coração, Penfield apresenta uma versão moderna do mesmo conceito: "O mecanismo mais elevado do cérebro é o de ser 'mensageiro' entre a mente e os outros mecanismos do cérebro."[1] Isso coincide com uma linha de pensamento que venho adotando há algum tempo.

Eu imagino o cérebro como um biocomputador que pode ser controlado pela mente, embora muitas vezes não o seja. Nesse caso, quase tudo o que se costuma considerar como "mente inconsciente", bem como os seus processos, pode ser visto como a atividade do cérebro-computador. Essa atividade se baseia, por um lado, numa programação evolutiva inata e, por outro, numa programação adquirida pela experiência. A programação adquirida é mais importante para o ser humano do que para os animais inferiores, visto que a maior parte do cérebro humano está "descomprometida" quando do nascimento, e, assim, guarda a possibilidade de ser programada pelas experiências posteriores. Ao contrário do que acontece com o cérebro, o elemento "mente" não pode ser (ou ainda não foi) localizado nem medido. Como a eletricidade, ele só pode ser conhecido por meio das suas manifestações.

O cérebro-computador — isto é, o cérebro considerado à exclusão do seu mecanismo mais elevado — "controla" o corpo segundo os seus próprios programas, exceto quando está sendo controlado pela mente. Isso explica por que, como disseram Gurdjieff, Alexander, Feldenkrais e outros, a consciência humana normal se parece mais com o estado de sono do que com a verdadeira vigília ou consciência. É por isso que o ser humano típico é mais autômato do que autônomo, embora tenha o potencial de ser livre. Na medida em que o ser humano está consciente, a mente tem controle sobre o cérebro. Essa consciência é sempre parcial, pois mesmo quando a mente está controlando o cérebro, muitos processos internos continuam sendo organizados ou dirigidos pelo computador, que supostamente tem um poder de regulação e organização sobre o corpo inteiro. Se assim é, deve-se concluir que o corpo como um todo pode ser atingido e dirigido por meio do computador, desde que a pessoa aprenda a programá-lo com a mente.

Os padrões extraordinários de funcionamento corporal apresentados por pessoas submetidas à hipnose e pelos iogues, por exemplo, dão respaldo à crença de que o corpo pode ser submetido a praticamente qualquer alteração, desde que o cérebro possa ser induzido a aceitar as sugestões ou instruções que lhe forem apresentadas. O corpo parece ser um simples ator, que representa tudo o que o cérebro o manda e ensina a representar.

A hipnose, a psicanálise e outros procedimentos fazem um esforço para se comunicar com a mente inconsciente, pois observou-se que existe "algo" dentro de nós que pode realizar muitas coisas que a mente consciente não pode (sem um treinamento longo e rigoroso em disciplinas psicofísicas ou de "controle mental"). A mente inconsciente consiste parcialmente em certos processos simbólicos — ou pelo menos tem acesso a esses processos — que só podem ser conhecidos ao se fazer o inconsciente consciente. Ela tem acesso a memórias de que a mente consciente não pode lembrar a não ser com a sua ajuda. É capaz de controlar os processos corporais involuntários; de nos curar ou nos deixar doentes; de acelerar ou tornar mais mais lentos os processos mentais, parecendo assim mudar o ritmo do tempo; de regular as sensações de prazer e dor; e pode executar um grande número de outros feitos que são pouco compreendidos. O inconsciente parece conter várias subpersonalidades, algumas mais inteligentes, sábias e cultas do que a própria personalidade consciente.

No entanto, a rigor, a noção de uma mente inconsciente não é realmente necessária para explicar esses fenômenos, desde que se atribua ao cérebro um acesso direto ao corpo e a várias capacidades latentes que não podem ser normalmente contactadas pela mente consciente. Essas capacidades, evidentemente, podem ser estimuladas por drogas ou mudanças químicas originadas no próprio cérebro. A hipnose pode ser vista como um meio de evitar parcialmente a mediação da mente para chegar-se ao biocomputador cerebral, ou como um modo de aumentar o poder mental de controle sobre o cérebro. No entanto, nos últimos anos levantaram-se muitas provas de que se pode estabelecer um controle eficaz sobre o corpo e suas funções sem ter de induzir um transe ou administrar drogas.

Vem-se constatando de modo cada vez mais evidente que a mente consciente tem um potencial maior do que se costumava supor. Isso não significa que os estados alterados de consciência não sirvam de modo algum para facilitar mudanças no corpo; há provas inequívocas de que mudanças profundas do corpo podem ocorrer quando a consciência está alterada, principalmente se a alteração for profunda. Mas parece haver um outro modo de agir, menos conhecido, e que consiste em "acostumar" o corpo a responder às instruções transmitidas pela mente consciente. Dessas duas abordagens, a segunda parece ser mais confiável e mais desejável, visto que o controle consciente fortalece a mente consciente e a própria consciência. Por outro lado, o uso de técnicas de alteração da mente muitas vezes foi criticado porque às vezes parece fortalecer o domínio do cérebro-computador.

O Corpo e as Experiências

O corpo vivo está sempre mudando. Todas as experiências da pessoa têm algum efeito sobre o corpo, criando mudanças elétricas, químicas, glandulares, musculares e de vários outros tipos. Quanto mais complexo o corpo e seu sistema nervoso, maior a gama de mudanças possíveis. No caso dos seres humanos, o fluxo contínuo do corpo é mais ou menos inconsciente, dependendo do grau da nossa atenção, mas sempre inconsciente até certo ponto. Em geral, nós temos maior consciência das mudanças grosseiras e menor consciência das mais sutis.

Os movimentos, as sensações, os pensamentos e as emoções provocam mudanças corporais de magnitude e intensidade variáveis. Muitos animais são evidentemente dotados de sensação, emoção e, sem dúvida, de pensamento, e reagem corporeamente a esses fatores mentais. (A noção de que os animais não pensam está rapidamente perdendo credibilidade — nada mais é do que uma pretensão generalizada entre os seres humanos e, especificamente, entre os "cientistas".) Os cães, como os seres humanos, se encolhem de medo diante de uma palavra áspera, de uma voz zangada e até mesmo de uma atitude negativa, e com o tempo, se forem maltratados o suficiente, o uso que dão ao seu organismo também é afetado. Como os seres humanos, eles podem acumular tensões musculares a ponto de ficar com o esqueleto deslocado, as articulações enrijecidas, a capacidade de movimento — a respiração inclusive — prejudicada: o cão fica bobo e cronicamente ansioso; seus olhos e expressão facial dão a conhecer ao mundo inteiro a sua infelicidade. Naturalmente, essas manifestações externas têm muitos fenômenos internos correlatos, visto que todo o organismo se envolve no processo.

Quando sentimos medo, os músculos se tensionam, a respiração e o batimento cardíaco se alteram, a capacidade de pensar com clareza é prejudicada e o sistema endócrino não funciona de forma adequada. Para a pessoa que vive sempre com medo, ansiosa ou sofrendo de algum outro tipo de distúrbio emocional, as mudanças corporais que acompanham esses fenômenos se tornam crônicas. Com o tempo, acabam por gerar outros sintomas físicos (e mentais) graves, que podem até matar a pessoa. Por outro lado, a serenidade e a felicidade nos protegem, não de todo, mas em grande medida.

Neste livro, apresento alguns exercícios que vão demonstrar claramente para você que as emoções, imagens e palavras podem sem usadas para efetuar no corpo mudanças rápidas e profundas. Obviamente, se um exercício gera essas mudanças, todos os acontecimentos da vida fazem a mesma coisa. É importante entender essas interações entre mente, cérebro e corpo e admitir a possibilidade de usá-las para determinar melhor o rumo da sua vida.

O pensamento ou a imaginação de uma ação imediatamente preparam os músculos para a execução dessa ação. Se você pensa em cerrar o punho, por exemplo, os músculos começam a se organizar como se você de fato estivesse cerrando o punho, e essa organização muscular é perfeitamente mensurável. A resposta do corpo é bem mais intensa quando a ação imaginada é carregada de emoção. Quando se pensa em comida começa-se a salivar, especialmente quando se imagina o paladar, o aroma, a textura e a aparência do alimento. Fantasias sexuais vívidas prontamente induzem à tumescência dos órgãos sexuais. Por outro lado, quando ocorre um grande conflito entre o cérebro-computador e a mente, mesmo o mais forte estímulo sexual e o desejo mais vivo podem não ser capazes de superar as inibições, o que provoca uma tendência contrária no corpo, tornando o ato sexual impossível. Tanto num caso como no outro, a fantasia e as emoções produzidas por ela desencadeiam mudanças no corpo que afetam os músculos, as glândulas, o fluxo sangüíneo e muitos outros elementos. Os exercícios deste livro também demonstram que o cérebro transmite instruções para o corpo numa linguagem desconhecida pela mente consciente ignorante; e que as mudanças corporais induzidas pelo cérebro só podem ser previstas por quem tem um conhecimento dessa linguagem. Os exercícios tornarão você capaz de "falar com o cérebro" diretamente, produzindo resultados que a mente consciente jamais seria capaz de prever.

Métodos e Técnicas

O ser humano sabe, desde as épocas mais remotas, que tanto as imagens como as palavras podem ser usadas deliberadamente para mudar o estado de um corpo, o nosso ou o de qualquer pessoa. Há muito tempo os homens aprenderam a usar o som, o toque e o movimento para efetuar mudanças no corpo. Por meio desses estímulos, eles informavam o cérebro dos seus desejos, muito embora concebessem outra razão para a eficácia do processo. É muito grande o número de técnicas capazes de produzir resultados semelhantes, por exemplo, no caso da cura. É o cérebro que cura; as várias técnicas são meios de comunicação com ele, e o bom êxito da abordagem depende das crenças da mente, de como o cérebro já foi programado, da intensidade emocional criada e de outros fatores. Alguns métodos podem ter o efeito de pôr a mente "entre parênteses", impedindo que as crenças dela intervenham no processo; outros podem dar à mente um controle maior sobre o corpo. Nos parágrafos seguintes, limito-me a tratar do uso de imagens e palavras para provocar mudanças no corpo. Não sairei, além disso, do campo das técnicas atualmente em uso nas várias terapias e métodos de reeducação.

Na Europa, milhares de pessoas se curaram de uma grande variedade de problemas físicos e mentais mediante o que se chama de treinamento autógeno, uma disciplina que tem suas raízes na hipnose, bem como na ioga e em outros métodos psicofísicos do Oriente. No treinamento autógeno, a pessoa se dedica diariamente a dar diferentes tipos de comandos ou instruções orais ao seu corpo até que este esteja maximamente disposto a responder praticamente a todos os comandos que lhe forem dados. Primeiro, por exemplo, o paciente ou praticante instrui o braço e a mão direita a sentirem-se pesados e quentes. Depois disso, outras partes do corpo são treinadas do mesmo modo até que, finalmente, mesmo processos normalmente involuntários, como o batimento cardíaco e o fluxo sangüíneo, passam a ser regulados pelos comandos verbais do paciente ou praticante. Às vezes, usam-se imagens visuais e sensoriais diversas para desencadear mudanças nos estados físicos, emocionais e mentais, mas o treinamento autógeno dá ênfase ao controle verbal. Os limites práticos desse método de autocontrole psicofísico ainda não são conhecidos, mas há indícios de que praticamente todas as mudanças possíveis podem ser efetuadas desde que se possa chegar a uma formulação adequada das instruções.

A técnica desenvolvida por Alexander também envolve o controle verbal das reações corporais. Um professor, trabalhando com as mãos, vai produzindo sensações e organizando o corpo do aluno, enquanto este vai traduzindo suas sensações corpóreas em comandos verbais. Por exemplo: o professor coloca as mãos em volta do pescoço do aluno e o puxa da posição sentada para a posição em pé, aliviando e alongando o pescoço e, ao mesmo tempo, posicionando a cabeça no lugar correto. O aluno formula as sensações assim despertadas como "alívio e alongamento do pescoço, cabeça para a frente e para cima", ou coisa parecida. Com o tempo, o pescoço e a cabeça passa a responder à ordem verbal por si só. Isso permite que o aluno trabalhe em si mesmo até que o "bom uso" se torne natural.

A Técnica Alexander em sua forma "pura" usa apenas instruções verbais explícitas, cuidadosa e repetidamente correlacionadas a determinadas sensações por meio dos esforços conjuntos do aluno e do instrutor. Não se usam imagens, que são consideradas como fonte provável de erros. No entanto, isso não quer dizer que as imagens sejam ineficazes para mudar o corpo. A imaginação pode ser extremamente útil como instrumento de mudança, mesmo quando é usada por leigos no assunto. No livro *The Mind of a Mnemonist*[2], o psicólogo russo A. R. Luria descreve o caso de um paciente cuja sensibilidade natural às imagens visuais e outras era extraordinariamente bem desenvolvida. Ele era capaz de alterar a temperatura das mãos, por exemplo, simplesmente imaginado que havia mergulhado uma mão na água gelada, e aproximado a outra de uma chama. O paciente de Luria executou muitas outras façanhas desse tipo, que habitualmente só podem ser executadas pelos iogues e adeptos de disciplinas semelhantes depois de longo e árduo treinamento.

Trabalhando com a hipnose, Milton H. Erickson e outros, inclusive o autor, demonstraram não só que são muitas as danças corporais devidas à influência de imagens e palavras, mas também que essas imagens podem ser usadas para acelerar bastante o aprendizado por parte do corpo. O cérebro tem a capacidade de acelerar de tal modo o seu funcionamento que um conjunto imaginativo que não dura mais que breves momentos segundo o tempo medido pelo relógio, é percebido subjetivamente como dotado de duração muito maior. Por exemplo, uma pessoa que assistiu a um filme com duas horas de duração é capaz de, quando em transe, vê-lo inteirinho novamente em apenas um minuto ou até em menos tempo, segundo o relógio. Esse minuto de tempo medido pelo relógio é percebido subjetivamente como as duas horas originalmente necessárias para assistir ao filme. As imagens são vistas como se estivessem sucedendo-se na velocidade normal. Esse fenômeno imaginativo da "distorção do tempo" não se limita, em sua aplicação, a imagens que já tenham sido vistas antes e são simplesmente reproduzidas, como no caso do filme. Pode-se, por exemplo, usá-lo para estudar piano, aprender a jogar golfe ou seja lá o que for. Ao cabo de um minuto de tempo medido pelo relógio, percebido subjetivamente como uma hora de estudo, a melhora será idêntica à melhora que se obtém estudando-se objetivamente (isto é, com o corpo), por uma hora de fato. Às vezes, aliás, a melhora é até mais sensível quando o estudo é feito segundo o "tempo subjetivo". A eficácia desse método já foi comprovada várias vezes, e o bom resultado parece explicar-se, ao menos em parte, pelo fato de que, em nível microscópico, o corpo sempre se organiza e de certa forma executa a ação imaginada.

Numa série de estudos sobre a ideocinese, a falecida Lulu Sweigard demonstrou que o corpo chega até a imitar espontaneamente uma imagem percebida como exterior a ele mesmo. Ela usou, por exemplo, a conhecidíssima imagem de Alice no País das Maravilhas com o pescoço alongado para mostrar aos seus alunos que eles reagiam inconscientemente àquele desenho esticando o pescoço para cima. Outros exemplos de imitação de imagens externas por parte do corpo foram igualmente apresentados e originaram a pergunta: até que ponto essa imitação é um fator significativo na vida de algumas pessoas ou de todos nós?

No método Feldenkrais de "Consciência através do Movimento", certas imagens cinestéticas são postas em correlação com certas sensações de movimento e, depois, são usadas para transferir mais fácil e rapidamente o aprendizado de um lado do corpo para o outro. O aluno faz, por exemplo, muitos movimentos com o ombro esquerdo, que vai ficando cada vez mais livre à medida que o aluno concentra a atenção nos movimentos e nas sensações decorrentes. Quando o aluno se torna capaz de formar uma imagem cinestética nítida dos movimentos e sensações, ele se imagina fazendo os mesmos movimentos com o ombro direito. Então, num tempo relativamente curto, em geral em poucos minutos, ele adquire na articulação do ombro direito uma liberdade equivalente ou até maior do que a que adquiriu em talvez 45 minutos de movimentos com o lado esquerdo.

Algumas das técnicas mencionadas dão bastante saliência à necessidade de formar uma associação precisa e tão exata quanto possível entre a imagem ou ordem verbal e o efeito corporal correspondente. Tanto o sistema de Alexander quanto o de Feldenkrais exigem dos alunos experiência considerável na associação de palavras ou imagens com os movimentos e sensações apropriados. Outras técnicas, como o treinamento autógeno, dependem da capacidade da mente inconsciente ou de alguma forma de inteligência corporal de se deixar influenciar "corretamente" pelas instruções verbais, que são repetidas e repetidas à medida que o corpo vai ficando cada vez mais dócil aos comandos. A hipnose, do mesmo modo, depende da mente inconsciente da pessoa hipnotizada para transmitir as sugestões do hipnotizador para o corpo. Outras técnicas usam imagens que podem ser, em maior ou menor grau, simbólicas; às vezes é difícil saber se a pessoa está trabalhando com um sistema simbólico propriamente dito ou com imagens figurativas que provocam uma reação "literal".

Alguns médicos, o mais conhecido dos quais é radiologista Carl Simonton, obtiveram algum êxito no tratamento de tumores malignos com uma combinação de hipnose ou relaxamento, técnicas imaginativas e, no caso de Simonton, radioterapia. A psicoterapia e o aconselhamento também podem ajudar os doentes de câncer a mudar certas atitudes mentais e emocionais que, na maior parte dos casos, já existiam desde muito antes de o câncer ser detectado. Algumas das imagens usadas são figurativas: três vezes por dia, o paciente visualiza o câncer e vê seus glóbulos brancos combatendo a doença. Ou então, as imagens são simbólicas: o paciente é encorajado a visualizar, digamos, um animal que represente o câncer e um outro, mais forte, que ataque e tente destruir o símbolo do câncer. Este autor tem conhecimento de um caso em que um grupo de psiquiatras e outros médicos administraram LSD a um paciente que, durante horas a fio, se concentrou em uma imagem em que o tumor se encolhia até desaparecer. Depois, constatou-se que o tumor havia desaparecido de fato. Em alguns casos, usei a hipnose e técnicas imaginativas para tratar tumores nos seios, que sumiram depois de algumas sessões. Não há como saber se esses tumores eram malignos, visto que eu poupei todas as minhas pacientes da dolorosa necessidade de fazer uma biópsia. Há também aplicações menos bombásticas: pode-se fazer com que verrugas e erupções da pele apareçam e desapareçam por meio da sugestão hipnótica; alguns experimentadores provocaram sinais de queimaduras na pele concentrando-se intensamente numa imagem de si mesmos mantendo a mão bem próxima de uma chama. Em todos esses casos, são as próprias imagens que estimulam as mudanças no corpo. A hipnose ajuda a intensificar as imagens, mas a pessoa dotada de uma capacidade imaginativa excepcionalmente bem desenvolvida pode provocar as mesmas mudanças sem o auxílio da hipnose.

O cérebro pode produzir mudanças pequenas ou bastante grandes no corpo, instantaneamente ou no decorrer de longos períodos; na verdade, ele faz isso o tempo todo, quer consciente quer inconscientemente, em resposta às experiências que vêm de dentro e de fora do corpo. Essas experiências transformadoras são, entre outras coisas, as nossas emoções, as palavras e as imagens; quando formos capazes de usá-las para nos comunicar diretamente com o cérebro, então, e só então, a mente terá um controle efetivo sobre o corpo. Caso contrário, o corpo será dirigido apenas pelo cérebro-computador de acordo com sua programação inata e adquirida. A interação vital entre a mente e o cérebro-computador permanecerá além do nosso conhecimento e da nossa influência.

---

1. Wilder Penfield, *The Mystery of the Mind* (Princeton: Princeton University Press, 1975), p. 46.
2. A. R. Luria, *The Mind of a Mnemonist*, traduzido por Lynn Solotaroff (Nova York: Basic Books, 1968).

Conheça a
Si Mesmo

Todos os sistemas voltados para o desenvolvimento do potencial humano tentam nos ensinar a nos conhecer e compreender melhor. Mas a maioria deles, embora com veemência procure negá-lo, exige uma espécie de fé cega, incondicional, e preconiza modos de pensar e de sentir que inevitavelmente refletem os métodos e objetivos do sistema em questão. A reeducação psicofísica tenta levá-lo a conhecer a si mesmo tal como você é, e informá-lo de certos fatos sobre a sua pessoa e de como você pode mudá-los para melhor, se o quiser. Suas provas são experimentais, levando-o a tomar consciência direta da sua situação e das mudanças nessa situação. Na medida do possível, a reeducação evita a persuasão ou a sugestão; você não terá de aceitar nada pela fé. Entretanto, a rigor, é impossível ensinar ou demonstrar algo de modo totalmente "puro", sem um toque de persuasão ou sugestão. Tudo o que posso fazer é reduzir essa interferência a um mínimo, de forma que tudo o que você sentir provenha, na medida do possível, só de você. O objetivo primeiro do método psicofísico não é uma saúde melhor, um uso melhor do organismo ou uma vida mais longa, embora não se possa negar que tudo isso é importante. O objetivo primeiro é a liberdade.

Neste capítulo, vou mostrar de maneira detalhada algumas das táticas que você usa para obstruir a si mesmo e impedir-se de realizar o seu potencial e ser realmente livre. Os exercícios dos capítulos seguintes lhe revelarão algo desse potencial não-desenvolvido, indicando o caminho para descobertas futuras e dando-lhe impulso suficiente para que você continue a praticar por conta própria.

Para começar, pense sobre o que você estaria fazendo se, em vez de estar sentado ou deitado e lendo, estivesse andando pelo cômodo onde está; suponhamos que seja um quarto. Dê uma caminhada imaginária pelo quarto, indo e vindo várias vezes e tentando observar o que você faz enquanto anda. Ponha o livro de lado e faça isso agora, em imaginação. Quando terminar, volte na imaginação à sua posição atual, sentado ou deitado. Reconstrua o que você fez quando andou pelo quarto na sua imaginação. Não precisa ter pressa para fazer isso.

Agora pense no seguinte: Quando você se levantou, o que fez? Quando começou a andar, qual pé deu o primeiro passo? Quando você se virou, o fez para a esquerda ou para a direita? Ou virou para a esquerda numa vez e para a direita na outra? O que quer que você tenha feito, terá sido o mesmo que faz normalmente quando anda.

Enquanto o pé e a perna esquerda iam para a frente, o que fazia o braço esquerdo? Quando você estava andando, que parte do pé entrava primeiro em contato com o chão, e que parte deixava o chão por último?

Não deve ser difícil imaginar uma atividade tão costumeira quanto andar e prestar atenção no que se está imaginando. Mas se foi, levante-se fisicamente e ande pelo quarto por algum tempo, prestando muita atenção aos seus movimentos e às sensações; volte depois à sua posição atual. Faça isso antes de continuar a leitura.

Agora que você voltou, lembre-se do que fez ao levantar-se da cadeira (ou do sofá, ou do que quer que seja). Você usou um ou os dois braços para apoiar-se? De que modo os usou? Você usou primeiro um e depois o outro, ou fez mais força em um do que no outro? Você pisou mais forte com um dos pés? Se o fez, com qual deles? Enquanto você andava, quais eram as sensações nos tornozelos, nos joelhos, nas articulações do quadril, nas articulações dos ombros? Em que medida as articulações se movimentaram? Até que ponto os seus braços balançaram livremente? Você notou, dessa vez, que braço acompanha cada perna no movimento para a frente? Você notou em que direção você se virou e o que fez com as mãos e os braços, com os ombros, com o pescoço e a cabeça e com os olhos quando se virou? Você estava consciente da sua respiração? Observou se ela continuou natural ou se você a reteve quando tentou concentrar-se nos movimentos? Você estava, até agora, consciente da sua respiração enquanto tentava responder a essas perguntas? Ao observar os seus movimentos enquanto andava, pareceu-lhe que você estava andando como faz habitualmente, ou você começou a se perguntar se estava fazendo algumas coisas de modo diferente? Você sabe dizer agora mesmo (sem fazer nenhum esforço) se os seus pés e braços estão exercendo pressões iguais ou diferentes nas superfícies sobre as quais estão repousando? Você está consciente, sem esforço, da sua coluna vertebral, o pescoço inclusive? Sabe dizer onde ela se curva e que tipo de curvaturas apresenta, se é que está curvada? Eu poderia lhe fazer outras cem perguntas, pouquíssimas dentre as quais você seria capaz de responder se for tão inconsciente do corpo quanto a imensa maioria das pessoas.

Você acaba de fazer três tipos de atividades. A primeira consistiu em imaginar uma ação e em seguida lembrar-se do que você imaginou. Neste caso, a imaginação e a memória não podem ser melhores do que a consciência que você normalmente tem enquanto anda. Em segundo lugar, pedi que você andasse de fato pelo quarto, prestando muita atenção a si mesmo, e então analisasse o que observou. Isso também implicou um esforço de memória. Em terceiro lugar, eu lhe fiz perguntas sobre a sua consciência naquele mesmo instante, de modo que não foi necessário relembrar nada. As três atividades deveriam ser muito simples, mas não o são, e por vários motivos. É bom que você conheça melhor esses motivos.

Portanto, fique em pé por algum tempo como você sempre faz, com os braços pendurados ao lado do corpo. Procure notar se os seus joelhos estão travados ou se estão um pouquinho flexionados, e pergunte a si mesmo se você normalmente fica em pé com os joelhos travados ou um pouco flexionados. Num corpo bem organizado, os joelhos não ficam travados.

Observe de que modo as suas mãos estão penduradas. Veja se as costas das mãos estão voltadas para a frente ou para os lados. Se estiverem voltadas para os lados, algo aconteceu para alterar a posição natural das articulações dos ombros. Sem dúvida, há um excesso de tensão nos músculos das costas. Muitas pessoas ficam de pé com as palmas das mãos encostadas nas coxas e as costas das mãos voltadas para os lados. Essa é uma exigência da postura militar, que também requer que o peito seja estufado para a frente e os ombros puxados para trás, curvando assim a coluna vertebral e forçando a pelve para a frente. Como já se assinalou ao exército britânico, essa postura com o tempo pode gerar distúrbios respiratórios e cardiovasculares, artrite e outros problemas.

Em algumas pessoas, inclusive em certos esquizofrênicos, a distorção das articulações dos ombros é tão grande que essas pessoas ficam em pé com as palmas das mãos voltadas para fora ou mesmo para a frente. Se as costas das suas mãos estiverem voltadas para a frente, como é natural, tente virar as mãos de modo que as palmas se voltem para as coxas e as costas se voltem para fora. Sinta o que acontece nos ombros e veja como essa posição logo se torna desconfortável. Volte as palmas das mãos para fora e perceba que, agora, em vez de serem forçados muito para trás, os ombros têm de ser lançados para a frente. No entanto, as pessoas que habitualmente se posicionam desse modo não sentem o esforço crônico a que as articulações dos ombros estão submetidas. A tensão existe e vai gerando os seus efeitos negativos, mas o sistema sensorial se distorce e não registra a tensão, de modo que os sinais de dor não são mais transmitidos. Do mesmo modo, o corpo sofre com o travamento dos joelhos e inúmeras outras coisas que nós mesmos nos fazemos e que são mais ou menos nocivas para nós. Mas a falta de consciência e a alienação em relação ao corpo é tão grande que nós nos ferimos sem cessar e não nos damos conta desse fato. Quando nos ferimos a ponto de criar uma alteração maléfica que não pode mais ser ignorada, nos a chamamos de uma doença ou a explicamos — na verdade, sem nada explicar — como um sintoma do envelhecimento.

Há um método para descobrir o que o corpo sente mas não consegue mais comunicar à mente: exagerar certas tendências evidentes. Num caso em que, por exemplo, o braço esquerdo fica habitualmente mais baixo do que o direito e puxa o ombro esquerdo para baixo, se você abaixar o braço mais ainda, sentirá a dor que de ordinário está bloqueada.

Quer o seu ombro esquerdo seja mais baixo que o direito, quer não, desloque o braço e o ombro esquerdos um pouco para a esquerda e para baixo. Você vai sentir que esse mesmo movimento puxa o ombro direito para cima e desloca o quadril para fora do lado direito. Seu peso cai todo no pé esquerdo. A coluna vertebral se curva para a esquerda, comprimindo a caixa torácica desse lado e expandindo-a do lado direito. Se você se olhar no espelho, verá que o pescoço está mais comprido do lado esquerdo, quer seja esse o seu estado normal, quer seja apenas um estado que você está adotando agora. A sua respiração fica um pouco prejudicada do lado esquerdo, e também a liberdade de movimentos será afetada.

Mais uma vez observe a posição natural dos seus braços quando você fica em pé normalmente e tente saber com certeza se uma mão está mais baixa do que a outra. Se, como acontece com um número enorme de pessoas, uma das mãos de fato estiver mais baixa do que a outra, pergunte-se se você já sabia disso ou se o está percebendo pela primeira vez. Se possível, fique em frente a um espelho, de preferência nu, e observe o seu corpo. Alguns não conseguem ver as próprias distorções nem mesmo em frente ao espelho, embora elas sejam mais que evidentes para as outras pessoas. Muitas vezes é preciso fotografar o corpo em frente a uma quadrícula milimetrada para que os fatos possam ser conscientemente aceitos.

Estique os braços para a frente na altura dos ombros. Se as suas mãos também estiverem esticadas, deixe-as cair soltas. Não há motivo nenhum para estendê-las e essa extensão nunca acontece involuntariamente num corpo bem organizado. Tente sentir qual dos braços lhe parece mais pesado. Quase todos são capazes de perceber, pela sensação cuidadosa, que um braço e uma mão parecem mais pesados que o outro braço e a outra mão. Agora pergunte-se qual dos seus punhos é mais flexível. Flexione e estenda os pulsos e descubra se a sua impressão de fato estava correta. Se a sua percepção for exata, você vai descobrir que o pulso do braço que parece mais pesado é o menos flexível. A tensão relativamente maior naquele braço enrijece o pulso e dá a sensação de peso.

Deixe cair os braços ao lado do corpo por um momento e em seguida erga-os outra vez à sua frente, deixando as mãos soltas, sem estender o pulso. Sinta cuidadosamente o peso das mãos soltas. Estenda as mãos e compare a sensação de peso com a que você acabou de sentir. Cerre as mãos em punho e torne a comparar o peso. Sinta o peso das mãos e dos braços com os punhos cerrados, com as mãos estendidas e com as mãos soltas e os pulsos relaxados. Os braços devem parecer mais leves quando as mãos estão soltas, mais pesados quando as mãos estão estendidas e ainda mais pesados quando os punhos estão cerrados. Em outras palavras, quanto mais tensão você criar nos braços, mais pesados eles vão parecer. Repita esse processo algumas vezes e tente sentir claramente as diferenças. Se não conseguir agora, você o conseguirá mais tarde, quando sua consciência do corpo tiver aumentado.

Agora vamos conhecer um pouco melhor os defeitos da imagem do corpo e as distorções do sentido cinestésico. Muitos dos "testes" aqui incluídos são os dados no início do programa Feldenkrais de Consciência por meio do Movimento.

Deite-se de costas com as mãos ao lado dos quadris e simplesmente preste atenção ao corpo durante algum tempo. Repare em toda a superfície dele, perceba como ele está deitado e tudo o mais que chamar a sua atenção. Feche os olhos e tente sentir quais as partes da superfície do seu corpo que de fato estão presentes na sua consciência. Repare se algumas partes parecem mais nítidas do que outras e veja também se você consegue identificar aquelas partes de que você tem pouca ou nenhuma consciência. Com o tempo, você vai começar a sentir a superfície do seu corpo com muito mais clareza do que agora, e perceberá também o esqueleto e suas articulações. A maioria das pessoas se julga naturalmente capaz de sentir a superfície do corpo e, mais ainda, senti-la inteira com a mesma clareza. Entretanto, muito poucas põem essa afirmação à prova.

Agora sinta o contato do corpo com o chão. O corpo inteiro está encostado no chão? Ou será que algumas partes fazem esse contato e outras não? Algumas partes não podem encostar no chão, ao passo que muitas outras deveriam tocá-lo mas não o tocam por causa de uma excessiva tensão nos músculos. Tente sentir qual é o espaço que existe entre o chão e a parte médio-inferior das costas, ou seja, a região lombar da coluna. Em seguida, com a mão, explore esse espaço e verifique se o espaço de fato é igual ao espaço pressentido. Se você for capaz de introduzir a mão entre o chão e as costas nessa região, é porque a coluna está sendo mantida numa posição curva pelo excesso de tensão muscular. Quando os músculos estiverem relaxados, essa parte da coluna encostará todinha no chão. Tente sentir qual é o espaço que existe entre o chão e a parte de trás do pescoço. Quantos dedos você acha que cabem nesse espaço (naturalmente, os dedos colocados de lado)? Agora meça o espaço com os dedos e veja se você acertou na medida.

Tente sentir se há espaço entre o chão e a barriga das pernas. Sente-se por um instante com os olhos fechados e sinta novamente o espaço sob a barriga das pernas. Em seguida, use as mãos para descobrir o tamanho desse espaço. Deite-se outra vez e tente sentir se há espaço entre seus pulsos e o chão. Os ombros estão encostados no chão? Se não estão, o quanto estão elevados? Aperte os ombros contra o chão e observe o que acontece com os pulsos. Em seguida, encoste os pulsos no chão e veja se isso faz com que os ombros se levantem. Descanse um pouco e, enquanto isso, observe a sua respiração e o modo como o seu corpo está deitado. A posição é a mesma de antes ou algo lhe parece diferente? Continue deitado de costas com os olhos fechados e tente agora sentir a altura da sua testa. Deixe os braços pousados do lado do corpo com a palma das mãos para baixo. Não tente usar o intelecto para calcular a altura da testa, nem tente adivinhar. Tente senti-la. Então, com o braço direito estendido, erga a mão direita para indicar qual é a altura da testa. Abra os olhos, olhe para a altura da mão e compare com a altura da sua testa. Torne a abaixar a mão e o braço. Feche os olhos e sinta outra vez a testa. Dessa vez, dobre o braço direito na altura do cotovelo e só levante a mão e o antebraço para indicar com a mão a altura da testa segundo você a sente agora. Abra os olhos e compare a altura da mão com a da testa. A mão está no mesmo nível que da primeira vez? Se não está, o que significa isso? Foi a sensação da testa que foi diferente quando o braço está estendido e flexionado? Por que não é tão fácil sentir a altura da testa e indicar essa sensação com a mão?

    Quando esse teste é dado a um grupo de pessoas, a maioria delas ergue a mão a uma altura muito maior do que a da testa, às vezes duas a três vezes maior. Algumas levantam a mão muito mais alto ainda. Outras elevam a mão a menos seis ou sete centímetros do chão. E, na maioria esmagadora dos casos, há uma diferença considerável entre as alturas indicadas quando todo o braço está levantado e quando ele está flexionado e só o antebraço está erguido.

    Esses fatos nus e crus nos mostraram que, ao que parece, a maioria das pessoas sente que a cabeça é muito maior do que é na realidade, enquanto outras sentem que ela é minúscula, do tamanho de uma laranja grande ou, no máximo, de uma manga. Quais são as conseqüências disso para o movimento, para o esforço que os músculos têm de fazer para apoiar essa cabeça? A maioria das pessoas vê a imagem reflexa da própria cabeça várias vezes por dia. Como pode haver tão grande distorção entre a sensação e a realidade? Podemos acrescentar, ainda, que as mesmas distorções sensoriais se manifestam quando o grupo é composto de atletas, dançarinos, atores e outros profissionais dos quais se poderia esperar que tivessem uma consciência acima da média do seu corpo e seus movimentos.

Pelo que sei, ninguém tentou estudar os efeitos desse fenômeno específico sobre o comportamento e o uso do organismo, mas valeria a pena fazê-lo. A cabeça humana, de qualquer modo, é bem pesada e, na maioria dos casos, pesa de nove a onze quilos. Normalmente, nós não estamos conscientes desse peso ou do esforço muscular que se tem de fazer para apoiá-la quando estamos em pé ou sentados. Inclusive, muita gente sente o interior da cabeça como um espaço vazio. No entanto, quando se tem a sensação de que a cabeça é muito maior do que de fato é, não há dúvida de que isso contribui em alguma medida para a deselegância dos movimentos e o excesso de tensões musculares, como as tão comumente encontradas no pescoço, na parte superior das costas e nos ombros.

Feche os olhos outra vez e tente sentir tão nitidamente quanto possível a distância entre os cantos da sua boca. Em seguida, com os dois dedos indicadores, mostre, segundo a sua sensação, qual é a largura da sua boca. Abra os olhos e compare a distância entre os dedos com a verdadeira largura da boca. Neste caso, a distorção costuma ser muito menor do que quando se sente a maioria das outras partes do corpo, mas ainda assim ela pode ser bem grande. Os lábios e a boca são mais sensíveis do que as outras partes do corpo porque são usados com mais freqüência — para comer, falar, beijar. Além disso, como é evidente, a própria natureza já os dotou de um rico sistema sensório.

Deite-se de novo com os braços ao lado do corpo, as palmas das mãos para baixo. Desta vez, tente sentir a largura da cabeça, valendo-se novamente apenas dos sentidos, e não da memória ou do cálculo mental. Agora, com as mãos, indique o que você sente ser a largura da sua cabeça. Abra os olhos e compare a distância entre as mãos com a largura verdadeira. Neste caso, a distorção costuma ser maior do que quando se sente a largura da boca, mas menor do que quando se procura sentir a altura da testa. Ao pensar sobre essas coisas, observe se você está respirando livremente ou se tende a reter a respiração. Tente lembrar-se se você reteve a respiração ao sentir a largura da cabeça e procure descobrir se você normalmente retém a respiração sempre que está diante de uma situação nova ou tentando resolver algum problema.

Levante-se e ande pelo quarto por alguns instantes, prestando atenção em como você se movimenta ao andar. Observe o quanto você dobra os joelhos e cotovelos e como cada braço se movimenta em relação à perna que se lança para a frente quando você caminha. Sem parar de observar, procure saber se essa é a relação normal entre os movimentos dos seus braços e pernas ou se o fato de estar se observando está alterando o seu comportamento. Lembre-se do que você observou da primeira vez e compare-o com o que está observando agora.

Em seguida, deite-se outra vez. Feche os olhos e sinta o corpo. Veja se ele repousa de forma diferente agora, veja se as costas estão mais encostadas no chão do que antes e note se alguma outra mudança aconteceu pelo simples fato de você estar prestando uma atenção incomum ao corpo.

Concentre a atenção nos pés. Os seus dedos dos pés estão apontando para cima ou um pouco para os lados? Quanto eles estão inclinados? O ângulo é o mesmo em ambos os lados ou a curva externa de um dos pés se aproxima mais do chão do que a do outro? Você sente que as pernas também estão um pouco viradas para os lados por causa de algo que acontece nas articulações dos quadris (ou seja, do fêmur com a pelve)? Aproxime do chão a curva externa de um dos pés e observe a sensação e o movimento que se dão na articulação do quadril. Para alguns, os pés apontam diretamente para cima e não se inclinam nem um pouquinho para os lados. Essas pessoas não têm consciência do esforço necessário para manter as pernas nessa posição de tensão. Posicione os pés de tal modo que eles apontem para cima — sem reter a respiração. Mantenha-os nessa posição por alguns instantes e compare o que você está sentindo agora com o que sentiu quando deixou as pernas soltas e à vontade.

Feche os olhos e tente sentir a forma e o peso dos globos oculares. Então, mantendo os olhos fechados, mexa os globos oculares várias vezes da esquerda para a direita e da direita para a esquerda. Faça o mesmo que você faria se estivesse acompanhando os movimentos de uma bolinha de pingue-pongue de um lado para o outro sobre uma mesa; vá tornando esses movimentos cada vez mais longos, até chegar à largura de uma quadra de tênis. Assista à partida de tênis por algum tempo.

Repare se a sua boca se move quando você olha da esquerda para a direita e se sua respiração continua normal. Pare por um instante e veja se você agora é capaz de sentir mais nitidamente a forma e o peso dos seus globos oculares.

Esses testes muito simples devem tê-lo convencido tanto da necessidade de aumentar a consciência corporal quanto da possibilidade real que você tem de fazer isso e aprender mais sobre você mesmo. Antes de concluir este capítulo, eu posso ainda lhe mostrar a rapidez e a facilidade com que o sistema muscular e o movimento em geral podem melhorar quando o cérebro é objeto de uma comunicação direta. As mudanças provavelmente não serão permanentes nem muito extensas, mas com o tempo poderão ser.

Agora levante-se. Não tire os pés do lugar durante toda essa pequena seqüência de movimentos. Só assim você será capaz de sentir e medir o que realizou.

Coloque as mãos nos quadris e gire o corpo o máximo possível para a direita, sem forçar, e fique nessa posição. Veja o quanto você se virou marcando um ponto na parede com os olhos. Agora movimente os olhos mais para a direita e perceba que os músculos se relaxam a ponto de torná-lo capaz de girar um pouco mais do que antes. Agora vire o corpo para a esquerda e pare voltado para a frente, como estava no início do exercício.

Em seguida, estenda ambos os braços para os lados na altura dos ombros. Mais uma vez, gire o corpo o máximo possível para a direita, deixando que os olhos se voltem livremente para a mesma direção. Olhe outra vez para a parede; você verá que, agora, girou um pouco mais do que da última vez. Vire-se para a esquerda, voltando à posição original. Ponha as mãos nos quadris, como fez no primeiro movimento. Agora, gire de novo o corpo e os olhos para a direita. Você verá que foi capaz de girar pelo menos o mesmo tanto que girou com os braços estendidos, e bem mais do que girou há alguns momentos, quando estava com as mãos nos quadris como elas estão agora.

Quanta flexibilidade você adquiriu com esses poucos movimentos em tão pouco tempo? Se você fizesse mais alguns movimentos, a flexibilidade poderia aumentar ainda mais. A melhora que se produziu só pôde acontecer porque os músculos soltaram um pouco da sua tensão, dando maior liberdade à coluna vertebral. A técnica convencional para aumentar a liberdade de movimentos consiste em alongar gradativamente os músculos. Ora, em tão pouco tempo e com tão poucos movimentos, eles não poderiam ter-se alongado a ponto de acarretar as mudanças que você sentiu. Antes, foi o cérebro que parou de contrair os músculos, de modo que eles puderam alongar-se instantaneamente.

Agora, mais uma demonstração (é necessário ficar descalço). Ande pelo quarto durante algum tempo e compare os movimentos das pernas. Observe como o pé direito entra em contato com o chão, e em seguida o esquerdo. Fique parado e veja como você está em pé. Em seguida, fique ao lado de uma parede ou algum objeto que você possa usar para manter o equilíbrio e no qual possa se apoiar por alguns minutos. Coloque a mão direita na parede ou segure o objeto para se apoiar.

Deslize o pé esquerdo pelo chão, para a frente e para trás, tentando sentir o chão com toda a sola do pé, ou com a maior parte dela. Faça este e cada um dos outros movimentos pelo menos 15 vezes, sendo que 25 vezes seria melhor. Pare e descanse sempre que precisar.

Agora, deslize somente os dedos do pé esquerdo para a frente e para trás. Faça o mesmo não só com os dedos, mas também com a parte imediatamente posterior da sola do pé. Depois o faça só com o calcanhar, até 25 vezes.

Pare um pouco. Agora, movimente as pontas dos dedos do pé para a frente e para trás. Depois disso, faça círculos no chão com as pontas dos dedos do pé, primeiro no sentido horário, depois no sentido anti-horário.

Faça círculos com o calcanhar esquerdo no chão, primeiro no sentido horário, depois no sentido anti-horário. Em seguida, faça a mesma coisa com toda a sola do pé, inclusive os dedos.

Vire o pé esquerdo até encostar no chão só a linha externa do pé; vá até aonde você conseguir, sem forçar. Deslize o pé para a frente e para trás, apoiando-o sobre essa extremidade externa. Em seguida, vire o pé para dentro e deslize-o para a frente e para trás.

Deslize toda a sola do pé esquerdo para a frente e para trás outra vez, prestando atenção nas sensações aí envolvidas. Observe a sensação no calcanhar, ao longo da sola do pé, na parte da frente da sola do pé, nos dedos. Veja o que você é capaz de aprender sobre o chão ao senti-lo com o pé. Em seguida, preste atenção às sensações no pé. Então pare.

Agora pense no modo como você está em pé. O pé esquerdo estabelece um contato melhor com o chão, indicando um alívio da tensão muscular? Ande um pouco e observe o seu caminhar — como o pé esquerdo e o direito se apóiam, o movimento dos joelhos e das articulações dos quadris. Você pisa com mais leveza do lado esquerdo? Os seus olhos tendem a olhar um pouquinho para a esquerda?

Deite-se no chão e sinta o seu corpo. Veja se o lado esquerdo parece mais longo e se ele está mais em contato com o chão do que o lado direito. Feche os olhos para senti-lo e procure saber com certeza se o lado esquerdo está de fato mais longo. Abra os olhos e veja se você está olhando um pouco para a esquerda. Os olhos sempre tendem a olhar para o lado em que se obteve alguma melhora. Tente perceber se o lado esquerdo do corpo se manifesta mais nitidamente na sua consciência — se a imagem corporal dele está melhor.

Esses dois exemplos são meras amostras do que você pode conquistar. O seu corpo pode mudar com facilidade e rapidez, e isso vale tanto para os mais idosos quanto para as outras faixas etárias. Mesmo que a sua atual condição física esteja próxima da catastrófica, ela não há de prejudicar o seu progresso.

Como Fazer
os Exercícios

Daqui para a frente, este livro consistirá, em sua maior parte, em exercícios escolhidos para ilustrar todas as variedades de sensações, impressões e mudanças concretas que a reeducação psicofísica possibilita. Não posso abarcar todas as possibilidades num só livro, mas posso lhe dar o suficiente para que você obtenha progressos bastante notáveis no uso e no funcionamento do organismo. Até mesmo um único exercício, feito uma única vez, traz consigo seus benefícios. Mas se você perseverar na prática durante um ano, praticando os exercícios algumas vezes por semana ou, talvez, todos os dias, será capaz de reeducar-se em medida considerável, obtendo resultados muito mais benéficos do que eu poderia lhe fazer crer se eu os enumerasse agora. Sempre haverá espaço para mais uma melhora, mesmo que você pratique até o fim da vida — fim esse que, com este trabalho, tende a chegar mais tarde. O seu verdadeiro potencial é amplo o suficiente para você continuar se desenvolvendo durante toda uma vida.

Agora, antes de mais nada, vou lhe dizer como organizar as coisas para que a prática dos exercícios se torne tão fácil quanto possível. Ao fazer isso, é melhor insistir no óbvio do que omitir algum ponto que você precisa saber mas do qual talvez não se lembre sozinho. Primeiro, tente conseguir um lugar confortável para realizar o trabalho. Deve haver espaço suficiente no chão para que você possa esticar os braços para os lados sem perturbar-se com a possibilidade de colidir com algum objeto. Em geral, tudo o que desvia a sua atenção dos exercícios contribui para diminuir os resultados que seriam obtidos se não houvesse distrações. Portanto, tome todas as medidas necessárias para que o seu período de exercícios não seja interrompido. Se você tem telefone, desligue-o, abafe-o ou faça o que for preciso para evitar que o aparelho estorve o seu trabalho. Do mesmo modo, não tente fazer os exercícios se você estiver esperando visitas ou se sentir a probabilidade de outras interrupções. Praticar estes exercícios não é o mesmo que fazer exercícios convencionais. Repetir mecanicamente um movimento é uma coisa; concentrar a atenção para cultivar a consciência corporal é outra coisa muito diferente.

Naturalmente, é bom ter um quarto agradável para trabalhar; quando o tempo permitir, as janelas devem ficar abertas — a não ser que, junto com o ar fresco, entre também um barulho que o distraia. Via de regra não convém fazer nenhum tipo de exercício numa corrente de ar.

O melhor é fazer os exercícios sem roupa, ou com o mínimo possível de roupa. Se você tiver de vestir algo, vista uma roupa folgada que não lhe estorve os movimentos. Ao trabalhar, você não deve perceber a presença de roupa.

Você deve sentir-se tão confortável quanto possível sob todos os aspectos. Isso significa que deve haver um tapete ou acolchoado no chão que lhe torne agradável o trabalho. Não deixe que a sua atenção seja desviada pelo trabalho numa superfície áspera. O desconforto não só vai diminuir os resultados como também solapar a sua motivação de exercitar-se regularmente. É possível fazer a maioria dos exercícios na cama, se isso for necessário.

Em tudo o que se refira ao trabalho, deve-se dar saliência ao ponto de torná-lo tão agradável e prazeroso quanto possível. Sabe-se muito bem que o condicionamento físico comum não costuma ser uma experiência agradável. Na escola, muitos alunos tentam fugir dele, e a maioria das pessoas tende a interromper a prática sistemática de exercícios assim que ela deixa de ser obrigatória — e só tende a voltar a praticá-los quando a deterioração do corpo ou alguma doença os tornam absolutamente necessários. O desconforto, a tensão, a competição e a insistência num objetivo específico a ser alcançado são todos formas de condicionamento negativo. É esse condicionamento negativo que desgasta a motivação e exige um esforço da vontade no sentido contrário, esforço que é em si mesmo desagradável e obstrutivo.

Feldenkrais insistiu em desenvolver um método de ensino que reforça a motivação pelo condicionamento positivo, em vez de solapá-la pelo costumeiro condicionamento negativo. Ele observou que as pessoas aprendem melhor, e retêm melhor o que aprenderam, quando o aprendizado é agradável. Aliás, na imensa maioria dos campos de ensino deve ser possível estabelecer uma educação agradável, que vá proporcionando provas objetivas de que a pessoa está aprendendo e melhorando. No caso dos exercícios físicos, por exemplo, muitos indivíduos têm, antes de mais nada, de libertar-se da noção de que quanto mais árduo for o trabalho, melhores serão os resultados. Estes exercícios vão demonstrar que o que acontece é exatamente o contrário. Quanto mais você tentar aperfeiçoar um movimento, por exemplo, tanto menos ele vai melhorar. Quando o elemento de "combate" for eliminado, a melhora virá com facilidade e muitas vezes será superior a todas as expectativas. A estratégia costumeira consiste em tentar forçar o corpo mediante a tensão e o esforço, o que gera um conflito interno e dá ao corpo a natural tendência de resistir. O meio mais eficaz consiste em usar movimentos agradáveis para indicar ao cérebro e ao sistema nervoso o que se deseja. Então, o cérebro organiza o corpo para alcançar, quase sem esforço, resultados muito melhores do que os que poderiam ser obtidos pelos métodos costumeiros, que, quando não são pura e simples tortura, são tediosos ao extremo. Quando a pessoa tem muitas vezes a sensação de bom funcionamento corporal, as distorções do sentido cinestésico se corrigem. Felizmente, o sistema nervoso é hedonista em sua essência e, quando tem escolha, sempre dá preferência ao modo mais perfeito e mais agradável de funcionar.

Para evitar o excesso de esforço e o condicionamento negativo, nunca vá além das suas possibilidades atuais. Todo movimento deve ser interrompido pouco antes de se tornar doloroso ou de ter de ser forçado; além disso, nenhum movimento deve ser repetido até tornar-se fatigante ou causar qualquer espécie de tensão. Se você se sentir cansado, pare, descanse um pouco e depois continue. Você vai perceber que, enquanto descansa dos movimentos físicos, pode continuar o exercício, com o mesmo proveito, imaginando os movimentos e as sensações decorrentes. Essa ação imaginária muitas vezes produz uma melhora ainda maior do que a que se obtém com os exercícios físicos. Os momentos de descanso também serão usados para examinar-se o corpo e observar-se as mudanças que os movimentos criaram.

No final da sessão, você não vai se sentir cansado, pois não terá se forçado nem um pouco. Na verdade, você vai se sentir mais relaxado e energizado ao fim de 45 minutos de exercícios psicofísicos do que no início.

À medida que você pratica os exercícios, a sua atenção será atraída muitas vezes para o fato de que os seus movimentos têm muito mais componentes do que você está acostumado a pensar. Você verá que, em praticamente todos os movimentos, há mais movimentos inconscientes do que conscientes. Por exemplo, quando faz um movimento específico de perna, a pessoa normalmente não tem consciência nenhuma do que está fazendo naquele mesmo momento com as outras partes do corpo — os ombros, a caixa torácica, as partes envolvidas na respiração, a boca, os olhos, o outro pé, e assim por diante. Todas essas partes estão evidentemente envolvidas no movimento; no entanto, a pessoa está tão obcecada por movimentar a perna que tira da consciência a maior parte do resto do corpo. Quando o que era inconsciente se faz consciente, às vezes a pessoa percebe que algumas das outras partes do corpo estavam trabalhando de modo a prejudicar o movimento da perna. O corpo é tão dividido contra si mesmo, e pode existir um tamanho conflito entre a mente e o corpo, que até num nível muito grosseiro nós nos prejudicamos e criamos condições propícias ao fracasso e à progressiva autodestruição. Quando uma parte maior do corpo é levada à consciência e os movimentos inconscientes se tornam conscientes, torna-se possível, pela primeira vez, viver de modo mais integrado e produtivo.

O exercício típico leva cerca de 45 minutos, e você deve concentrar toda a sua atenção exclusivamente no corpo durante todo esse tempo. Para a maioria das pessoas, essa tarefa pode parecer impossível, ou ao menos demasiado difícil, exigindo um esforço de concentração que requer grande força de vontade. No entanto, essa atenção prolongada, tal como os movimentos, tem de ser tranqüila e natural para atingir o seu objetivo. Por isso, os exercícios foram estruturados para facilitar essa concentração, abolindo, também para ela, a necessidade de esforço. Pode-se conseguir isso com o que chamei de sedução da consciência pela novidade — o uso de experiências novas, agradáveis e suficientemente incomuns para atrair para o corpo o foco da consciência.

Essas experiências se mantêm ao longo de todo o tempo de cada exercício. Pelo fato de os movimentos serem agradáveis, ou ao menos não serem desagradáveis, a consciência não procura fugir, como faria diante de algo desagradável. Além disso, os muitos movimentos novos e desconhecidos o ajudarão a conservar o interesse pelo que está acontecendo e a curiosidade pelo que vai acontecer em seguida.

Sempre que ocorrerem mudanças evidentes no estado do corpo — por exemplo, nas sensações de altura e de peso, na nitidez da imagem de diversas partes do corpo, na liberdade das articulações e na crescente facilidade e fluidez dos movimentos —, eu chamarei a sua atenção para as mesmas, que, por mais espetaculares que sejam, na maioria das vezes passam desapercebidas. Este e outros aspectos do trabalho contribuirão para que a sua consciência fique concentrada no corpo e a sua atenção se prolongue no tempo; de outro modo, isso exigiria um esforço prodigioso da sua parte. Mais tarde, você vai perceber que a sua capacidade de concentração terá melhorado em virtude da prolongada atenção que você terá tido de prestar ao desenrolar dos exercícios.

Em geral, todos os movimentos devem ser leves e naturais e devem ser feitos devagar, a menos que eu diga o contrário. Quando o texto pedir movimentos rápidos, aumente a velocidade, mas não sacrifique a consciência. Quando você aprimorar a qualidade de ambos, movimentos e consciência, será capaz de movimentar-se rapidamente sem se apressar nem tomar outras atitudes compulsivas.

Quando você observar o modo pelo qual executa os vários movimentos, provavelmente vai tomar consciência de certas tendências suas que determinam não só o modo como você se movimenta, mas também como você encara a vida em geral. As pessoas obsessivas vão descobrir que sempre querem fazer os movimentos de modo evidentemente obsessivo. Algumas vão descobrir que habitualmente usam muito mais força, e assim gastam muito mais energia, do que a ação requer. Outras vão notar que lhes é muito difícil pensar e agir ao mesmo tempo — que o pensamento estorva a ação, ao passo que esta prejudica o esforço mental. A maioria das pessoas vai perceber inúmeras vezes que retêm a respiração quando enfrentam um problema inusitado ou fazem um esforço a que não estão acostumadas. Quando isso acontece, manifestam-se também tensões supérfluas nos músculos e algumas partes do corpo se enrijecem. À medida que você for observando essas tendências em si mesmo, vai começar a modificá-las. Antigos hábitos de obsessividade e uso excessivo da força, por exemplo, começarão a regredir, e quando isso acontecer, ocorrerão também mudanças físicas que provocarão, por sua vez, mudanças psicológicas e emocionais. Os exercícios não podem eliminar completamente os problemas emocionais mais profundamente arraigados, mas podem estimular melhoras bastante significativas, como a redução da ansiedade e da rigidez de pensamento e de sentimento.

A menos que eu diga o contrário, os movimentos prescritos nos exercícios devem ser repetidos cerca de 25 vezes (podem ser feitos menos vezes no início, se o esforço for demasiado para você). Este é o número de repetições feitas na maioria dos exercícios básicos de Feldenkrais. Contatou-se que esse número é o melhor para provocar a mudança desejada no tônus muscular. Repetindo-se cada movimento 25 vezes, cada exercício vai demorar em média cerca de 45 minutos para terminar.

Há várias maneiras de fazer os exercícios apresentados neste livro. Uma delas é ler algumas linhas ou parágrafo, executar os movimentos, ler mais algumas linhas e assim por diante. Ao menos alguns exercícios devem ser feitos desse modo, pois assim você obterá uma noção exata de quanto tempo se leva para fazer a seqüência dos movimentos e, depois, para descansar. Os exercícios podem ser feitos por duas pessoas: uma lê o livro e a outra faz os movimentos — uma maneira especialmente boa de proceder, visto que se pode aprender muito com um parceiro[1].

Não é provável que desde o início você seja capaz de memorizar os exercícios do livro para não ter de voltar ao texto nem de trabalhar com um parceiro. Os exercícios têm movimentos demais e estes são desconhecidos demais, o que dificulta muito a memorização. Alguns desses movimentos não são feitos desde que você era criança, ou talvez bebê. Depois, quando os movimentos se tornarem costumeiros e a consciência aumentar suficientemente, será possível fazer os exercícios de memória. Até então, porém, creio firmemente que, aos seus olhos, os efeitos benéficos vão superar em muito os inconvenientes iniciais.

Se você se aplicar bastante, ao fim e ao cabo será capaz de compreender os princípios que estão por trás dos exercícios. Então será capaz de criar novos exercícios para trabalhar com qualquer parte ou função do seu corpo que você queira melhorar.

Para terminar: na primeira vez em que fizer os exercícios, faça-os na ordem em que são apresentados. Há motivos importantes para que você proceda assim. Mais tarde, você poderá praticá-los à vontade, embora sempre deva fazer vários, e não apenas alguns prediletos.

---

1. Para saber mais sobre as minhas instruções em fita, escreva para mim na P. O. Box 3300, Pomona, N. Y. 10970. Os álbuns disponíveis facultam melhoras extensas e profundas no movimento, na sensação e nas modalidades diversas do autocontrole.

Segunda Parte

Exercícios para Reanimar o Corpo, a Personalidade e a Alma

Aperfeiçoe os Movimentos da Cabeça, do Pescoço e dos Olhos

De acordo com Alexander, o mau uso do corpo muitas vezes começa na região onde o pescoço se junta ao tronco; por esse motivo e por muitos outros, ele considerava essa região a mais importante "área de uso". Quando o estado dessa parte do corpo melhora, torna-se mais fácil provocar melhoras nas outras partes.

Toda a região na base do pescoço, tanto na frente quanto atrás é uma verdadeira central de coordenação muscular. É aí que essas adaptações evolutivas mais precárias — os ombros e os braços — exercem sua influência perversa durante as várias atividades às quais nos dedicamos; é aí que os maus hábitos respiratórios causam espasmos excessivos nos músculos da parte inferior do pescoço e da parte superior da caixa torácica; e é aí que os mecanismos da fala e da deglutição requerem uma postura vertebral razoavelmente boa para que o esôfago, a traquéia e as estruturas vocais associadas funcionem bem. É aí perto que passam nervos e vasos sangüíneos altamente importantes e complexos — vasos sangüíneos que irrigam a base do cérebro, gânglios nervosos que afetam a respiração, o ritmo cardíaco e a pressão sangüínea, raízes nervosas que, com a idade, vão se tornando cada vez mais sensíveis à compressão; é aí que 85% dos leitores deste livro terão artrite quando estiverem com 55 anos (muitos a terão ainda mais jovens); e é a partir daí que a cabeça — a estrutura que carrega os dispositivos sensoriais mais importantes para o homem, a visão, a audição, o paladar, o olfato e o equilíbrio — tem de ser coordenada no movimento e no repouso... é aí que temos de começar a trabalhar para corrigir os muitos maus hábitos de uso que o restante do corpo pode manifestar.[1]

Os dois primeiros exercícios psicofísicos trabalham essa área fundamental. Com o primeiro exercício eliminaremos algumas tensões musculares do pescoço e das costas, permitindo que a cabeça gire com mais liberdade. Aliviaremos também um tanto da tensão dos músculos oculares e coordenaremos melhor o movimento dos olhos com os movimentos da cabeça e do pescoço. Alguns movimentos oculares, que são inconscientes para a maioria dos leitores, se tornarão conscientes. O leitor começará a conhecer e aplicar certos mecanismos corporais eficazes.

Para começar, deite-se de costas. Feche os olhos e observe como o seu corpo está deitado. Preste uma atenção especial à coluna, às costas e aos ombros. Qual é o espaço que existe entre a concavidade médio-inferior das costas e o chão? E entre a parte de trás do pescoço e o chão? Use a mão e os dedos para determinar se esses espaços correspondem de fato à sensação que você teve. O espaço embaixo do pescoço é o mesmo no lado esquerdo e no lado direito? Há alguma diferença entre o contato do ombro esquerdo e do ombro direito com o chão? Compare a nádega esquerda com a direita. Há espaço entre os seus pulsos e o chão? O espaço é o mesmo para ambos os pulsos? E quanto à barriga das pernas direita e esquerda? As panturrilhas? Suas duas mãos estão posicionadas da mesma maneira? Sua respiração é simétrica? Ou seja, você respira com a mesma liberdade através das duas narinas? Quando você respira, os pulmões expandem-se igualmente dos dois lados? Você sente a respiração ou os efeitos da respiração nos ombros? E nas costas?

Preste atenção em como a sua cabeça repousa sobre o chão. Repare se a ponta do nariz aponta diretamente para cima e se, quando abertos, seus olhos olham diretamente para cima. Se os olhos se desviam um pouco para um dos lados, será que a cabeça não está ligeiramente virada, de modo que também o nariz aponte para um dos lados?

Agora feche os olhos. Vire a cabeça para o lado esquerdo e depois para o lado direito, o máximo que lhe for possível sem forçar. Fique virando a cabeça de um lado para o outro e observe se ela vira com mais facilidade e vai mais longe para um dos lados. Se ela gira melhor para um lado do que para o outro, pense se esse fato não está relacionado com o que você observou sobre os ombros, as costas, etc. Depois de virar a cabeça para a esquerda e para a direita pelo menos 25 vezes, descanse um pouco.

Em todas as ocasiões, a menos que as instruções digam o contrário, deite-se com os braços estendidos ao lado do corpo e as palmas das mãos sobre o chão, viradas para baixo mais ou menos na altura das nádegas ou das coxas. Agora movimente as mãos um pouco para baixo, na direção dos pés; traga-as de volta para o local onde estavam, movimente-as outra vez para baixo e continue a fazer isso. Isso significa que os ombros e os braços também se movimentam para baixo. Combine esse movimento com o giro da cabeça de um lado para o outro. Quando você virar a cabeça para a esquerda, a mão esquerda deve deslizar para baixo, na direção dos pés. Quando você virar a cabeça para a direita, a mão direita deve deslizar para baixo. Isso significa que, quando você vira a cabeça para a esquerda, o ombro esquerdo desce e o direito sobe; e quando você vira a cabeça para a direita, o ombro direito desce e o esquerdo sobe. Vire a cabeça para a esquerda e para a direita até que lhe pareça natural os ombros descerem e subirem à medida que a cabeça se move. Então pare e descanse um pouco. Depois disto, vire a cabeça algumas vezes para a esquerda e para a direita.

Agora junte ambas as mãos sobre o corpo, um pouco abaixo do umbigo, deixando uma descansar sobre a outra. Continue virando a cabeça para a esquerda e para a direita, o máximo que lhe for possível sem desconforto. A parte superior do corpo pode girar um pouco quando você faz isso. Quando a cabeça se vira para a esquerda, o ombro direito e parte do lado direito das costas podem se levantar um pouco do chão. Quando a cabeça se vira para a direita, o ombro esquerdo e parte das costas podem se levantar do chão. No entanto, tanto quanto possível, restrinja o movimento à parte superior do corpo. Lembre-se de repetir o movimento de 15 a 25 vezes, ou mais.

Dobre os braços sobre o peito e veja se fica ainda mais fácil girar a cabeça para a esquerda e para a direita, e se o movimento se torna mais amplo. Então pare um pouco.

Ponha os braços para baixo, deixando-os repousar ao lado do corpo com as palmas das mãos para baixo. Então, apenas imagine que está virando a cabeça para a esquerda e para a direita. Imagine intensamente quais são as sensações, até onde a cabeça vai para cada um dos lados e a rapidez com que você faz o movimento. Imagine-se dobrando os braços sobre o peito e continue imaginando que está virando a cabeça. Imagine-o pelo menos dez vezes, tomando o cuidado de respirar livremente ao fazê-lo. Quando imaginou o movimento com os braços dobrados sobre o peito, você imaginou que os ombros e as costas se erguiam do chão?

Agora faça mais alguns movimentos imaginários e observe se, quando você se imagina virando para a esquerda, os seus olhos olham para a esquerda; e se, quando você se imagina virando para a direita, os seus olhos viram para a direita. Verifique se você é capaz de se imaginar virando a cabeça e os ombros para a esquerda e para a direita sem mover os olhos. Imagine as sensações e os movimentos ao mesmo tempo que imobiliza deliberadamente os olhos, que devem estar olhando diretamente para a frente. Observe se a respiração continua tranqüila e desimpedida. Agora imagine-se deixando os olhos mover-se livremente junto com os movimentos imaginários da cabeça.

Agora, com os braços ainda ao lado do corpo, as palmas das mãos para baixo, imagine-se virando a cabeça; imagine que, quando ela vira para a esquerda, o ombro esquerdo desce e o direito sobe — o mesmo movimento que você fez antes. Quando ela vira para a direita, o ombro direito desce e o esquerdo sobe. "Desce", evidentemente, refere-se a um movimento na direção dos pés, e "sobe" a um movimento na direção da cabeça. A referência é o corpo na posição ereta. Como veremos, para o corpo o que determina o "para cima" e o "para baixo" é ele mesmo, e não o espaço em que ele se encontra; a mente, por outro lado, pode relacionar o "para cima" e o "para baixo" com o teto e o chão. Continue a imaginar-se virando a cabeça, com os ombros subindo e descendo. Agora, de olhos abertos, de fato vire rapidamente a cabeça de um lado para o outro. Repare se os seus ombros sobem e descem quando a cabeça vira, e se o fazem espontaneamente. Então pare, descanse e feche os olhos.

Imagine-se de pé numa campina olhando para uma pequena planta com uma flor muito bela. Agora imagine-se olhando para uma grande árvore, que se lança majestosamente para o alto e cuja silhueta se recorta contra o céu e as nuvens. Em seguida, imagine-se olhando para as águas de um lago, vendo o reflexo das nuvens ou o seu próprio reflexo nas águas. Depois, imagine-se olhando para o pico de uma montanha coberto de neve. Mais uma vez, de olhos fechados, imagine-se olhando para a plantinha com sua bela flor. Abra os olhos e veja para onde está olhando. Feche os olhos e imagine-se outra vez olhando a árvore, seus ramos majestosos recortados contra o céu. Abra os olhos e veja para onde está olhando. Feche-os e imagine-se olhando para a superfície do lago e para os reflexos na água. Abra os olhos e veja para onde está olhando. Feche-os e imagine-se olhando para o pico nevado da montanha. Abra-os e veja para onde está olhando. Agora todos hão de entender o que eu quis dizer quando falei que o corpo define o "para cima" e o "para baixo" em função dele mesmo. O "para baixo" é na direção dos pés e o "para cima" é na direção da cabeça; e, quando você imagina uma cena, seus olhos se movem como fariam se estivessem olhando para uma espaço exterior a você. Entretanto, poucas pessoas têm consciência dos movimentos oculares que ocorrem durante os processos de fantasia ou imaginação; poucos têm consciência das mudanças musculares, respiratórias, etc., quando de uma ação imaginária. No caso dos movimentos oculares, acabamos de levar à consciência esse movimento, que até agora era inconsciente.

Agora feche os olhos mais uma vez. Imagine-se olhando para a flor e conscientize-se de que seus olhos estão olhando para baixo. Imagine-se olhando para a árvore e sinta os olhos olhando para cima. Imagine-se olhando o lado, para o topo da montanha, e observe outra vez o movimento dos olhos. Imagine-se olhando para algo bem à esquerda, e então para algo bem à direita. Imagine algo bem para a sua direita, abra os olhos e veja para onde está olhando. Faça o mesmo com o lado esquerdo.

Agora feche os olhos.

Ponha os braços sobre o peito. Imagine-se virando a cabeça para a esquerda e para a direita, de tal modo que os ombros sigam o movimento da cabeça e do pescoço. Faça isso uma ou duas vezes de fato, fisicamente, para sentir bem como é. Vire a cabeça para a esquerda, deixando que o ombro direito e a parte direita das costas se levantem do chão. Vire a cabeça para a direita de tal modo que o ombro esquerdo e a parte esquerda das costas sejam envolvidos nesse movimento. Em seguida imagine esses movimentos, e ao fazer isso tome consciência dos olhos indo de fato para a esquerda quando a cabeça vira imaginariamente à esquerda, e de fato para a direita quando a cabeça vira imaginariamente à direita. Embora o movimento da cabeça seja imaginário, a imaginação do movimento pode provocar um movimento muito leve da cabeça mesmo sem um comando voluntário. Haverá uma mudança nos músculos e pelo menos um movimento minúsculo, quer você esteja consciente dele, quer não.

Novamente, imagine-se virando a cabeça e veja se você sente alguma mudança nos músculos, ou uma leve tendência ao movimento. Deixe que os olhos se movimentem livremente. Em seguida, verifique com quanta nitidez você consegue imaginar o movimento mantendo os olhos imóveis. Então imagine de novo, mas deixe os olhos movimentarem-se livremente. Vire de fato a cabeça para a esquerda e para a direita com os olhos fechados, mas olhando bem para a esquerda quando se vira para a esquerda e bem para a direita quando se vira para a direita.

Agora abra os olhos e repita o movimento. Os braços devem estar dobrados sobre o peito. Olhe bem para a esquerda quando for para a esquerda e olhe bem para a direita quando for para a direita. Estenda relaxadamente os braços ao lado do corpo, as palmas das mãos para baixo, e vire a cabeça para a esquerda e para a direita, deixando os ombros e as mãos deslizarem para cima e para baixo no chão, como você fez antes. Não se esqueça de olhar para a esquerda quando a cabeça virar para a esquerda, e para a direita quando a cabeça virar para a direita. Então pare e descanse um pouco.

Agora olhe para a esquerda de olhos fechados e imagine a cabeça e o pescoço virando para a esquerda. Olhe para a direita de olhos fechados e imagine a cabeça e o pescoço virando para a direita. Faça isso várias vezes. Agora vamos fazê-lo de modo diferente. Desta vez, olhe para a direita enquanto imagina a cabeça e o pescoço virando para a esquerda, e imagine a cabeça virando para a direita enquanto olha para a esquerda. Respire livremente e continue a repetir os movimentos. Então vire de fato a cabeça e o pescoço para a direita e para a esquerda enquanto os olhos fazem um movimento oposto ao da cabeça. Depois de algum tempo, deixe a cabeça e os olhos virarem juntos — ambos para a direita, ambos para a esquerda — e deixe os ombros se movimentarem naturalmente.

Agora abra os olhos e vire a cabeça de um lado para o outro. Dobre os braços sobre o peito e faça o movimento: cabeça e olhos para a direita, cabeça e olhos para a esquerda.
Por fim, estenda de novo os braços ao lado do corpo. Vire a cabeça da esquerda para a direita, observando como ela gira agora e comparando esse movimento com o modo como girava quando você começou o exercício. Repare se os seus olhos agora se voltam espontaneamente bem para a esquerda e bem para a direita quando a cabeça vira; eles não olham diretamente para a frente, mas, sem dúvida alguma, para a esquerda quando a cabeça vira para a esquerda e para a direita quando a cabeça vira para a direita. Quando a cabeça tiver virado o máximo possível para a direita, veja se, embora ela esteja de frente para a parede, seus olhos estão olhando mais para o lado ainda, na direção do chão. O mesmo deve acontecer quando você se virar para a esquerda, deixando bem claro para você que os olhos estão virando junto com a cabeça. Esse movimento dos olhos, liberando os músculos do pescoço, permite que a cabeça se vire mais do que seria possível de outro modo.
Deite-se tranqüilamente e explore o corpo, deixando sua consciência passear por todas as partes dele. Sinta a posição do pescoço, das costas, da parte inferior da coluna vertebral, das nádegas, das pernas, dos braços. Observe se há alguma diferença entre o contato do corpo com o chão agora e o contato que havia no início. Role devagar para um dos lados e levante-se. Andando pelo quarto, sinta se o seu corpo não parece um tanto mais ereto, talvez um pouco mais alto. Ande para cá e para lá e, quando se virar, preste atenção no que os seus olhos fazem. Observe se os seus olhos participam ativamente do ato de virar. Veja se você é capaz de perceber, pelas sensações, o instante exato em que começa a se virar, e veja se seus olhos também se voltam nessa direção. Tente determinar que parte do corpo se vira primeiro, e a seqüência de movimentos nas várias partes do corpo enquanto você se vira. O que vira primeiro é a articulação do quadril ou são os olhos? Tente descobrir isso ao andar e também parado em pé. Você vai ver, mesmo quando parado, que não é tão fácil determinar o que se mexe primeiro, e menos ainda a seqüência inteira de movimentos envolvida no ato de virar.

---

1. Barlow, *The Alexander Principle*, p. 28.

Aumente a Mobilidade dos Ombros

Este segundo exercício psicofísico também vai melhorar bastante a situação da região mais mal usada do corpo. A marcada redução da tensão nos músculos das costas vai permitir que as articulações dos ombros se movimentem com um grau inusitado de liberdade, e essa liberdade por sua vez permitirá que também a cabeça e o pescoço se mexam melhor.

O conceito de "ombros" varia muito de um indivíduo para outro. Um, quando pensa no ombro ou nos ombros, está pensando principalmente nas articulações. Outro pensa principalmente na parte superior dos braços, enquanto um terceiro concebe os ombros sobretudo como as omoplatas e as costas.

A posição dos ombros favorece ou inibe o livre movimento do pescoço. Faça, por exemplo, este movimento simples: vire a cabeça de um lado para o outro, observando enquanto isso o movimento da cabeça e do pescoço. Em seguida, ponha os ombros para trás, numa espécie de postura militar, e observe como os movimentos da cabeça e do pescoço são imediatamente tolhidos. Se você observar com mais atenção, também tomará consciência de que a respiração está sendo prejudicada. Para tornar a observação mais fácil, ponha os ombros para trás com um certo exagero, o que tornará o impedimento muito mais sério. Os ombros habitualmente ficam altos demais, inibindo o livre movimento das articulações e provocando também outros problemas.

Já falei sobre alguns dos motivos pelos quais o potencial de movimento se perde quando as pessoas envelhecem — trata-se muito menos de um sintoma de envelhecimento do que de mau uso — e de como esse potencial diminui inclusive durante a infância. Menciono agora uma descoberta curiosa, feita numa série de experiências de regressão etária pela hipnose.

Durante essas experiências, as pessoas eram levadas a reviver épocas cada vez mais remotas da vida e, nas diversas idades, eram encorajadas a explorar de modo tão completo quanto possível as sensações corporais e a capacidade de movimento. A pessoa era levada de volta no tempo o máximo possível e, em seguida, trazida de novo à sua verdadeira idade. Durante a regressão e a progressão, notavam-se mudanças no funcionamento do corpo. A descoberta mais surpreendente foi a de que muitas mulheres, quando voltavam à infância, sentiam uma mobilidade maior nas articulações dos ombros e no corpo em geral, mas, ao chegar à idade da puberdade, manifestavam uma perda inequívoca de mobilidade nos ombros. A postura dos ombros mudava e todo o corpo se tornava mais rígido. Costas e pescoço se tensionavam e, ao menos no decorrer da experiência, essa tensão não se dissipava mais; também o movimento dos ombros e dos braços não tornava a ser tão livre quanto antes. Algumas pacientes atribuíram essa mudança à menstruação e outras a relacionaram com o despertar dos sentimentos sexuais que elas evidentemente tentaram suprimir. De qualquer modo, a reação à puberdade consistia num enrijecimento da parte superior do corpo, principalmente ao redor dos ombros. Essa mudança era muito mais marcante do que as que se registravam na região pélvica ou em qualquer outro ponto da parte inferior do corpo.

Essas experiências também revelaram que outras grandes mudanças na vida dos participantes da experiência haviam provocado mudanças marcantes no estado da musculatura e, em alguns casos, no alinhamento do esqueleto. Isso acontecia quando um acontecimento significativo suscitava uma forte ambivalência ou sentimentos negativos. A violência de um pai ou de outra pessoa qualquer, o divórcio dos pais, a morte de um parente próximo ou graves problemas na escola tinham causado tensões musculares, inibido os movimentos — inclusive a respiração — e levado a pessoa a adotar outros padrões anormais de conduta. Alguns dos participantes da experiência acreditavam que esses mudanças físicas tinham sido acompanhadas de uma diminuição significativa da auto-estima, um aumento da ansiedade ou da rigidez emocional e dificuldades de raciocínio e de aprendizado. Seja qual for a nossa opinião sobre a regressão etária por hipnose, as observações (ou invenções) dos participantes da experiência estão essencialmente corretas, e as mudanças desse tipo devem ser identificadas e resolvidas no momento em que ocorrem — coisa que quase nunca se faz.

Para começar, fique em pé. Erga os braços à sua frente na altura dos ombros; em seguida abaixe-os e erga-os várias vezes em seguida. Erga-os acima da cabeça e abaixe-os, observando as sensações nos ombros à medida que você se movimenta.

Deixe os braços caírem ao lado do corpo e levante e abaixe os ombros várias vezes. Em seguida, gire os ombros para a frente algumas vezes. Gire-os também para trás algumas vezes, sempre observando a qualidade do movimento, bem como as sensações.

Deixe os braços caídos ao lado do corpo e em seguida balance-os para a frente e para trás. Faça grandes círculos com as mãos e os braços, virando-os durante certo tempo numa direção e depois na direção oposta, novamente observando o que sente nos ombros.

Deite-se de costas e deixe a consciência passear pela superfície do corpo. Repare especialmente na posição dos ombros e se eles estão em contato com o chão. Se não estiverem, a que distância estão do chão? Você consegue identificar alguma tensão muscular que os impeça de descer? Agora observe as mãos e os braços. A que distância suas mãos estão do corpo? As palmas das mãos estão viradas para baixo ou para cima? Se estiverem viradas para baixo, observe se os pulsos estão rentes ao chão ou se estão um pouco flexionados, de modo a deixar um espaço entre eles e o chão. Compare ambos os pulsos e também as mãos, os braços e os ombros.

Observe como as costas repousam sobre o chão. Se os músculos estiverem descontraídos como devem estar, quase toda a superfície das costas estará em contato com o chão. Se somente algumas partes das suas costas estiverem encostando no chão, é porque existe tensão demais. Qual é a distância que você sente entre o chão e as vértebras lombares (a concavidade médio-inferior das costas)? Use as mãos para verificar se a distância corresponde à que você sentiu. A coluna repousa sobre o chão da mesma forma que da última vez em que você a examinou?

Agora sinta a parte anterior (a parte da frente) do corpo. Você sente que está deitado simetricamente ou percebe que algumas partes do corpo se posicionam em ângulos curiosos? Tente posicionar-se de forma totalmente simétrica. Para algumas pessoas, esta tarefa será quase sobre-humana.

Agora cruze os braços sobre o peito e segure os cotovelos com as mãos (ou tão perto deles quanto puder). Eleve os braços à sua frente e, em seguida, movimente-os de um lado para o outro, de tal modo que o cotovelo esquerdo se aproxime do chão do lado esquerdo e o cotovelo direito se aproxime do chão do lado direito. Não é preciso tocar de fato o chão com o cotovelo se isso não lhe for possível, mas continue movimentando os braços para um lado e para o outro até completar os habituais 25 movimentos, ou menos se necessário (Figura 1).

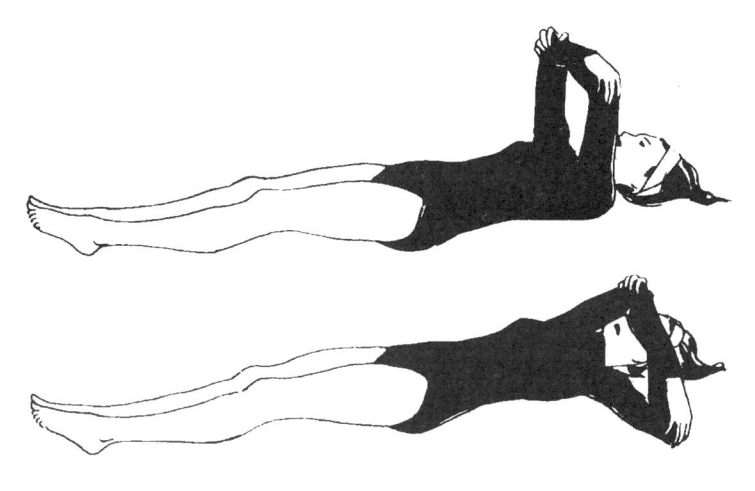

Figura 1.

Agora continue a fazer esse movimento girando a cabeça junto com os cotovelos. Sua cabeça deve virar para a esquerda quando o cotovelo esquerdo for para a esquerda, e para a direita quando o cotovelo direito for para a direita. Execute o número costumeiro de movimentos e depois descanse um pouco.

Segure novamente os cotovelos com as mãos e movimente-os para a esquerda e para a direita, virando a cabeça junto com os braços. Continue

Figura 2.

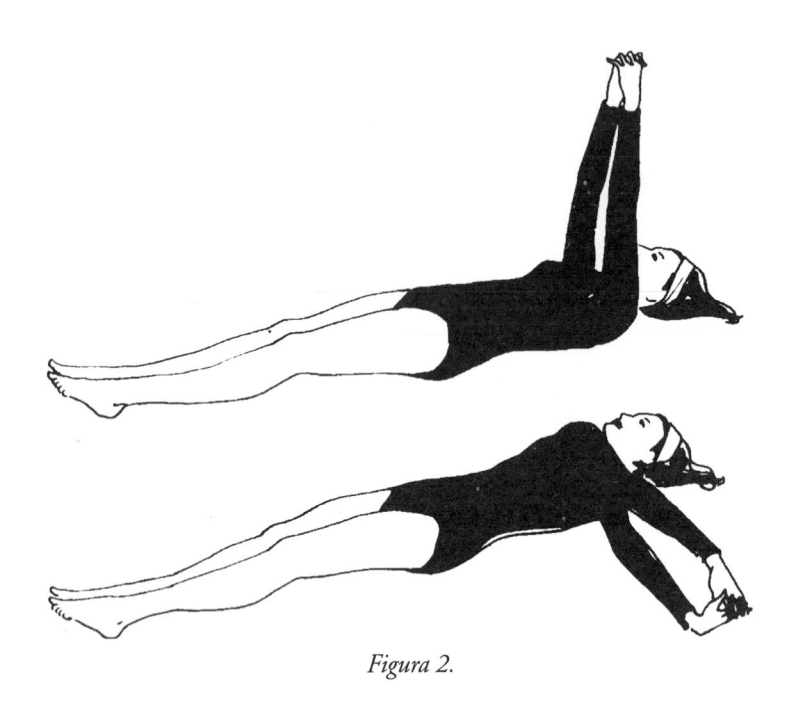

levando os cotovelos de um lado para o outro, mas inverta o movimento da cabeça. Quando os braços forem para a direita, vire a cabeça para a esquerda; quando os braços forem para a esquerda, a cabeça vira para a direita. É o mesmo movimento de antes, exceto pelo fato de a cabeça virar em sentido contrário ao dos braços. Descanse por alguns instantes.

Agora execute uma seqüência movimentando os braços de um lado para o outro sem movimentar a cabeça. Você pode impedir a cabeça de se mexer fixando o olhar em algum ponto do teto.

Pare um pouco. Faça o movimento de novo e, mais uma vez, movimente a cabeça junto com os braços. Cabeça e braços para a esquerda, depois cabeça e braços para a direita. Faça-o de olhos fechados e de olhos abertos e observe se isso afeta o movimento. No final da série, descanse um pouquinho.

Ao descansar, sempre ponha os braços ao lado do corpo. Assim, você poderá fazer comparações entre o modo como estava deitado antes e como está deitado agora. Voltando sempre à mesma posição, você terá mais facilidade para notar quaisquer mudanças no corpo e na imagem do corpo.

Agora levante os braços para o alto, na direção do teto, e entrelace os dedos. Leve os braços para a esquerda e, no mesmo movimento, deixe o pulso esquerdo se flexionar. Todos os outros pontos de ambos os braços devem continuar perfeitamente retos. Com o pulso esquerdo flexionado, continue até tocar o chão com o braço esquerdo, ou o mais próximo que puder do chão sem forçar. Lembre-se: é a qualidade do movimento e a qualidade da atenção que importam, e não a capacidade de alcançar o chão. Repita o movimento como sempre, só para o lado esquerdo (Figura 2).

Mantenha os braços juntos e as mãos entrelaçadas, mas agora movimente-os para a direita, flexionando apenas o pulso direito. A não ser por essa flexão, os braços devem continuar retos. Aproxime do chão o braço e o pulso direitos. Repita o exercício algumas vezes.

Então, movimente os braços de um lado para o outro, da esquerda para a direita, flexionando o pulso esquerdo e depois o direito para facilitar o movimento. Tanto quanto possível, restrinja o movimento aos ombros. Não haverá benefícios se você girar o corpo inteiro de um lado para o outro. Veja até onde você é capaz de levar os braços para o lado sem levantar as nádegas do chão.

Figura 3.

Tente tocar o chão sem dobrar nenhum dos pulsos, mantendo as mãos entrelaçadas e os braços e os pulsos retos. Desta vez, deixe o corpo girar um pouquinho mais para ajudar o movimento, mas tente restringir esse movimento à parte superior do corpo.

Em seguida, em vez de entrelaçar as mãos, encoste palma com palma e os dedos de uma com os dedos da outra; mantenha os dedos esticados. Movimente os braços novamente de um lado para o outro, tentando tocar o chão ao lado esquerdo com a mão e o braço esquerdos, e ao lado direito com a mão e o braço direitos. A cabeça terá de girar para a esquerda e para a direita junto com os braços para que estes se aproximem do chão. Observe o que acontece quando você fixa o olhar num ponto do teto de modo a impedir o movimento da cabeça (Figura 3).

Faça o mesmo movimento com os braços, mas olhe para a esquerda quando os braços forem para a direita, e olhe para a direita quando os braços forem para a esquerda. Observe como tudo fica difícil, como isso restringe o movimento.

Agora, se você deixar que a cabeça e a parte superior do corpo acompanhem o movimento, aí será muito mais fácil virar-se de um lado para o outro; você vai se aproximar bastante do chão, ou até mesmo tocá-lo.

Lembre-se de respirar livremente enquanto se movimenta, e observe o que os calcanhares, a pelve e os lados das pernas estão fazendo. Deixe que os pés acompanhem o movimento, de modo que, quando você levar os braços para a esquerda, a lateral do pé esquerdo toque o chão, e quando se movimentar para a direita, a lateral do pé direito toque o chão. Repita o movimento algumas vezes; em seguida, pare e descanse um pouco.

Erga ambos os braços em direção ao teto. Deixe que os pulsos se flexionem e as mãos fiquem frouxas, como que penduradas. Usando os ombros para fazê-lo, erga as mãos, aproximando-as do teto, e depois deixe-as cair de volta na posição original. Quando você fizer isso, seus ombros baterão no chão. Movimente-se de modo que as batidas sejam rápidas e suaves (Figura 4).

Alterne os movimentos para que um ombro suba e o outro desça. Faça isso durante certo tempo e então, mais uma vez, faça o movimento com ambos os ombros juntos. Quando completar a seqüência, descanse outra vez.

Figura 4.

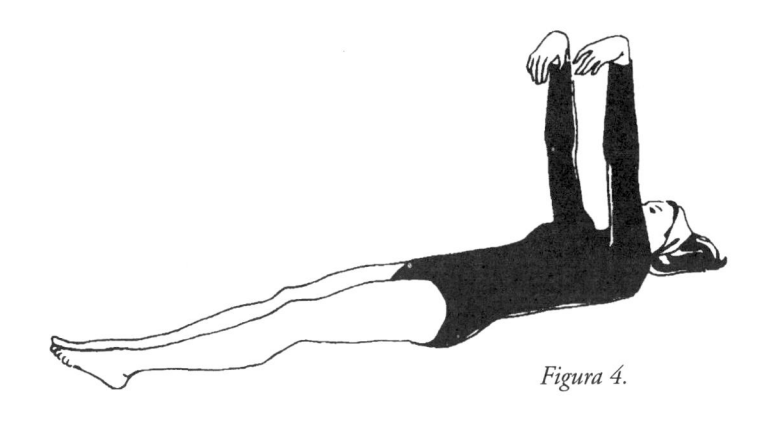

Agora coloque as palmas das mãos sobre o peito, com a parte superior dos braços na altura dos ombros e os cotovelos no chão, ao lado do corpo.

Eleve os cotovelos na direção do teto e traga-os de volta ao chão, como se fossem asas batendo. Continue a adejar suas asas para cima e para baixo (Figura 5).

Pare por um minuto, deixando as mãos em repouso sobre o peito e os cotovelos no chão.

Agora bata as asas mais algumas vezes para cima e para baixo, na direção do teto e de volta ao chão.

Então comece a descrever círculos com os cotovelos. Gire os ombros para a frente. Faça alguns círculos bem pequenos com os cotovelos; en-

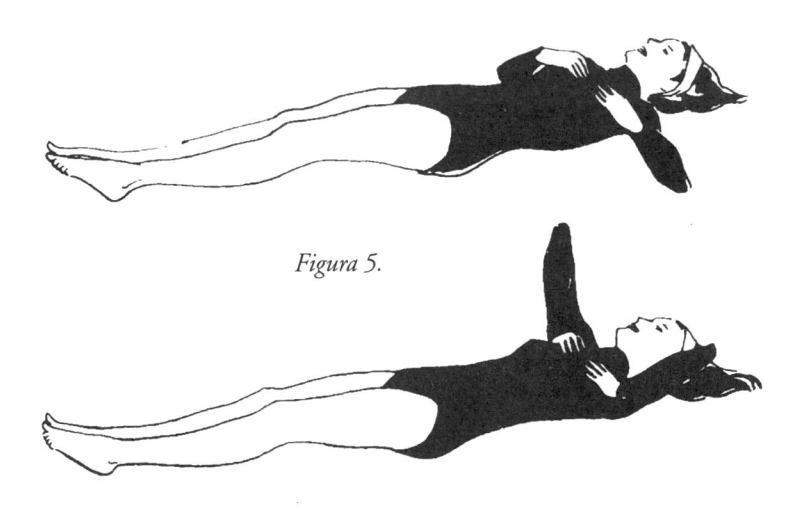

Figura 5.

tão, faça alguns círculos um pouco maiores; depois, faça círculos tão grandes quanto possível, mas mantenha o movimento sempre leve e natural. Alterne entre os diversos tamanhos de círculos. Descanse um pouco sempre que tiver vontade, e, enquanto descansa, imagine-se descrevendo os círculos com os cotovelos.

Agora pare de imaginar e descreva mais círculos com os cotovelos, primeiro pequenos e, depois, maiores. Mude de direção, de modo a ter de girar os ombros no sentido contrário. Faça isso primeiro num sentido, depois no outro.

Leve os cotovelos para o chão com as mãos ainda colocadas sobre o peito. Adeje os cotovelos para cima e para baixo mais uma vez. Então, bata-as de outra maneira: faça-os descer e tocar nas costelas ao lado do corpo e depois voltar para a altura dos ombros; as mãos devem permanecer sobre o peito.

Faça mais alguns desses movimentos e então descanse. Observe se as suas mãos repousam de outro modo sobre o chão. Agora erga mãos e braços para cima e para trás da cabeça, até que as costas das mãos toquem ou aproximem-se do chão. Traga os braços e as mãos de volta para baixo, ao lado do corpo, tocando o chão. Erga-os outra vez para cima da cabeça até que as mãos toquem o chão ou aproximem-se dele, como antes. Continue por algum tempo, levando as mãos para baixo, junto aos quadris, depois outra vez por cima da cabeça e na direção do chão.

Pare no meio do movimento, quando as suas mãos estiverem mais próximas do teto. Deixe os pulsos moles e as mãos penduradas, balançando. Descreva círculos com ambas as mãos e ambos os braços juntos, primeiro círculos pequenos e depois círculos maiores. Faça círculos tão grandes quanto possível, o que pode exigir que as suas mãos toquem o chão quando você os descrever. Inverta o movimento e faça círculos no sentido oposto.

Deixe o braço esquerdo repousar ao lado do corpo e faça círculos com o direito apenas. Então repouse o braço direito e faça alguns círculos com o braço esquerdo. Faça os círculos num sentido durante algum tempo, e depois no outro sentido. Deixe que outras partes do corpo se movam para ajudá-lo a descrever os círculos. Faça a mesma coisa descrevendo círculos com o braço direito.

Deitado de costas, descanse. Então, com as mãos ao lado do corpo, as palmas voltadas para o chão, deslize as mãos para cima e para baixo, no chão. Você deve usar os ombros para empurrar e puxar as mãos e os braços para cima e para baixo. Faça a mesma coisa colocando as mãos e os braços sobre as coxas.

Eleve os braços por cima da cabeça até as costas das mãos tocarem o chão, ou chegarem o mais próximas possível dele. Use os ombros para empurrar e puxar os braços para cima e para baixo, como você fez quando eles estavam ao lado do corpo.

Depois disso, descanse outra vez.

Agora coloque os braços sobre o peito e segure os cotovelos como você fez no início. Mova os braços de um lado para o outro, aproximando o cotovelo esquerdo do chão à sua esquerda e o cotovelo direito do chão à sua direita. Veja se as articulações dos ombros estão mais soltas agora do que no início. Faça o movimento depressa, mas com naturalidade. Faça-o com leveza, rapidez e agilidade.

Pare, mas deixe as mãos nos cotovelos. Eleve os braços na direção do teto, acima da cabeça, e então traga-os de volta ao peito. Movimente-os para cima e para baixo em vez de fazê-lo de um lado para o outro; trabalhe com rapidez e naturalidade. Volte a fazer o movimento de um lado para o outro algumas vezes. Deslize as mãos um pouquinho para baixo, de modo que elas segurem os antebraços em vez de segurar os cotovelos. Mova os braços de um lado para o outro novamente.

Pare e descanse. Entrelace as mãos, eleve os braços para o alto e movimente-os de um lado para o outro algumas vezes. Deixe o pulso esquerdo flexionar-se quando se aproximar do chão do lado esquerdo, e o pulso direito flexionar-se quando se aproximar do chão do lado direito. Veja se você consegue fazer o movimento rápida e facilmente.

Depois de fazer isso algumas vezes, repouse os braços ao seu lado, com as palmas das mãos para baixo, e observe a posição do seu corpo. Observe, especialmente, o modo como os ombros se apóiam sobre o chão. Role lentamente para um lado e levante-se.

Ande um pouco, reparando na postura dos ombros e no balançar dos braços. Eleve os braços à altura dos ombros e acima da cabeça. Traga-as de volta para baixo e balance-os de um lado para o outro. Observe como o seu corpo se vira de um lado para o outro; repare nos movimentos da cabeça e do pescoço. Ande um pouco mais e compare a sensação dos ombros agora com a sensação que você teve no início do exercício.

Melhore a
Habilidade Manual

De maneira geral, as partes do corpo que se manifestam com mais nitidez na imagem corpórea são — além dos lábios — as mãos e especialmente os dedos. Isso se deve ao uso relativamente grande que se faz das mãos, não só para manipular objetos, mas também para obter-se informações sobre as coisas. No que diz respeito ao sentido do tato, mais informações se captam através das mãos do que através de qualquer outra parte do corpo. Certas partes das mãos, especialmente as pontas dos dedos, são extremamente sensíveis.

Devido à importância das mãos na vida do dia-a-dia, qualquer deficiência dos movimentos manuais é motivo não só de incapacitação, mas também de angústia. No entanto, essas deficiências são muito comuns, especialmente na velhice. A rigidez, a dor e uma inabilidade cada vez maior são aceitos como sintomas quase inevitáveis do envelhecimento. No entanto, esses sintomas são tudo menos inevitáveis; em muitos casos, só o exercício apresentado neste capítulo bastará para restaurar em alto grau a flexibilidade de mãos e pulsos que se tornaram rígidos e desajeitados. Até mesmo a dor crônica das articulações pode ser aliviada quando este exercício é praticado freqüentemente, junto com alguns outros.

Dada a importância da habilidade manual, é surpreendente que os programas de exercícios não sejam muito mais voltados para a aquisição e conservação dessa habilidade. No geral, o único objetivo desses programas é o de aumentar a força da mão, como se esta fosse usada principalmente para esmagar as coisas ou para servir de morsa. Mas o aumento da força das mãos — ou, diga-se de passagem, de qualquer outra parte do corpo — não tem utilidade nenhuma para a pessoa comum. É a capacidade de movimentar as mãos e os dedos com naturalidade e destreza que é útil a todos.

Embora as mãos sejam mais nítidas na imagem corpórea do que a maioria das outras partes do corpo, a percepção e a consciência que temos das mesmas ainda é imperfeita. Por exemplo, a mão típica tem muitas áreas de dor que em geral não são sequer percebidas. Se você pressionar firmemente a ponta dos dedos sobre as palmas ou as costas das suas mãos, é provável que descubra essa dor da qual, caso contrário, não tomaria consciência.

Coloque as mãos sobre as coxas, com as palmas para baixo, e tente perceber até que ponto você está consciente de toda a superfície de uma das mãos. Verifique se é mais fácil senti-la de olhos fechados e se ela se manifesta mais claramente à consciência se os dedos forem sentidos um por um antes de procurar sentir o todo. Mantendo as mãos sobre as coxas, compare a percepção que você tem das palmas das suas mãos com a que tem das costas das mãos. Procure sentir se a percepção é maior na ponta dos dedos ou se há também outras partes que são sentidas de modo particularmente nítido. Observe também quais as partes sentidas com menor nitidez. De olhos fechados, tente sentir tão exatamente quanto possível a posição das mãos e qual é o espaço entre os dedos. Então abra os olhos e veja se as mãos estão na posição que você sentiu. Feche os olhos e observe se as mãos estão começando a figurar com um pouco mais de nitidez na sua consciência.

Para melhorar a habilidade dos dedos com certa rapidez, o melhor modo é aumentar o espaço entre eles. Havendo mais espaço entre os dedos, eles se mexerão em todas as direções com maior agilidade e facilidade.

O problema está em como aumentar de fato o espaço entre os dedos. A maioria das pessoas tentaria resolver esse problema forçando os dedos para cá e para lá. A idéia é a de que, pela força bruta, pode-se obrigar o corpo a produzir o efeito desejado. Trata-se de uma estratégia irracional que evidencia um corpo dividido contra si mesmo e, além disso, uma mente e um corpo que operam como antagonistas e não como um todo inteligente, integrado e harmonioso.

No exercício seguinte, nós vamos nos dirigir ao corpo — os músculos, o sistema nervoso, o cérebro — de forma suave e persuasiva, usando uma linguagem não-verbal que produzirá os resultados desejados. Em vez de tentar coagir o corpo, nós lhe daremos a entender o que queremos dele; faremos isso por meio de exigências que vão aumentando de modo progressivo, mas não agressivo. Veremos então que o corpo reage com muito mais presteza a essa estratégia do que reagiria se usássemos a força.

Em primeiro lugar, sente-se confortavelmente no chão. Recorde-se daquele capítulo anterior no qual você se lembrou, ou constatou pela primeira vez, qual dos seus pulsos era mais flexível; tente lembrar-se de como suas mãos se sentiam quando você flexionava e estendia os pulsos. Flexione-os e estenda-os agora, algumas vezes, e veja se a diferença entre os dois é a mesma de antes. Para a maioria das pessoas, o pulso direito é mais flexível e os dedos da mão direita também se movem pelo menos um pouco melhor. Neste exercício, vamos trabalhar com a mão direita para aumentar a mobilidade do pulso, dos dedos e da mão como um todo. No entanto, da próxima vez em que você fizer o exercício, adapte as instruções para trabalhar, não com a mão direita, mas com a esquerda. Depois disso, vá alternando entre a mão direita e a esquerda. Note que também no caso de outros exercícios que só trabalham um dos lados do corpo, você deve alternar o trabalho do lado direito com o trabalho de lado esquerdo.

Agora repouse as mãos no chão com as palmas viradas para baixo. Pense em como cada um dos dedos se movimenta; tente lembrar-se o mais claramente possível desses movimentos e, naturalmente, das sensações decorrentes. Em seguida, imagine-se dando batidinhas no chão com os dedos da mão direita; não com todos ao mesmo tempo, mas um por vez, começando pelo dedo mínimo e avançando sucessivamente até chegar ao polegar. Um dos seus dedos provavelmente é muito menos móvel do que os outros. Tente determinar, por meio da imaginação ou lembrança dos movimentos, qual é esse dedo.

Agora dê batidinhas de fato com o polegar: bata uma vez, depois bata duas vezes seguidas, depois três vezes, depois quatro vezes. Faça a mesma coisa com o indicador, o médio, o anular e o dedo mínimo; observe se o dedo menos flexível é o mesmo que você tinha imaginado.

Você aprendeu algo sobre a sua mão, algo de que não sabia antes? Veja bem, essa é a *sua* mão e você a usa inúmeras vezes por dia, todos os dias da sua vida. Se você desconhece algo tão fundamental quanto a mobilidade relativa dos próprios dedos, o que mais você não ignora sobre si mesmo? Lembre-se de que você tem uma consciência maior dos dedos do que de quase todas as outras partes do corpo. Quanto você não ignora sobre essas partes do corpo de que tem menos consciência?

Agora dê as mesmas batidinhas — uma batidinha, depois duas batidinhas, depois três, depois quatro — com o polegar, o dedo médio e o dedo mínimo; bata os três simultaneamente. Se for difícil, comece devagar e vá aumentando a velocidade à medida que o movimento se tornar mais fácil. Esses dedos são muito fáceis de mexer em separado; então, por que é tão difícil mover os três juntos? Veja se você consegue entender esse fato.

Agora vamos tornar o exercício um pouco mais fácil. Mexa só o dedo anular e o mínimo, batendo uma vez, depois duas vezes, depois três vezes, depois quatro vezes. Veja se você é capaz de fazê-lo sem envolver nenhum dos outros dedos (nem a boca, nem a respiração, etc.). Quando os dedos são diferenciados como devem ser, só se movem os que você quer mover — e, certamente, não se movem os dedos da outra mão, embora essa tendência se manifeste em algumas pessoas. A mesma tendência é muito mais pronunciada quando se trabalham os movimentos dos dedos dos pés. Então, quando se movem um ou mais dedos de um pé, pode ser muito difícil impedir que o mesmo movimento aconteça nos dedos do outro pé e até mesmo nos dedos das mãos, embora a pessoa, no geral, não tenha consciência dos movimentos supérfluos, a menos que lhe seja chamada a atenção para esse fato.

Agora volte a dar batidinhas com o polegar, o dedo mínimo e o dedo médio juntos: faça isso algumas vezes. Em seguida bata uma vez, depois duas vezes, depois três vezes e depois quatro vezes com os outros dois dedos, e não retenha a respiração ao fazê-lo. Tente sempre respirar normalmente enquanto trabalha, e guarde-se especialmente contra a tendência de prender a respiração ao dedicar-se a qualquer mínimo esforço mental. Agora tente bater somente o dedo anular. Se você tem uma mão igual à da média das pessoas, foi esse dedo o que lhe deu mais trabalho no começo. Provavelmente será mais fácil mexer o dedo agora do que foi antes.

Tente mais uma vez bater com o dedo mínimo, o médio e o polegar juntos, e veja se isso está ficando mais fácil.

Agora introduza o polegar da mão esquerda entre os dedos mínimo e anular da mão direita. Vá deslizando o polegar aos pouquinhos até que a parte carnosa da mão abaixo da articulação do polegar fique entre dois dedos; sinta como ela se adapta ali. Agora ponha a mesma parte carnosa da mão esquerda entre o dedo anular e o dedo médio da mão direita, e veja como ela se adapta. Em seguida, encaixe-a no espaço entre o dedo médio e o dedo indicador, e depois coloque-a no espaço entre o indicador e o polegar. Lembre-se bem das sensações para que, mais tarde, você perceba com quanto mais facilidade a mão vai se encaixar entre os vários dedos, evidenciando que o espaço entre eles terá aumentado — e a flexibilidade deles também.

Agora introduza o dedo mínimo da mão esquerda entre os dedos mínimo e anular da mão direita. Introduza-o e retire-o pelo menos 25 vezes. Em seguida, ponha o dedo mínimo da mão esquerda entre os dedos anular e médio da mão direita e deslize-o para dentro e para fora 25 vezes, ou mais. Repita o processo entre os dedos médio e indicador direitos e, por fim, entre o indicador e o polegar.

Agora faça a mesma coisa, usando desta vez o dedo anular da mão esquerda. Introduza-o e retire-o 25 ou trinta vezes em cada espaço entre os dedos da mão direita.

Repita todo o processo usando primeiro o dedo médio esquerdo e depois o polegar esquerdo. Use o polegar como você usou os outros dedos.

Quando você terminar, introduza a parte carnosa da mão, logo abaixo do polegar esquerdo, nos espaços sucessivos entre os dedos da mão direita.

Deslize-a para dentro e para fora de cada espaço 25 ou trinta vezes. Pouco importa que o movimento esteja na mão direita, na mão esquerda ou nas duas, desde que a mão fique deslizando para dentro e para fora entre os dedos — e desde que você saiba qual mão está se movendo, ou se as duas estão.

Agora introduza o lado exterior do pulso esquerdo entre os dedos anular e mínimo da mão direita. Deixe que o pulso esquerdo deslize para dentro e para fora, sucessivamente, de todos os espaços entre os dedos da mão direita, com o mesmo número de repetições de antes.

Então, quando você chegar ao espaço entre o polegar e o indicador direito, deslize-os desde o pulso esquerdo até a dobra do antebraço. Em seguida repita o movimento, passando o antebraço entre todos os dedos da mão direita. Se a camisa ou a roupa que você estiver vestindo estorvarem o movimento, tente fazê-lo com o braço nu.

Agora faça-o com a parte inferior da perna — sem calças será melhor. Introduza o tornozelo entre os dedos anular e mínimo da mão direita. Movimente a mão direita para cima e para baixo ao longo do osso da canela, entre o tornozelo e o joelho, 25 ou trinta vezes. Em seguida faça isso com os dois dedos seguintes da mão direita e assim por diante.

Quando você chegar ao espaço entre o polegar e o indicador e completar a série de movimentos, deslize a mão para cima do joelho e veja se a coxa agora se encaixa entre os dedos polegar e indicador. Faça os movimentos para cima e para baixo ao longo do comprimento da parte superior da perna. Faça o mesmo com os dois dedos seguintes e continue até completar os movimentos com os dedos anular e mínimo. Introduza toda a coxa entre os dedos, ou uma parte tão grande da coxa quanto possível, mas sem forçar demais.

Agora introduza a parte carnosa da mão esquerda várias vezes em cada um dos espaços entre os dedos da mão direita. Também deslize-a para dentro e para fora várias vezes e veja se os espaços entre os dedos se alargaram. Mexa os dedos da mão direita e verifique se agora eles estão mais flexíveis. Mexa-os mais um pouco e flexione o pulso. Faça o mesmo com a mão esquerda e compare a flexibilidade. Você talvez sinta um formigamento na mão direita — uma sensação que pode ser qualificada como sensação de "energia".

Agora descanse um pouco, deitado de costas. Sinta a diferença entre os dois lados do seu corpo e note se o comprimento do corpo lhe parece diferente dos dois lados. Quer você o sinta, quer não, o comprimento será diferente. A repetição de movimentos, com a atenção concentrada, mesmo que numa única parte do corpo — os dedos, ou um olho —, alonga os músculos desse lado. Isso é importante, pois significa que até mesmo uma pessoa acamada, quase imobilizada, ainda pode fazer exercícios eficazes, provocando mudanças que sob alguns aspectos são maiores e talvez até mais importantes do que as mudanças causadas na maioria das pessoas pela prática de uma ginástica vigorosa.

Agora sente-se e segure o polegar da mão direita com a mão esquerda. Puxe o polegar como que para alongá-lo e ao mesmo tempo gire-o suavemente. Naturalmente, não "estale" a articulação. Alongue-o e gire-o mais ou menos 25 vezes, primeiro no sentido horário e depois no sentido anti-horário. Faça o mesmo com o dedo indicador, depois com o dedo médio. Os dedos se movem melhor quando você os gira no sentido horário ou no sentido anti-horário? Veja se alguns dedos se movem melhor num sentido e os outros no sentido contrário. Movimente todos os seus dedos dessa maneira, um por vez.

Quando você terminar de fazer isso, segure o polegar da mão direita perto da sua base. Puxe-o um pouco e tente sentir a articulação. Veja se você é capaz de sentir a articulação se alargando quando você puxa o dedo. Faça o mesmo com os outros dedos.

Volte ao dedo mínimo e tente repetir o processo com a articulação das falanges mais próximas da ponta do dedo. Faça o mesmo com todos os outros dedos.

Cerre a mão esquerda em punho em volta do polegar direito e gire o pulso direito, mantendo a mão esquerda firme, de modo que a mão direita gire ao redor do polegar. Faça o movimento várias vezes e depois faça o mesmo com todos os outros dedos.

Pouse as mãos com as palmas para baixo sobre as coxas. Alise a coxa direita com a mão direita e depois alise a coxa esquerda com a mão esquerda. Sinta se uma das mãos está mais leve e ao mesmo tempo toca mais completamente a coxa. Com qual das mãos você gostaria de ser tocado?

Agora você já deve ter percebido que, quando se diz que alguém "tem a mão pesada", isso não é apenas uma metáfora. O fato de a mão tocar mais completamente em alguma coisa contribui para a precisão das explorações sensórias. A diferença também é bem perceptível para a coisa — ou a pessoa — que está sendo tocada. Deite-se e descanse um pouco. Enquanto você está deitado, explore o corpo em busca de possíveis mudanças.

Sente-se outra vez numa posição confortável. Segure o dedo mínimo da mão direita e veja se agora você consegue fazê-lo ondular, em vez de apenas puxá-lo. O movimento não deve ser anguloso, mas mais serpentino, como se a presença dos ossos não prejudicasse o movimento (como normalmente acontece). Tente fazer o dedo ondular como se os ossos fossem de borracha. Procure fazer a mesma coisa com todos os outros dedos.

Agora, mais uma vez, compare as duas mãos e veja se a mão e o pulso direitos estão mais flexíveis que a mão e o pulso esquerdos.

Mude um Lado do Corpo para Reeducar o Corpo Inteiro

Uma das técnicas de ensino mais interessantes e eficazes dentre as empregadas por Feldenkrais é a de melhorar o estado de um lado do corpo, deixando o outro no estado costumeiro. Isso gera um contraste marcante entre o que já existe e o que pode e deve vir a existir — uma demonstração com a qual o sistema nervoso aprende e a qual toma por base para agir, tornando permanente, com o tempo, o modo de ser que é melhor e mais prazeroso, e efetuando, ao fim e ao cabo, uma mudança nos dois lados do corpo, não num só. A comparação também é construtiva para a mente consciente, permitindo que ela saboreie o mais perfeitamente possível o conhecimento da possibilidade de realização maior do potencial individual. Tanto a mente quanto o corpo se educam e se habilitam um pouco mais a partir em busca de objetivos comuns.

O exercício seguinte usa essa técnica e também vários outros elementos do método de reeducação psicofísica. A mecânica do corpo é ensinada na prática por meio da experiência imediata; a mobilidade aumenta e a imagem do corpo se aproxima mais do seu objetivo.

Para começar, ande descalço pelo quarto durante algum tempo e observe o seu caminhar com o máximo de atenção. Compare, em particular, os movimentos das duas pernas, especialmente nas articulações do quadril, nos joelhos, nos tornozelos e nos pés. Tente perceber se o movimento é igual na perna direita e na perna esquerda, ou se um lado se movimenta melhor sob algum aspecto ou sob todos os aspectos. Um dos pés pisa com mais leveza do que o outro, ou lhe parece que eles pisam iguais? Ao caminhar, preste atenção aos movimentos dos braços e dos ombros. Note as sensações de movimento nos ombros e nos cotovelos; procure perceber se um dos braços balança num arco maior ou se há alguma outra diferença entre os movimentos dos braços. Quando você se vira, o faz com igual facilidade para ambos os lados? Se os movimentos do braço e do ombro forem mais fáceis num dos lados, observe outra vez o movimento das pernas. É provável que os movimentos sejam um pouco mais flexíveis do lado em que os movimentos do tronco também são melhores. De qualquer modo, tenha certeza de que você vai ser capaz de discriminar entre os dois lados à medida que continuarmos.

Deite-se de costas e examine o seu corpo, formando uma imagem clara de como você está deitado; examine a nitidez da imagem das diversas partes do corpo. Os lados esquerdo e direito estão deitados da mesma forma, exercendo a mesma pressão e mantendo o mesmo contato com o chão? Observe a parte de trás das pernas, as nádegas, as duas metades das costas e os ombros. Quanto cada um dos pés está virado para o lado? Observe que, se os pés estão apontando para fora, para os lados, também as pernas têm de estar voltadas para fora, girando a partir dos quadris.

Gire o pé direito de modo a procurar encostar no chão a sua curva exterior; depois, traga-o de volta até apontar diretamente para cima. Continue fazendo esse movimento até completar as 25 ou mais repetições costumeiras, ou menos, se você acha isso difícil. O lado de fora do pé direito deve tocar no chão do lado direito, ou ao menos aproximar-se do chão. Quando você girar o pé, conscientize-se de que a perna está girando e preste atenção ao movimento da articulação do quadril. Em seguida, pare e descanse.

Flexione a perna direita de tal forma que a planta do pé se apóie no chão e o joelho aponte para cima. Deixe a perna direita cair para o lado direito de modo que, se ela tocasse o chão, teria de tocá-lo inteira, dos pés ao quadril. Incline-a, pois, para o lado direito o máximo possível, mas sem forçar; e, depois, traga-a de volta para a esquerda, de tal modo que fique de novo apoiada no pé e o joelho aponte para cima (Figura 6).

Continue fazendo esse movimento com a perna direita e repare que o pé direito encosta de lado no chão. Quando a perna se dobrar para a direita, observe se a nádega esquerda e parte da coxa esquerda se elevam

Figura 6.

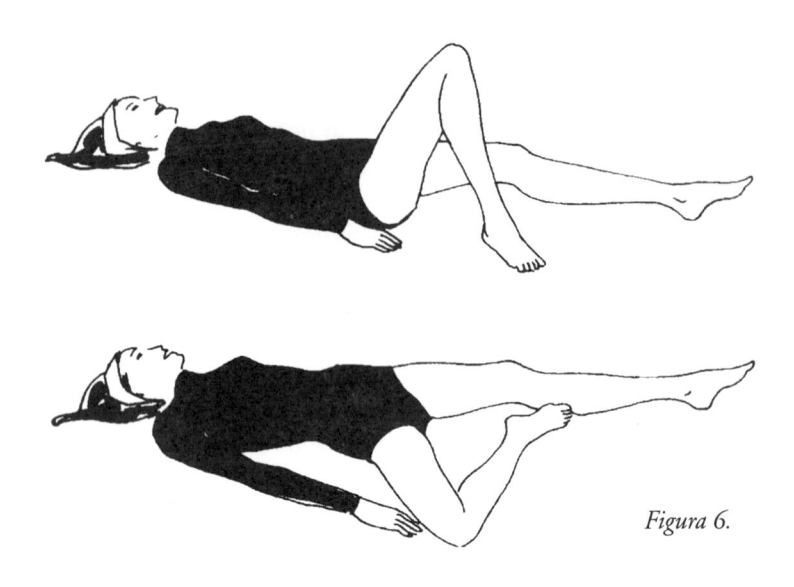

um pouco. O que está acontecendo com a parte de baixo da perna esquerda? O pé esquerdo gira para a direita quando a perna esquerda desce? Observe se o ombro esquerdo, o lado esquerdo das costas e o pescoço estão se movendo. O movimento é maior do lado direito ou do lado esquerdo do pescoço? Qual é a diferença entre os dois movimentos? O que está acontecendo com o ombro direito, o braço direito e o lado direito das costas? Sinta simultaneamente os lados direito e esquerdo, as costas inteiras até os ombros, e continue deixando a perna cair para o lado direito e trazendo-a de volta à posição anterior. Tente sentir as costas, os ombros e os braços, as mãos, o pescoço, o rosto e os olhos. Depois disso, descanse um pouco.

Abaixe a perna direita e estique-a como a perna esquerda. Observe como o lado direito do corpo repousa sobre o chão e compare-o com o lado esquerdo. Veja se o lado direito parece mais longo e tente determinar se ele de fato está mais comprido. Preste atenção às sensações no lado direito do rosto, no olho direito, na bochecha, no lado direito da boca, e compare-os com o lado esquerdo. Abra os olhos por um instante e observe se você está olhando um pouco para a direita. Feche os olhos mais uma vez e faça a perna estendida girar inteira para a direita, de tal modo que a parte exterior do pé se aproxime do chão. Traga-a de volta até que o pé aponte para cima e gire-a outra vez para a direita. Continue fazendo isso.

Deixe o pé direito parado, com os dedos apontando para cima. Em seguida, gire-o para a esquerda o máximo que lhe for possível sem fazer muito esforço, aproximando o lado interno do pé do chão do lado esquerdo. Gire a perna também. Em seguida gire a perna de volta, de forma que o pé aponte outra vez para cima. Continue fazendo esse movimento. Veja se agora a nádega direita se eleva um pouco, junto com o lado direito das costas e o ombro direito, para facilitar o movimento. Então pare e descanse.

Flexione outra vez a perna direita, apoiando-se sobre o pé. Desta vez, dobre-a inteira para a esquerda até onde lhe for possível. Em seguida traga-a de volta até o joelho apontar para cima (Figura 7).

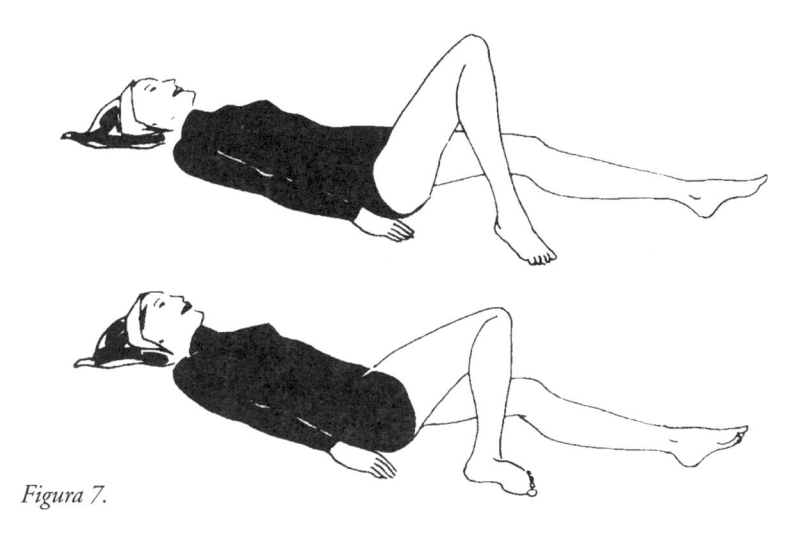

Figura 7.

Preste atenção ao movimento e às sensações na articulação do quadril. Sinta o que acontece com a pelve e com a articulação esquerda do quadril quando você se move. Agora, se a perna direita não consegue se dobrar mais devido ao modo pelo qual a perna esquerda está posicionada tente imaginar o que fazer com a perna esquerda para permitir um movimento mais amplo da direita. Mesmo que a perda direita não toque a esquerda, reposicione a perna esquerda de modo a aumentar a extensão do movimento da perna direita. Uma coisa que você pode fazer é levar a perna esquerda mais para a esquerda. Experimente fazer isso; depois, experimente flexioná-la de modo que o calcanhar esquerdo fique perto do seu traseiro. Experimente ambos os métodos sem deixar de movimentar a perna direita para a esquerda e de volta à posição inicial. Há também um terceiro método, que consiste em flexionar a perna esquerda de tal modo que o pé esquerdo se apóie no chão e então pôr a perna toda mais para a esquerda. Apenas a tire do caminho, de modo que a perna direita possa dobrar-se mais facilmente para a esquerda. Assim, nesse mesmo movimento, a perna esquerda poderá inclinar-se para a esquerda também, como deveria estar fazendo espontaneamente, de modo que toda a pelve gire para a esquerda e de volta.

Agora pare um pouquinho. Ponha a perna esquerda de volta no chão, esticada, e continue flexionando a perna direita para a esquerda. Observe se a perna esquerda já ficou suficientemente inteligente para sair do caminho da perna direita espontaneamente; observe se toda a pelve gira para a esquerda com mais facilidade, se o tronco acompanha o movimento, se a cabeça se vira para a esquerda junto com a perna e se o ombro direito se eleva. Você pode deixar o joelho esquerdo dobrar-se um pouco, se já não estiver dobrado, e veja se isso dá ainda mais liberdade ao movimento. Pare.

Agora deixe a perna direita cair para o lado direito. Dobre a perna esquerda também, de modo que o pé se apóie no chão, e deixe a direita cair de novo. Observe como esse movimento acontece. Estique a perna esquerda e deixe a direita cair para o lado direito. Observe se o movimento vai ficando cada vez mais fácil. Então descanse.

Observe se o lado direito do corpo parece maior do que o esquerdo — mais alongado e mais cheio, mais vivo, mais claro na imagem corporal. Diga algumas palavras para si mesmo. Pergunte: *Que lado está mais nítido na minha imagem corporal?* Diga-o em voz alta várias vezes: *Que lado está mais nítido na minha imagem corporal?* Ao fazer essa pergunta, observe se você tende a falar pelo lado direito da boca. Depois de observar, tente falar diretamente através do centro da boca. Então deixe a fala sair de novo espontaneamente, observando com cuidado o que a sua boca faz.

Agora dobre ambas as pernas de modo que os pés se apóiem no chão. Movimente a perna direita na direção do peito algumas vezes, o joelho apontando na direção da cabeça, o alto da coxa chegando perto da caixa torácica. Em seguida, abaixe a perna outra vez até o pé se apoiar no chão. Erga a perna até o peito novamente e abaixe até o pé fazer contato com o chão. Continue fazendo esse movimento (Figura 8).

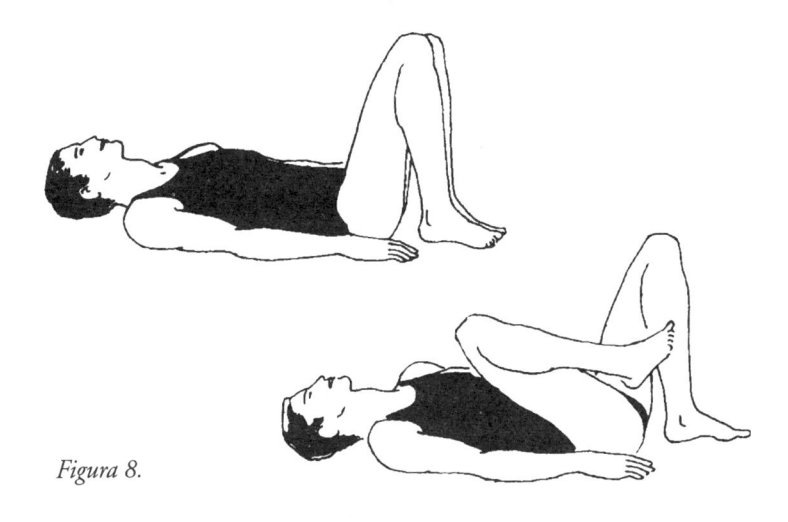

Figura 8.

Ao fazer o movimento, sinta o que acontece com a articulação do quadril, com os ombros, a cabeça e o pescoço. Observe se quando o pé volta ao chão, o queixo chega mais perto do peito, e se quando o joelho se move rumo à cabeça, o queixo se afasta do peito. Leve a perna para cima e para baixo sem travar o movimento da cabeça. Não mexa voluntariamente à cabeça; ela se movimentará por si mesma se você não estiver bloqueando o movimento. Em seguida pare e descanse, deixando ambas as pernas flexionadas, os pés apoiados no chão.

Compare o contato dos pés direito e esquerdo com o chão. Observe qual dos dois sente melhor o chão. Acaso será porque o contato com o chão é mais completo do lado direito, o que mostra que parte da tensão do pé foi eliminada?

Agora descreva alguns círculos com o joelho direito. Para tanto, levante um pouquinho o pé direito do chão. Continue descrevendo círculos com o joelho direito — primeiro círculos pequenos e depois círculos cada vez maiores. Faça alguns círculos devagar e outros depressa; faça alguns num sentido e outros no sentido oposto — círculos grandes e pequenos, círculos lentos e rápidos, círculos grandes e lentos e círculos pequenos e rápidos, círculos pequenos e lentos e círculos grandes e rápidos. Então descanse.

Torne a fazer círculos com o joelho direito; faça-os tão grandes quanto você for capaz. Gradativamente, aumente o tamanho dos círculos de forma que eles se tornem cada vez maiores. Os círculos são maiores ou menores quando você gira no sentido horário? Ou isso não faz diferença alguma? O movimento é afetado pela posição da perna esquerda — se você a aproxima da pelve, a afasta ou a estica? Se não conseguir fazer muitos círculos sem ter dor no quadril, faça só os que você conseguir. Descreva círculos bem pequenos, se isso ajudar. Pare e imagine que está descrevendo círculos, lembrando-se do momento tão nitidamente quanto possível.

Estenda ambas as pernas e descanse um pouco. Gire o pé direito em direção ao lado direito e traga-o de volta até apontar para cima. Movimente-se rapidamente mas sem alterar a respiração, despindo o movimento de qualquer vestígio de compulsividade. Veja quão rápido você é capaz de fazê-lo; preste atenção à articulação do quadril e deixe-o movimentar-se tão livremente quanto possível.

Agora gire a perna para a esquerda, de modo que o lado de dentro do pé direito se aproxime do chão. Flexione a perna esquerda e apóie-a sobre o pé; continue girando a perna direita. Observe se a nova posição da perna esquerda facilita o movimento. Agora deixe o pé direito movimentar-se livremente para um lado e para o outro, atingindo o ponto máximo de flexão para ambos os lados, mas sem forçar. Deixe a perna esquerda na mesma posição; deixe, além disso, que o corpo se movimente com a máxima liberdade. A perna esquerda pode movimentar-se à vontade, mas o ímpeto do movimento deve provir sempre da perna direita. Abaixe a perna esquerda e estique-a, e continue a fazer o movimento com a perna direita. Agora veja se você consegue girar a perna e.o pé direitos tão bem quanto conseguia quando a perna esquerda estava erguida. Deixe que o tronco participe do movimento. Pare e descanse.

Agora, mais uma vez, flexione ambas as pernas e fique com os pés apoiados no chão. Deixe a perna direita cair para o lado direito algumas vezes. Em seguida, abaixe a perna esquerda e estique-a. Novamente, deixe a perna direita cair para o lado direito várias vezes. Tire a perna esquerda do caminho e deixe a perna direita cair para o lado esquerdo.

Faça algumas vezes esse movimento. Flexione a perna esquerda, apóie o pé esquerdo no chão, e deixe a perna direita continuar caindo para o lado esquerdo. Estenda a perna esquerda e, de novo, deixe a perna direita cair para o lado esquerdo. Flexione mais uma vez a perna esquerda, com o pé em contato com o chão, e erga a perna direita para o peito algumas vezes. Descreva alguns círculos com o joelho direito. Então abaixe ambas as pernas, esticadas.

Observe novamente como você repousa sobre o chão e compare os dois lados do corpo. Observe especialmente a posição da pelve e das pernas. Em seguida, lentamente, role para um dos lados e levante-se. Ande um pouco pelo quarto. Ao caminhar, compare os dois lados do corpo. Observe se o lado direito se movimenta melhor e até mesmo tenta andar mais depressa do que o lado esquerdo. É possível que a perna direita avance com tamanha facilidade que o seu ímpeto de certa forma arrasta atrás de si a perna esquerda. Observe se o joelho direito se flexiona mais; observe também os movimentos dos braços e dos ombros no caminhar. Veja, por fim, o que acontece quando você vira para a direita e para a esquerda.

Fique um pouco parado em pé e, sem tirar os pés do lugar, vire para a direita e para a esquerda. Observe se, quando você vira para a direita, a cabeça, o pescoço e até mesmo os olhos se viram mais livremente e vão mais longe do que quando você se vira para a esquerda. O trabalho foi feito principalmente na articulação do quadril, mas é provável que todo o lado direito do seu corpo tenha sido afetado. Os músculos das costas estão mais alongados no lado direito, e assim a coluna vertebral consegue girar melhor nessa direção. O pé direito e os dedos do pé direito melhoraram, enquanto o pé esquerdo ficou na mesma situação anterior. Pense sobre o inter-relacionamento das partes do corpo — como um movimento localizado pode alterar o funcionamento de um lado inteiro? Da próxima vez que você fizer o exercício, trabalhe o lado esquerdo, substituindo "direito" por "esquerdo" e "esquerdo" por "direito" nas instruções.

No seu estado atual, seria fácil melhorar o lado esquerdo do corpo. Com uns poucos movimentos corporais ou mesmo imaginários, ele rapidamente alcançaria o mesmo progresso obtido do lado direito. No entanto, para atender melhor à finalidade de reeducar o sistema nervoso e os mecanismos sensoriais, convém preservar as diferenças durante certo tempo para que elas possam ser comparadas.

Alivie a Tensão na Língua

No decorrer de um programa completo de reeducação, trabalham-se muitas partes do corpo que são totalmente ignoradas nos programas convencionais de exercícios. Este exercício ilustra como uma dessas partes — no caso, a língua — pode ser exercitada. Ao fim e ao cabo, você será capaz de criar exercícios para si mesmo, aplicando o método psicofísico às partes do corpo que este livro não menciona.

É importante para você trabalhar o corpo tão completamente quanto possível. Todos devem saber que este exercício e os que se lhe assemelham — e, aliás, também a maioria dos outros — podem ser especialmente importantes num processo de reabilitação ou terapia. Este exercício, inclusive, foi criado para ajudar a aliviar problemas de fala resultantes de espasmos musculares da língua. Entretanto, todos podem obter grandes benefícios da sua prática.

A língua é um dos focos mais comuns de tensão muscular crônica e inconsciente. As tensões na língua em geral agravam as tensões em outras partes do rosto, como os músculos da mandíbula. Podem ter vários efeitos negativos, entre os quais uma deterioração maior ou menor da capacidade de falar e um prejuízo da capacidade respiratória. Só quando a língua ficar bem nítida na imagem corporal é que você terá uma consciência suficiente do excesso de tensões e será capaz de aliviá-las permanentemente.

Muita gente tem consciência da tensão no maxilar. Essa tensão, quando muito intensa, pode vir a danificar os ossos do maxilar e prejudicar os dentes. As pessoas que costumam ranger os dentes enquanto despertas ou adormecidas têm um excesso de tensão na mandíbula, na língua, no pescoço e em vários músculos da face. O alívio da tensão habitual na língua é o primeiro passo para eliminar toda essa constelação de tensão. É claro que o maxilar, e os músculos em geral, devem sempre ser submetidos a alguma tensão. Se o maxilar ficasse completamente relaxado, ele ficaria pendurado, frouxo, como acontece com os idiotas e as vítimas de certas lesões. Num caso ideal, o maxilar fica suficientemente tensionado para que os dentes superiores quase façam contato com os inferiores, os quais ficam só um pouquinho para trás daqueles. O simples fato de pensar sobre isso bastará para fazê-lo tomar consciência do esforço — em geral, inconsciente — que você normalmente faz para impedir o maxilar de pender frouxo demais. Se a língua estiver livre de toda tensão anormal, ela pousará relaxada sobre a parte de baixo da boca e sua ponta fará um leve contato com a parte de trás dos dentes. Agora tentaremos aliviar todas as tensões que impedem a língua de assumir a sua posição correta na boca, e, dessa forma, também tentaremos obter algum relaxamento da musculatura do maxilar, da parte inferior do rosto e do pescoço.

Para começar, sente-se numa posição confortável, deixando a cabeça razoavelmente ereta. Examine a língua, toda a superfície dela, o melhor que você puder. Sinta a posição dela em relação ao céu e à parte inferior da boca. Observe se ela toca os dentes na frente. Ela está no meio da boca ou está mais perto da bochecha esquerda ou direita?

Sinta a parte inferior, a parte superior, a largura, o comprimento, a grossura da língua. Veja se você percebe nela alguma tensão e se ela parece mudar à medida que você a examina. Ela fica mais larga ou maior? Você ficou mais consciente da parte interior da boca quanto trouxe a língua mais plenamente à consciência?

Agora passe algumas vezes a ponta da língua no lado de dentro dos dentes inferiores. Vá da esquerda para a direita e da direita para a esquerda o máximo que você puder. Então, só por um instante, passe a língua sobre os dentes inferiores. Então passe-a sobre as extremidades cortantes dos dentes superiores e pelo lado interior desses mesmos dentes, o máximo para a esquerda e para a direita que lhe for possível.

Em seguida, passe a língua pelo lado de fora dos dentes superiores, entre os dentes e o lábio superior, o máximo para a esquerda e para a direita que você conseguir. Faça o mesmo com os dentes inferiores, passando a língua entre os dentes e o lábio inferior. Faça cada um destes movimentos pelo menos dez ou quinze vezes.

Pare. Agora pressione a língua contra o céu da boca. Pressione com força e mantenha-a nessa posição durante um tempinho. Respire normalmente enquanto isso. Relaxe, solte a língua, e em seguida pressione outra vez. Relaxe e então pressione a língua contra a parte de baixo da boca. Faça-o de tal modo que, à medida que a língua exerce pressão, a boca se abre. Você deve empurrar o maxilar inferior para baixo com a língua. Empurre-o o máximo possível. Faça isso várias vezes.

Agora pressione a língua contra o céu da boca de modo que você tenha a sensação de estar forçando a boca a se abrir. Faça isso várias vezes.

Agora feche a boca e observe se você sente alguma tensão na mandíbula ou nos músculos faciais. Então boceje profundamente algumas vezes. Ao bocejar, tente ficar consciente da sua língua. É difícil acompanhar as posições da língua durante o bocejo? Agora simplesmente abra a boca algumas vezes para ver o quanto você é capaz de abri-la sem forçar demais. Pare e lance o maxilar inferior para a frente, de modo que os dentes inferiores passem adiante dos dentes e do lábio superior. Faça isso várias vezes.

Tente abrir outra vez a boca para ver se agora ela abre mais e então lance a língua para a esquerda e para a direita algumas vezes. Ponha-a rapidamente para fora dos lábios e para dentro de novo, como uma serpente, várias vezes. Então, deite-se de costas e descanse.

Enquanto você descansa, tente conscientizar-se novamente da língua, observando se a posição dela dentro da boca é diferente de quando você estava sentado. Agora ela está mais para trás na boca e mais distante dos dentes? O que você me diz das distâncias entre a língua e o céu da boca e entre a língua e a parte inferior da boca? Essas distâncias são as mesmas de antes ou são diferentes? A língua está no centro da boca? Tente lembrar-se da posição dela quando você estava sentado e compare-a com a posição dela agora.

Se você não conseguir lembrar-se, sente-se por um instante e observe a posição da língua. Veja se ela fica mais próxima da parte inferior da boca e dos dentes e note quaisquer outras diferenças. Em seguida, deite-se outra vez e examine a língua. Você está mais consciente da língua agora do que estava antes?

Agora gire a cabeça de um lado para o outro várias vezes e veja o que acontece com a língua. Repare se, quando você gira a cabeça para a direita, a língua também vai para a direita e, se quando gira a cabeça para a esquerda ela também vai para a esquerda, em ambos os casos sem esforço nenhum da sua parte. Gire a cabeça para a esquerda e note para onde vai a língua.

Gire-a para a direita e observe novamente para onde a língua vai.

Faça isso de olhos abertos e de olhos fechados. Observe se isso faz alguma diferença. Faça-o de olhos abertos e, ao virar a cabeça, olhe tão longe quanto possível para o mesmo lado. Quando você olhar para a frente, focalize o olhar na lonjura, o máximo que você conseguir. Isso altera em algum aspecto o movimento da língua, comparando-o com o virar a cabeça de olhos fechados?

Ponha o queixo para baixo juntando-o o máximo possível ao peito, mas sem forçar. Feche a boca e descanse um pouquinho. Então simplesmente movimente a língua para a esquerda e para a direita. Leve-a na direção da bochecha esquerda, depois na direção da bochecha direita, para um lado e para o outro como um pêndulo, sempre respirando livre e tranqüilamente. Agora passe a língua da direita para a esquerda sobre o lado de fora dos dentes superiores, entre os dentes e o lábio, depois sobre o lado de fora dos dentes inferiores, entre os dentes e o lábio.

Em seguida, use a língua para explorar a boca por dentro. Dedique-se a isso por algum tempo. Passe a língua na boca inteira. Sinta a diferença entre a parte da frente dos dentes e a parte de trás dos dentes, a diferença entre o céu e a parte inferior da boca, e conheça o lado de dentro das bochechas.

Tente fazer isso primeiro com o maxilar bem apertado, depois com a boca entreaberta. Ainda explorando com a língua, abra bem a boca. Em seguida, feche-a bem fechada uma vez mais, continuando a movimentar a língua pela boca inteira. A língua agora não lhe parece um pouco constrangida, talvez até mesmo um pouco claustrofóbica num espaço tão apertado?

Agora boceje profundamente várias vezes, observando a língua enquanto isso. Descanse um pouquinho. Observe a posição da língua. Você nota alguma diferença na largura dela? No comprimento? Se a sua língua estava bem longe dos dentes quanto você começou, ela deve estar bem mais longa e mais larga agora que a tensão foi eliminada. Se a sua língua estava só um pouquinho afastada dos dentes quanto você se deitou pela primeira vez, agora ela talvez encoste nos dentes e até force-os um pouco para a frente.

Agora sente-se outra vez. Ponha a língua um pouco para fora e mantenha-a nessa posição, marcando com os dentes o quanto ela se esticou. Então ponha-a para fora um pouco mais, novamente mordendo-a de leve para medir o progresso. Continue fazendo isso, esticando a língua para fora um pouco mais a cada vez. Estique-a, mantenha-a na posição, e estique-a um pouco mais.

Quando você chegar ao ponto máximo, retraia a língua e repita o processo, respirando normalmente o tempo todo. Observe quantas pequenas extensões você consegue fazer, se consegue esticar a língua dez vezes, quinze vezes ou vinte vezes, pondo-a para fora um pouquinho mais a cada vez. Todos os seus movimentos devem ser leves e suaves.

Agora pare e retraia a língua. Então estique-a para fora o máximo possível, sem sentir nenhum incômodo. Mantenha a língua rígida e mova-a em círculos. Você vai precisar girar toda a cabeça. Imagine, por exemplo, que você está usando a língua para girar o ponteiro de um relógio. Primeiro gire o ponteiro no sentido horário, depois no sentido anti-horário.

Pare e movimente a língua para dentro e para fora da boca, usando os lábios para sentir como é a língua. Tente fazer isso sem deixar a língua esbarrar nos dentes. Em primeiro lugar, enquanto a põe para dentro e para fora sinta mais o lado de cima da língua e o lábio superior. Depois, sinta o lado de baixo da língua e o lábio inferior. Compare a parte de cima da língua com a parte de baixo e constate a grande diferença que existe entre elas. Então, sinta simultaneamente o lado de cima e o lado de baixo da língua enquanto ela entra e sai da boca.

Com a língua ainda de fora, mexa-a de um lado para o outro, de um canto da boca até o outro. Veja se você é capaz de sentir a diferença entre a parte de cima e a parte de baixo da língua com a mesma clareza quando ela vai de um lado para o outro.

Ponha a língua para dentro e para fora da boca várias vezes, roçando-a nos lábios e, de leve, nos dentes.

Agora mexa a língua num oval sobre as gengivas, entre os dentes e os lábios. Circule primeiro numa direção várias vezes, depois na outra, várias vezes, e então pare.

Agora abaixe-se e fique de quatro, apoiando-se nas mãos e nos joelhos. Olhe para o chão e sinta a posição da língua. Abra a boca e deixe a língua solta. Mova a cabeça para cima e para baixo algumas vezes com a língua dependurada. Observe se ela toca o lábio inferior quando a cabeça se levanta e o lábio superior quanto esta se abaixa.

Balance a cabeça de um lado para o outro algumas vezes e veja se você é capaz de deixar a língua balançar livremente enquanto isso. Então estique-a para fora e traga-a de volta para dentro algumas vezes, sempre olhando para o chão. Você consegue ver sua língua quando ela sai da boca? Observe-a aparecendo e se retraindo.

Movimente a língua para um lado e para o outro e perceba se você ainda consegue vê-la. Faça círculos no sentido horário e no sentido anti-horário com a língua, ainda tentando enxergá-la. Então simplesmente ponha a língua para fora e para dentro mais algumas vezes.

Sente-se e observe mais uma vez a posição da língua na boca. Ela parece mais larga, mais achatada e mais comprida? Você está mais consciente da parte de dentro da boca e dos seus lábios agora? Veja se você é capaz de sentir claramente onde os seus lábios se tocam. Abra e feche a boca várias vezes. A sua boca deve se abrir agora com muita facilidade.

Deite-se de costas e vire a cabeça para um lado e para o outro várias vezes. Faça isso um pouco de olhos fechados e um pouco de olhos abertos, virando a cabeça bem longe para um lado e depois para o outro. Tente fazê-lo com os braços dobrados sobre o peito e observe se a língua vai fácil e naturalmente para um lado e para o outro. À medida que você for virando a cabeça de um lado para o outro, aumente conscientemente a velocidade e o movimento da língua dentro da boca. A língua deve mover-se com agilidade e sem compulsão, como um pêndulo muito veloz.

Pare. Então ponha a língua para dentro e para fora da boca e observe se agora ela se mexe com muita rapidez. Mexa-a de um lado para o outro entre os cantos da boca e constate também a velocidade desse movimento.

Sente-se e ponha a língua para fora algumas vezes, observando a diferença de sensação na parte de cima e na parte de baixo da língua. A língua sai da boca com mais facilidade e vai mais longe? Ela está mais descontraída?

Retraia a língua e observe como ela se posiciona na parte inferior da boca.

A ponta dela agora está bem atrás dos dentes? Ela lhe parece maior do que antes? Levante-se e ande um pouco, continuando a fazer suas observações. Mantenha a língua clara na consciência e tome a resolução de guardar bem na memória o que você está sentindo agora.

Movimentos Objetivos em Realidades Subjetivas

O próximo exercício vai aumentar a naturalidade e a amplitude dos movimentos dos cotovelos, demonstrando ao mesmo tempo algumas técnicas da reeducação psicofísica. Por exemplo, os resultados obtidos serão intensificados pela fusão de movimentos reais com realidades subjetivas: os ambientes da mente. O corpo vai brincar no parque de diversões da mente — o ginásio que melhor serve às necessidades do corpo porque pode ser exatamente como você quer que ele seja, oferecendo a você qualquer tipo de equipamento e todo o espaço necessário.

Os movimentos simples não garantem uma flexibilidade maior dos cotovelos. A pessoa pode martelar, tocar tambor, remar ou desenrolar uma corda sem que isso produza nenhum efeito notável nos cotovelos (exceto, talvez, uma certa rigidez devida ao excesso de esforço ou à fadiga). Qualquer uma dessas atividades, porém, poderia aumentar a flexibilidade dos cotovelos, mas só se fosse praticada com a atitude correta, com a intenção lúcida e com a atenção concentrada, levando assim a uma consciência cada vez maior.

Sente-se no chão com as pernas à sua frente, de preferência em alguma posição de tipo oriental que você seja capaz de manter por cerca de meia hora sem se mexer demais. As solas dos pés podem ser unidas à moda japonesa, ou as pernas podem ser trazidas mais para perto do corpo, quase como uma posição de ioga. Quando você se acostumar com uma dessas maneiras de sentar, vai se perceber capaz de ficar na mesma posição por períodos mais longos, com maior conforto e menos movimentos do que em qualquer posição sentada geralmente usada nos países ocidentais.

Cada um dos movimentos que vou descrever deve ser executado de quinze a trinta vezes, dependendo do que lhe for mais cômodo; cada seqüência de movimentos deve ser feita em cerca de trinta segundos. Evite se esforçar demais ou se sentir mal, e se precisar, pare e descanse um pouco; mas, durante a pausa, continue a imaginar que está fazendo o movimento. A imaginação não deve ser só visual, mas também cinestética; deve incluir todas as sensações envolvidas.

Primeiro, estenda os braços para os lados na altura dos ombros e flexione os cotovelos de modo que as mãos e os antebraços fiquem como que dependurados. Então, deixe as mãos e os antebraços balançarem livremente, pendentes dos cotovelos; primeiro as mãos se aproximam uma da outra e depois se afastam. Respire normalmente à medida que elas balançam e observe as sensações no seu corpo (Figura 9).

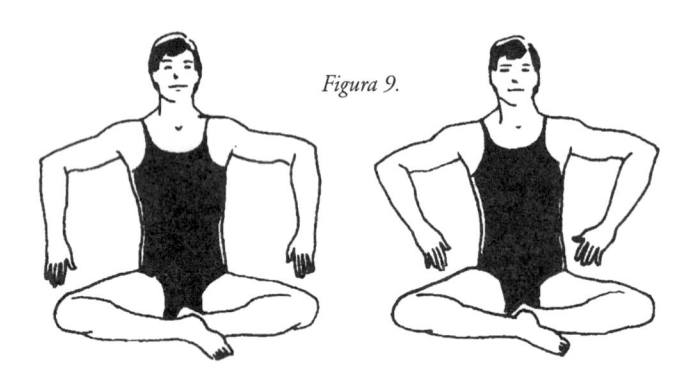

Figura 9.

Agora deixe as mãos e os antebraços balançarem de modo que ambos se movimentem simultaneamente para a esquerda e depois de volta para a direita; a distância entre eles deve permanecer aproximadamente a mesma (Figura 10).

Abaixe os braços e descanse um pouco.

Agora simplesmente flexione o braço direito algumas vezes. Flexione-o e estenda-o e tente sentir o que acontece no cotovelo. Faça a mesma coisa com o braço esquerdo. Segure o cotovelo esquerdo com a mão direita e tente sentir com a mão o que acontece quando você o flexiona.

Figura 10.

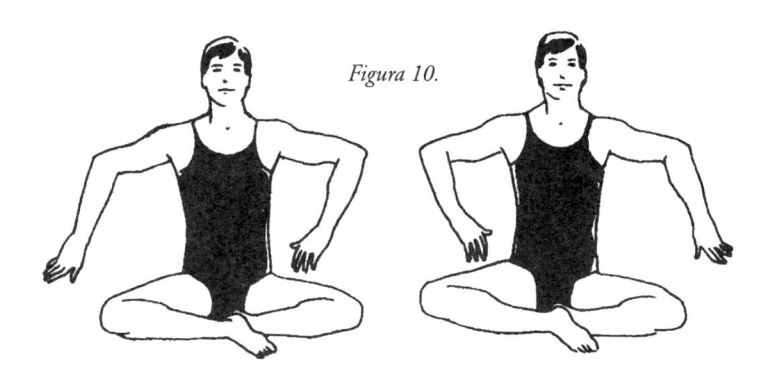

Pare mais uma vez; flexione e estenda o braço direito, sentindo os movimentos do cotovelo direito com a mão esquerda. Segurando ainda o cotovelo, gire o antebraço direito da esquerda para a direita [isto é, no sentido horário], de modo que primeiro as costas da mão fiquem para cima e depois a palma. Se você pudesse enxergar seu esqueleto, veria que um dos grandes ossos do antebraço está agora girando em volta do outro. Se depois você tiver oportunidade de observar esse movimento num esqueleto, faça isso; uma boa dose de conhecimentos sobre o potencial de movimento do corpo pode ser adquirida estudando-se os movimentos do esqueleto sem a interferência dos músculos e outros tecidos corporais.

Ainda segurando o cotovelo direito com a mão esquerda, descreva alguns círculos com a mão e o antebraço direitos. Gire-os primeiro numa direção e depois na outra, sentindo com a mão todos os movimentos do cotovelo.

Segure o cotovelo esquerdo com a mão direita e use essa mão para flexionar e estender o braço esquerdo. Mova o braço esquerdo em todas as direções, estudando um pouco mais o cotovelo com a mão.

Agora deite-se de costas e descanse.

Sinta o seu corpo deitado no chão. Durante pelo menos um minuto examine a superfície do corpo, observando especialmente o contato dele com o chão e procurando perceber se os dois lados do corpo estão nivelados.

Sinta o contato dos cotovelos com o chão. Em seguida, estenda os braços para os lados na altura dos ombros. Flexione ambos os braços na altura dos cotovelos de modo que as palmas das mãos repousem sobre o peito. Eleve os antebraços de maneira que eles apontem para o alto e então abaixe-os outra vez, de modo que as palmas das mãos retomem o contato com o peito. Quando você tiver feito isso cerca de trinta vezes (mais, se tiver facilidade), repita o movimento, desta vez tocando o peito não com as palmas, mas com o lado interno da mão, o lado em que fica o polegar.

Continue o movimento, primeiro flexionando os braços de modo que o lado externo das mãos toque o peito; depois, gire os antebraços de tal modo que as costas das mãos toquem o peito, ou cheguem tão perto dele quanto possível. Lembre-se de que cada uma dessa seqüências deve durar cerca de trinta segundos (Figura 11).

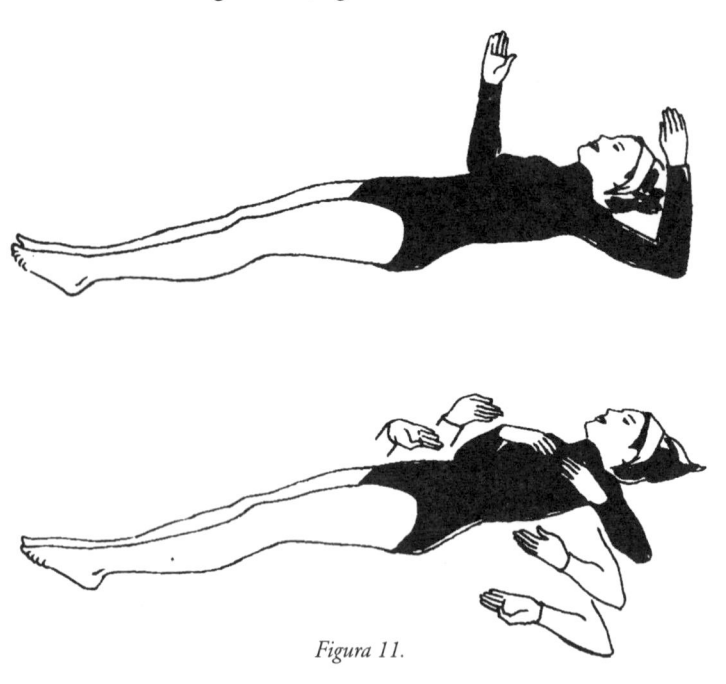

Figura 11.

Deite-se com os braços estendidos na altura dos ombros. Agora flexione os braços na articulação dos cotovelos e abaixe-os de tal maneira que as costas das mãos toquem o chão. Depois de fazer isso várias vezes, repita a seqüência, primeiro com as palmas das mãos tocando o chão, depois com o lado externo das mãos tocando o chão e, finalmente, com o lado interno das mãos tocando o chão. Pare e descanse por um minuto (Figura 12).

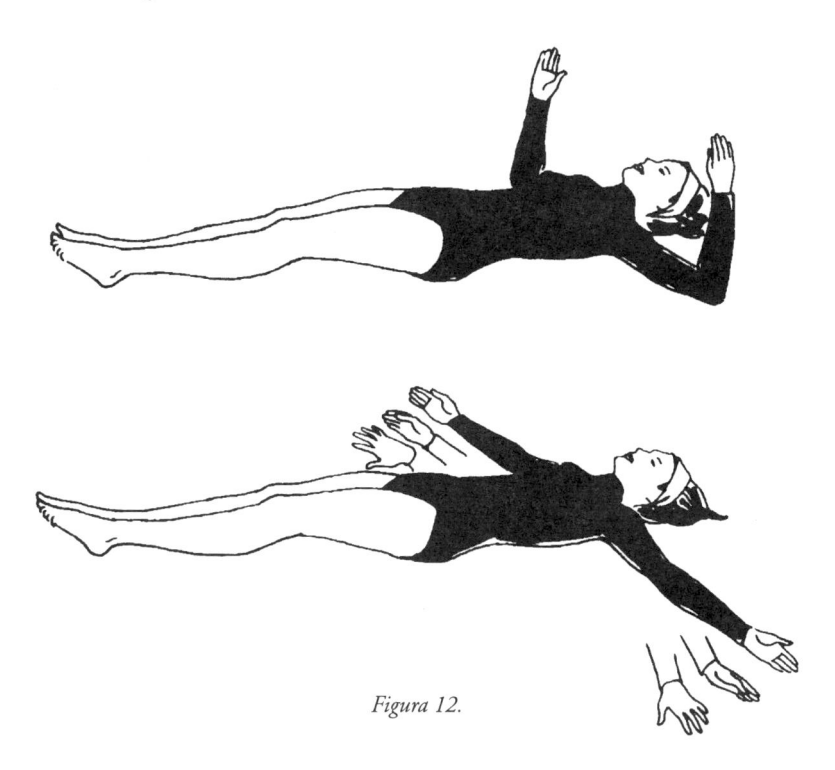

Figura 12.

Agora passe os braços por cima do peito e segure os cotovelos com as mãos. Segurando os cotovelos, leve os braços de um lado para o outro de modo que eles se aproximem do chão primeiro à esquerda e depois à direita.

Deixe a cabeça acompanhar o movimento por um tempo; vire a cabeça e os olhos junto com os cotovelos para a esquerda, depois de volta para a direita. Em seguida fixe o olhar em algum ponto do teto, de modo que a cabeça não se movimente mais, e continue a levar os braços de um lado para o outro.

Agora, mantendo a cabeça imóvel, siga o movimento dos cotovelos com os olhos. Acompanhe visualmente os cotovelos até onde você conseguir. Em seguida deixe que a cabeça e os olhos acompanhem o movimento dos braços. Execute os movimentos por algum tempo segurando os antebraços em vez dos cotovelos. Em seguida segure os pulsos. Faça um pequeno descanso.

Agora coloque as mãos um pouco abaixo do peito, sobre a caixa torácica, e bata os cotovelos como se fossem asas, erguendo-os e abaixando-os.

Apóie as mãos de novo sobre o peito. Agora bata os braços em outra direção, de modo que, quando descerem, o interior dos cotovelos roce de leve na caixa torácica. Aumente o alcance desse adejar tornando-o tão grande quanto possível, mas sem forçar em demasia.

Deixe as mãos sobre o peito, ponha os cotovelos para os lados e descreva círculos com eles. Faça uma porção de círculos para a frente e depois uma porção de círculos para trás. Imagine que você está desenhando círculos em alguma coisa com os cotovelos e imagine o aspecto final desses círculos. Pare e descanse por um minuto.

Agora estenda os braços para os lados na altura dos ombros e flexione os braços na altura dos cotovelos de modo que ambas as mãos apontem para cima. Descreva círculos com as mãos em um sentido por algum tempo, e depois no outro sentido. Faça primeiro círculos pequenos e depois, aos poucos, círculos cada vez maiores.

Faça mais círculos pequenos com movimentos rápidos e ágeis. Depois, faça círculos maiores com o mesmo movimento ligeiro. Faça círculos pequenos e lentos e, depois, círculos grandes, também lentos. De vez em quando, movimentando-se em diversas velocidades, mude o sentido dos círculos.

Pare, mas deixe os braços flexionados e as mão apontadas para cima. Mova as mãos como se estivesse misturando alguma coisa. Por algum tempo, imagine-se misturando algo grosso e pesado. Então imagine-se misturando algo muito leve, que não oferece resistência, e note se seus braços se movem de maneira diferente. Agora, pare e descanse.

Ainda com os braços flexionados, bata os cotovelos no chão. Veja o que você tem de fazer com os braços para tocar o chão só com a pontinha dos cotovelos. Depois de fazer isso durante certo tempo, vá batendo no chão alternadamente com os cotovelos direito e esquerdo (Figura 13).

Agora imagine-se segurando um cabo de vassoura ou um longo bastão com as duas mãos. Levante-o até ficar com os braços estendidos e

Figura 13.

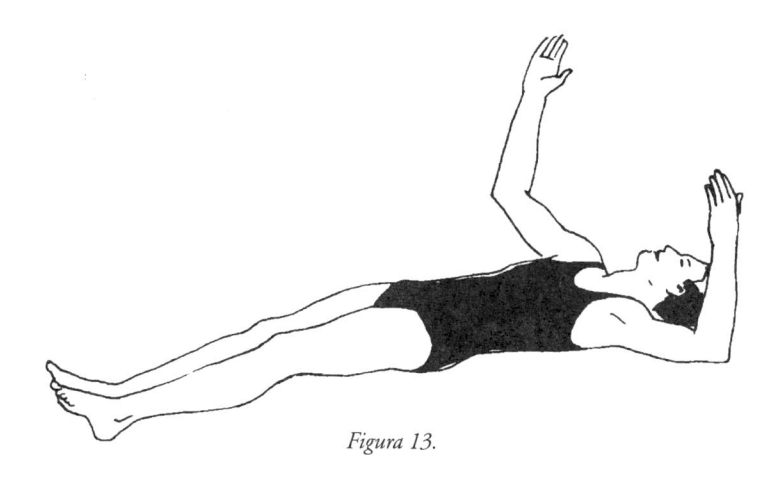

depois abaixe-os de modo que os cotovelos toquem no chão. Agora imagine-se levantando algo muito pesado, algo que lhe oferece considerável resistência, como os halteres usados pelos halterofilistas. Imagine o haltere com pesos diferentes e veja qual é a sensação. Então erga de novo um cabo de vassoura bem leve ou um longo bastão. Abaixe os braços e descanse (Figura 14).

Imagine que, suspensa acima do seu corpo, há uma porta à qual você terá de bater com as mãos fechadas. Bata bem forte na porta — primeiro com um punho, depois com o outro. Faça isso por algum tempo e depois bata na porta com os dois punhos ao mesmo tempo. Então, alterne os punhos outra vez. Imagine a porta mais perto de você e bata. Imagine-a agora mais longe do que estava no início e bata novamente. Pare.

Agora imagine uma corda bem comprida enrolada numa bobina, bobina esta que está ao teto mais além dos seus pés; imagine-se segurando com as duas mãos uma das pontas da corda. Vá puxando a corda primeiro com uma mão, depois com a outra, desenrolando-a da bobina. De início a corda oferece resistência e você tem de puxá-la com força para desenrolá-la. Aos poucos a resistência diminui e fica mais fácil desenrolar a corda. Continue puxando até a corda não oferecer nenhuma resistência. Procure perceber se os seus braços estão se movendo com facilidade e rapidez.

Imagine agora que a bobina está pendurada no teto atrás de você, de modo que você terá de estender os braços para cima da cabeça para puxar

Figura 14.

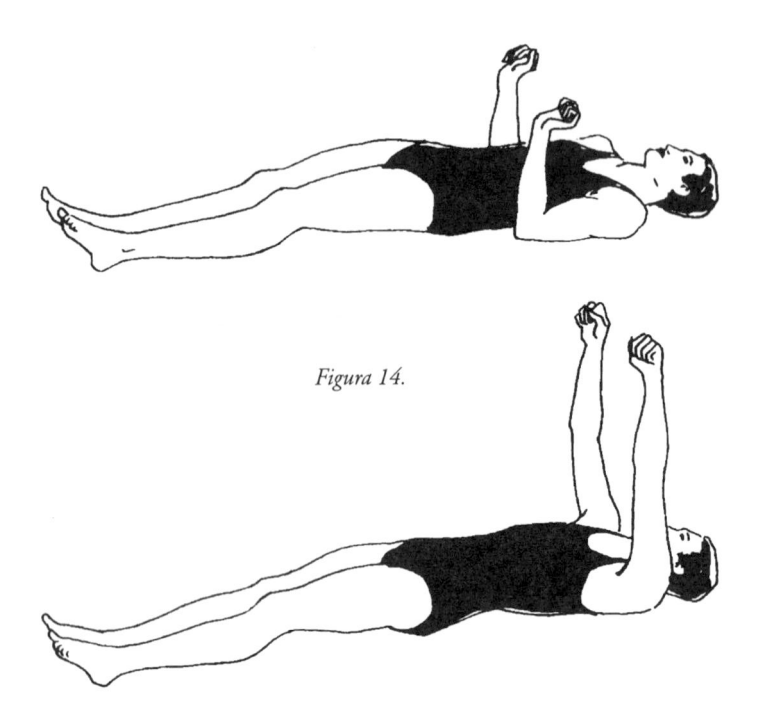

a corda. Depois imagine que a corda está outra vez para lá dos seus pés e que ela não oferece resistência nenhuma ao seu puxar. Pare e descanse.

    Agora imagine duas paredes, uma à sua direita e outra à sua esquerda, nas quais você consegue encostar quando abre os braços para o lado. Abra-os e bata em ambas as paredes com as mãos fechadas. Bata de leve ou com força, como você quiser. Bata simultaneamente com ambos os punhos, depois alterne os punhos. Você pode bater depressa ou devagar, e pode bater em velocidades diferentes com os dois punhos. Experimente diversas combinações de força e velocidade.

    Tente bater na parede com as costas das mãos durante um certo tempo, depois com o lado externo das mãos. Bata muitas vezes com a ponta dos dedos. Faça círculos com a ponta dos dedos na superfície da parede, depois somente com a ponta do dedo mínimo. Bata suavemente na parede com o dedo médio apenas.

    Agora imagine-se deitado embaixo de uma mesa bem baixa e bata suavemente nela com as mãos fechadas. Bata simultaneamente com ambas as mãos e depois alterne uma com a outra. Pare e descanse um pouco.

Agora imagine uma mesinha poucos centímetros acima do seu peito, em cujo tampo você quer bater com as palmas das mãos. Bata lentamente no tampo da mesa por algum tempo e depois bata o mais rápido que puder. Observe se você está respirando normalmente enquanto faz os movimentos.

Estenda os braços para os lados na altura dos ombros. Flexione os cotovelos de modo que os antebraços apontem para o alto e deixe as mãos totalmente soltas, pendidas dos pulsos. Descreva uma longa série de pequenos círculos com as mãos, mantendo sempre os pulsos, as mãos e os cotovelos muito soltos e livres. Faça os círculos primeiro num sentido e depois no outro.

Descreva círculos de vários tamanhos e em diversas velocidades. Faça círculos grandes com uma mão enquanto faz círculos pequenos com a outra. Gire num sentido com uma mão enquanto gira no sentido oposto com a outra. Tente descrever círculos rápidos com uma mão enquanto faz círculos lentos com a outra; então vá trocando, fazendo alternadamente círculos rápidos com uma e lentos com outra, e lentos com uma e rápidos com outra. Tente variar simultaneamente o tamanho, a velocidade e a direção dos círculos nas mais diversas combinações. Faça essa experiência por algum tempo. Depois faça o que você tiver vontade de fazer, mas sinta os cotovelos com bastante clareza ao executar os vários movimentos. Abaixe os braços e descanse.

Agora, puxe a corda mais algumas vezes. Faça-o rapidamente e sinta se desta vez o movimento está diferente de quando você o fez pela primeira vez. Você nota alguma diferença nos cotovelos? Nos ombros? Sinta as duas omoplatas, como uma desce e a outra sobe à medida que você puxa a corda. Puxe-a muito depressa agora, como se ela não oferecesse nenhuma resistência, e deixe os cotovelos muito soltos. Pare.

Segure mais uma vez os cotovelos com as mãos e movimente os braços de um lado para o outro, sentindo como os cotovelos se flexionam agora. Em seguida, descanse.

Enquanto você descansa, flexione os braços — onde quer que eles estejam — e descreva uns poucos círculos com os antebraços e as mãos. Mantenha os pulsos relaxados e deixe as mãos se movimentarem, soltas no ar. Pare outra vez.

Agora, lentamente, sente-se com as pernas à sua frente numa posição oriental. Estenda os braços para os lados na altura dos ombros e flexione-os, deixando os antebraços soltos, pendurados. Em seguida, ponha as mãos no colo. Flexione e estenda os braços várias vezes, sentindo os cotovelos enquanto isso.

Deite-se de novo e segure o cotovelo esquerdo com a mão direita. Movimente o braço esquerdo um pouquinho e sinta o cotovelo com a mão. Gire o braço. Flexione-o. Repare no que você sente.

Mude de lado, segurando o cotovelo direito com a mão esquerda e sentindo o movimento no cotovelo enquanto faz diversos movimentos com o braço. Veja se agora você consegue apreender melhor o cotovelo pelo tato, melhor do que no início dos exercícios.

Ponha as mãos sobre o peito e os braços no chão e tente sentir ambos os cotovelos claramente, ao mesmo tempo.

Levante-se e ande um pouco, deixando os braços balançar livremente, e procure captar bem a sensação. Observe se os cotovelos e ombros, agora, balançam espontaneamente com maior liberdade e amplitude de movimento. Fique parado no lugar e observe com que rapidez você consegue flexionar e estender os braços. Por acaso eles estão mais soltos agora do que estavam no início?

Não há a menor dúvida de que, no passado, você se dedicou a muitas atividades nas quais tinha de flexionar várias vezes os cotovelos. Mas nem por isso os movimentos dos cotovelos se tornaram mais livres ou mais rápidos. Tente entender por que essas mudanças aconteceram desta vez e não aconteceram no passado.

O Fenômeno da Neurolinguagem

No meu último livro, *Neurospeak**, dei uma contribuição totalmente nova não só ao campo da reeducação psicofísica, mas também ao conhecimento humano em geral. O livro evidencia que muitas mudanças na organização muscular e óssea, no movimento, nas capacidades sensoriais e em várias outras faculdades do sistema mente-corpo são possibilitadas pelo simples fato de um leitor tomar contato com as palavras contidas em suas páginas. Se você lê um capítulo, você sente seu corpo mais alto e mais leve; se lê outro capítulo, é capaz de girar a cabeça com mais liberdade; se lê outro, uma das suas mãos fica muito mais sensível e perceptiva do que a outra; e assim por diante. Alguns textos facultam resultados semelhantes aos conquistados por meio de movimentos reais e imaginários, tais como os demonstrados neste livro. Outros capacitam os leitores a explorar uma variedade de estados de consciência alterados de maneira clara e específica. Como diz a quarta capa, "Tudo o que você tem de fazer é ler o livro!"

Os leitores deste livro terão a oportunidade de experimentar a Neurolinguagem por si mesmos, mas antes disso convém fazer alguns comentários. Há outras modalidades da palavra impressa que provocam mudanças no corpo do leitor. A ficção de terror e a ficção erótica são bons exemplos disso. Elas apelam principalmente para as emoções do

---

* Publicado no Brasil pela Editora Pensamento sob o título *Neurolinguagem* (N.R.).

leitor, e o fazem sobretudo por meio de imagens muito vívidas, destinadas a excitar psicossomaticamente o leitor. Os efeitos, embora às vezes bastante intensos no que diz respeito às reações físicas, têm um raio de ação muito limitado, e esses livros quase nunca conseguem competir com imagens visuais projetadas numa tela. A Neurolinguagem, por outro lado, não faz apelo nenhum às emoções e é capaz de gerar no leitor uma grande variedade de reações, algumas mais sutis e outras menos, mas todas bastante nítidas, quer no que se refere às sensações, quer à melhora dos movimentos e de outras capacidades. Não há imagens projetadas que alcancem os mesmos resultados alcançados pela Neurolinguagem, embora as imagens *subjetivas* da própria pessoa, quando adequadamente organizadas e dirigidas, estimulem muitos efeitos semelhantes.

Está claro que a Neurolinguagem é um meio de fazer contato com o cérebro humano, e daí com outras partes do corpo, para obter mudanças das mais diversas espécies. Não sei dizer quais são os limites dela. Espero que as pesquisas levem o método muito além do trabalho que eu mesmo fiz. Como escreve o dr. Deepak Chopra, a Neurolinguagem "é uma descoberta inovadora que nos mostra, de modo muito prático, como o verbo literalmente se faz carne... Pela primeira vez, nós entendemos como a informação se metaboliza em moléculas". Como outros já observaram, a Neurolinguagem tem a possibilidade de abrir novos horizontes não só para a medicina e a pesquisa científica, mas também para a literatura, de maneiras as mais variadas. Posso acrescentar que, mesmo quando as palavras não são lidas, mas ouvidas, o método é bem diferente de todos os usos da hipnose que eu conheço.

Agora, antes de começar o primeiro exercício, são necessárias umas poucas instruções. O método vai funcionar para praticamente todas as pessoas que estiverem dispostas a segui-lo. Os requisitos são um ambiente livre de distrações, bastante tempo — sem interrupções — e a capacidade de se concentrar no texto sem devanear com a mente.

É preciso ler a Neurolinguagem sem esforço nenhum, quer para compreender, quer para lembrar do que foi lido. Você deve conceber a sua mente como uma tela sobre a qual as palavras são projetadas à medida que você as lê. As palavras passarão pela sua mente e entrarão no cérebro; lá, sem nenhum esforço consciente da sua parte, sem nenhuma consciência do processo, certas imagens serão formadas. Essas imagens, então, vão gerar acontecimentos, inclusive micromovimentos inconscientes, à medida que o sistema nervoso for agindo sobre os músculos, o esqueleto e outras partes do corpo de um modo totalmente previsível, que vai produzir inevitavelmente os resultados pretendidos. Os resultados sempre serão inequivocamente positivos — uma imagem corporal mais nítida, uma postura melhor, maior amplitude e/ou facilidade de movimentos, sempre exatamente o que se queria.

Como você vai ler, peço que se sente. Procure ter à sua frente uma mesa vazia ou pelo menos algum espaço vago. Pode ser uma mesa de cozinha ou de sala de jantar, ou mesmo uma escrivaninha com o tampo totalmente livre. A mesa ou cadeira devem ter espaço embaixo para você esticar as pernas, mesmo que não as estenda fisicamente. Você deve deixar espaço para a *possibilidade*, visto que, caso contrário, as imagens podem ser bloqueadas pela consciência mental do fato objetivo da obstrução. Sente-se numa cadeira não muito mole, de preferência sem braços. Uma cadeira de cozinha sem braços deve servir bem a essa finalidade. E, como eu já disse, fique num ambiente tão livre de distrações quanto possível. Reserve trinta minutos de absoluta concentração para fazer a leitura e saborear os resultados.

Você deve se sentar com os pés plantados no chão e colocados a uma distância razoável um do outro, pelo menos uns trinta centímetros. Não cruze as pernas de modo algum. Aliás, mexa-se o menos possível. Ponha as mãos sobre a mesa, uma de cada lado do livro. Vire as páginas com a mão que você costuma usar para isso. Não pense nisso, apenas vire a página quando terminar de lê-la. E lembre-se: simplesmente leia, devagar para não perder nem pular nada. Não se pergunte por que as palavras são usadas deste ou daquele jeito ou o que elas significam. Limite-se a ler lentamente e a deixar as palavras passarem pela tela da sua consciência para surtirem efeito. Esses efeitos lhe serão evidentes quando você tiver terminado a leitura. E agora, depois de se observar um pouco para fazer comparações mais tarde, você estará pronto para começar.

Para este exercício é melhor ficar descalço, ou ao menos tirar os sapatos; depois sente-se em sua cadeira com os pés um pouco separados, como já dissemos. Você não deve se esquecer em momento algum da instrução de não cruzar as pernas. Isso poria a perder todo o processo;

além disso, no encerramento, você terá a oportunidade de sentir em que o ato de cruzar as pernas e/ou os braços afetará o sistema sensorial e a organização músculo-esquelética do corpo sob as condições então temporariamente estabelecidas.

Agora, tome conhecimento do seu estado presente. Sobretudo, compare o lado direito do seu corpo com o lado esquerdo. Compare as sensações nos pés e nas pernas. Como as duas nádegas se apóiam na cadeira? Você está simétrico ou mais apoiado num lado do que no outro? Você sente as duas mãos do mesmo modo ou de modo diferente? E os cotovelos? Os ombros? A consciência que você tem dos dois lados do rosto é a mesma ou é diferente? Você está respirando através das duas narinas? Se não estiver, isso acontece porque uma das narinas está tampada ou você conhece alguma outra causa que justifique a discrepância entre a respiração do lado direito e a respiração do lado esquerdo? O que mais você nota?

Depois de ler este parágrafo, você vai se levantar e andar durante um minuto, comparando mais uma vez o lado direito do seu corpo com o lado esquerdo. Mas desta vez atentará sobretudo para o modo pelo qual o corpo funciona — as sensações cinestéticas, além dos tipos de sensação que você já estava observando. Você vai notar como os pés se apóiam no chão, mas também os movimentos nos joelhos e as articulações do quadril nos lados direito e esquerdo. Vai verificar se os seus cotovelos e ombros se movem da mesma maneira e como os seus braços se movimentam em relação às pernas; vai notar qual é a sensação que tem do tronco e para onde os seus olhos se voltam quando você anda. Sempre compare um lado do corpo com o outro ao fazer essas observações. Agora caminhe pelo quarto por um minuto ou dois e, quando tiver feito as observações pedidas, determine-se a lembrar delas depois de ler o texto do exercício de Neurolinguagem.

E agora simplesmente leia atenta e cuidadosamente, mas ao mesmo tempo sem fazer críticas, os parágrafos seguintes. Lembre-se de que você não deve fazer mais nada — não deve se movimentar nem imaginar movimentos, apenas ler.

Agora você está sentado com ambos os pés plantados no chão, e isso significa que seus joelhos estão flexionados de modo que as duas partes de cada perna estão dispostas mais ou menos em ângulo reto entre si. Seu pé direito é sentido de modo mais ou menos claro — os dedos do pé direito, o peito do pé direito, os lados do pé direito e a sola do pé direito em contato com o chão.

Nessa posição, é fácil levantar o calcanhar direito do chão e colocá-lo no chão outra vez, de modo que você poderia bater com o calcanhar direito no chão ao se apoiar só na parte da frente do pé direito e depois descer outra vez o calcanhar. Você pode erguer o calcanhar direito do chão só um pouquinho ou pode levantá-lo bastante, de modo que os movimentos do seu tornozelo direito variam de acordo com a altura a que o calcanhar direito é erguido do chão quando você o bate.

Com a parte inferior da perna direita em ângulo reto com a coxa direita é fácil erguer o calcanhar direito, mas não é tão fácil levantar a parte da frente do pé direito. Se você quiser erguer a parte da frente do pé direito, terá de estender um pouco a perna direita, afastando o pé da pelve. Então fica muito fácil levantar a parte da frente do pé direito e bater com ela no chão. Você pode bater de leve ou com mais força com o pé direito, e pode fazer movimentos mais ou menos extensos, à medida que tira a parte da frente do pé direito do chão e coloca outra vez no chão.

Se você quiser fazer círculos com os dedos dos pés e com a parte da frente do pé direito, isso será muito mais fácil de fazer se você estender a perna direita à sua frente com o calcanhar direito apoiado no chão. Então, deixando o calcanhar direito no chão, você pode fazer círculos de todo tipo com o pé direito — lentos e rápidos, pequenos e grandes, o seu pé direito fazendo círculos grandes e lentos e círculos rápidos e lentos, ou seu pé direito fazendo, em vez disso, círculos grandes e rápidos e círculos pequenos e lentos. Em cada um dos casos, seu tornozelo direito se movimenta de maneira diferente e as sensações no seu tornozelo direito naturalmente são diferentes.

Você também pode deixar os pés na posição inicial, simplesmente plantados no chão. Então você pode deslizar o calcanhar do pé direito de um lado para o outro, da esquerda para a direita e da direita para a esquerda, encostado no chão. Será mais fácil fazer isso se o seu pé direito estiver mais perto do corpo. Se, em vez disso, você quiser deslizar a parte da frente do pé direito de um lado para o outro, você vai precisar estender um pouco a perna direita, de maneira que a parte da frente do seu pé direito deslize pelo chão, de um lado para o outro, com mais facilidade e num movimento mais extenso. Também neste caso, as sensações no seu tornozelo direito serão diferentes conforme você estiver deslizando a parte da frente do pé direito de um lado para o outro encontrada no chão, ou deslizando o calcanhar do pé direito de um lado para o outro encostado no chão.

Agora pense numa coisa diferente. Se os seus dois pés estão lado a lado, é bem fácil virar o tornozelo de modo que o pé direito fique apoiado sobre o seu próprio lado direito. Você poderia fazer isso muitas vezes, sentindo os movimentos no tornozelo. Se, no entanto, você quiser virar o pé direito para o lado de dentro, esse movimento será difícil se a perna direita permanecer em ângulo reto com a coxa. Se, por outro lado, você estender um pouco a perna direita, então será mais fácil o tornozelo direito posicionar-se de tal maneira que o pé direito possa virar para o lado de dentro. Mas, nessa posição, virar o pé direito para fora é mais difícil.

Se você ficar de pé atrás da sua cadeira, apoiando-se no encosto, alguns movimentos dos tornozelos podem se tornar muito mais amplos e fáceis de fazer. Por exemplo, você pode ficar em pé sobre os dedos do pé direito e depois deixar o pé descer sobre o calcanhar direito. Você pode apoiar o peso do corpo no pé esquerdo e então bater rapidamente no chão com o calcanhar direito, fazendo movimentos muito amplos com o tornozelo direito. Você pode movimentar o pé e o tornozelo direitos com muita rapidez e facilidade e pode fazê-lo muitas e muitas vezes sem desconforto nenhum; aliás, pode fazê-lo com prazer.

Você pode se apoiar de leve ou com mais peso sobre o pé direito e pode movê-lo sobre o chão, primeiro para sentir o chão, e depois para criar sensações na sola muito sensível do pé direito. Pode sentar-se outra vez e bater algumas vezes com o calcanhar direito no chão. Depois pode bater algumas vezes com a parte da frente do pé. Pode estender a perna direita e, com o calcanhar direito no chão, descrever muitos círculos com o pé direito, girando o tornozelo — círculos lentos e rápidos, grandes e pequenos, e combinações desses movimentos. Também pode girar da esquerda para a direita durante certo tempo e depois da direita para a esquerda, no sentido horário e no anti-horário, com movimentos leves e fáceis do tornozelo direito.

Esses são apenas alguns dentre os muitos movimentos e sensações que você pode ter quando investiga tudo o que pode fazer com a perna e o pé direitos, especialmente com o tornozelo direito. E agora, depois de ter lido esses parágrafos, faça o seguinte:

Primeiro, sinta o corpo como você fez no início, reparando em como está sentado, comparando as sensações nos lados direito e esquerdo e procurando perceber se o seu corpo está organizado de maneira diferente agora. Por exemplo, você está mais apoiado sobre a nádega direita do que sobre a esquerda, com o ombro direito conseqüentemente mais baixo do que o esquerdo? Você está olhando direto para a frente ou está com o olhar um pouquinho voltado para a direita? Compare cuidadosamente as sensações nos pés direito e esquerdo, nos tornozelos direito e esquerdo, nos joelhos direito e esquerdo — tocando-os com as palmas das mãos — e na mão e no braço direito e esquerdos. Examine o lado direito do rosto — boca, olhos, respiração — e compare-o com o lado esquerdo. O que você nota ao fazer essas e outras comparações? Faça as mesmas observações outra vez com os olhos fechados. Então, dentro em pouco, você se levantará e dará uma volta pelo quarto.

Você deve caminhar devagar, atentamente, e depois tentar andar mais depressa, também, observando-se com atenção. Compare o contato dos seus dois pés com o chão; veja se um dos pés tem mais impulso, se um dos tornozelos se mexe com mais liberdade; compare os joelhos e as articulações do quadril; veja se um dos braços apresenta movimentos mais extensos e soltos, com mais mobilidade no cotovelo e no ombro. Será que há um lado do corpo que, de maneira geral, parece mais vivo — sente com mais intensidade, se movimenta com mais facilidade e, no todo, parece melhor do que o outro? Compare os dois lados do rosto — os olhos, a boca, as narinas e a respiração. Em seguida volte, sente-se e faça mais observações, comparando os dois lados.

Levante-se outra vez e ande bem depressa, fazendo mais comparações do mesmo tipo. Acaso você está se tornando cada vez mais consciente das diferenças entre os lados direito e esquerdo do corpo — diferenças que não existiam antes de você passar alguns minutos lendo um texto de Neurolinguagem?

As mudanças estão todas do seu lado direito. Se o lado esquerdo parece mudado, menos animado e vivo do que lhe parecia antes, isso acontece porque agora ele ficou desfavorecido em comparação com o lado direito, que mudou. Faça um esforço de memória e pergunte a si mesmo se em algum momento durante a leitura você se conscientizou claramente de que as mudanças estavam acontecendo ou de que algo inusitado estava ocorrendo. Ou será que a consciência da mudança só lhe veio depois que eu pedi para fazer comparações e ainda sugeri algumas das comparações e mudanças possíveis? A maioria das pessoas não percebe as mudanças quando elas estão acontecendo, mas algumas notam que a sensação que têm de si mesmas está mudando, mesmo sem saber ao certo de que maneira isso está ocorrendo.

Agora leia estes outros parágrafos devagar, concentradamente, sem críticas, exatamente do mesmo modo que você leu o texto da Neurolinguagem.

Sentado aí em sua cadeira, lendo, você percebe que o lado direito do seu corpo ainda está mais aberto às sensações e mais vivo e ágil do que o lado esquerdo. No entanto, o mais provável é que você não queira que a sua consciência e as suas capacidades continuem divididas desse modo.

Você vai poder fazer novas mudanças se eu lhe chamar a atenção para o fato de que você pode cruzar a perna esquerda e a perna direita, fazendo a esquerda passar em frente à direita. Pode, também, passar a perna esquerda por trás da direita. Você pode pôr a perna esquerda na frente, pode pôr a perna esquerda atrás, e pode fazer isso quantas vezes quiser.

Você pode fazer a mesma coisa com o braço esquerdo, cruzando-o por cima do braço direito e cruzando-o por baixo. Seu braço esquerdo pode cruzar-se com o direito por cima ou por baixo, e pode fazer isso muitas vezes. Na verdade, sua perna e seu braço esquerdos podem passar ao mesmo tempo, respectivamente, por cima e por baixo. Ou você pode cruzar a perna esquerda por cima da direita enquanto põe o braço esquerdo por baixo do outro, e pode ficar fazendo isso por algum tempo.

Você pode também entrelaçar os dedos de modo que o polegar esquerdo fique por cima, e depois mudar a posição de modo que o outro polegar fique por cima, e pode continuar alternando as posições, entrelaçando os dedos de modo que primeiro o polegar esquerdo fique por fora e depois fique por dentro.

Depois disso, você pode — e agora deve — fazer mais algumas comparações entre os seus lados direito e esquerdo. Compare os dois lados enquanto está sentado e faça-o da mesma maneira que fez antes. Em seguida, ande um pouco e faça as mesmas comparações de antes. Execute essas ações agora — faça-as realmente, fisicamente.

Embora pessoas reajam de maneira diversa aos movimentos de cruzar mencionados logo acima, quase todas notam que as diferenças entre os lados direito e esquerdo do corpo diminuem bastante. Você deve estar sentado de maneira simétrica, suas nádegas devem estar mais niveladas, a parte superior do corpo deve estar mais centralizada, os dois lados devem afigurar-se-lhe mais parecidos, e assim por diante. Além disso, ao caminhar você pode ter sentido que o seu lado esquerdo agora se move melhor do que antes, com os braços balançando mais livremente, com mais ímpeto nos passos e mais movimentos nas pernas; talvez tenha sentido também que o tronco está mais apoiado, mais ereto do que de costume. Tente caminhar novamente e faça mais algumas observações. Talvez você descubra nessa caminhada que a sua agilidade aumentou ainda mais.

Os exercícios de Neurolinguagem têm um comprimento maior ou menor segundo a dificuldade e a complexidade do que se espera obter. Eles podem ser abreviados ou prolongados, e a diferença nos resultados pode ser tão sutil que só um indivíduo experimentado no método sentiria as nuances de mudança segundo o tempo e a quantidade de movimentos descritos. Naturalmente, há motivos para escolher formas mais curtas ou mais longas. A seguir, mostrarei ao leitor um exercício relativamente breve — para que você possa apreciar a velocidade com que mudanças bastante marcantes podem acontecer quando o cérebro humano e seus ramais corporais são direcionados por esse método. Algumas mudanças podem ocorrer bem mais rápido do que se fossem procuradas por meio de movimentos físicos ou de imagens de movimentos.

Neurolinguagem:
Uma Rápida Demonstração

O exercício de Neurolinguagem "típico" é pelo menos três ou quatro vezes mais comprido do que este, para que os efeitos — como, aliás, seria de se esperar — sejam bem mais pronunciados. Mas aqui eu ofereço apenas três parágrafos de texto para ilustrar como as mudanças que podem ser provocadas por esta técnica são rápidas, complexas e significativas. Você há de constatar algumas mudanças bem marcantes, desde que a qualidade da consciência — a concentração, a atenção — seja suficiente. Evidentemente, é sempre a *sua* consciência que é o principal agente da mudança, quaisquer que sejam as alterações de função e sensação que decorram de um exercício.

Antes de começar a aplicar a Neurolinguagem, faça o seguinte:

Fique em pé e sinta bem a sua posição e o seu estado: as sensações de altura, de peso, de simetria ou ausência de simetria, do contato dos dois pés com o chão; repare na direção do olhar, nas sensações nas costas e nos ombros e em tudo o mais que lhe chamar a atenção. Depois disso, ande um pouco pelo quarto, primeiro devagar e depois mais depressa, e faça essas mesmas observações. Também observe as sensações de movimento nas articulações. Observe se o seu corpo parece ereto ou não, e se você olha para baixo ou fita o horizonte. Quando você olha diretamente para a frente, quais são as partes do chão e do quarto que você vê?

Sente-se com os pés mais ou menos paralelos e não cruze as pernas. Leia o texto de Neurolinguagem devagar e cuidadosamente, fazendo uma pausa ao fim de cada frase. Mantenha a consciência concentrada somente nas palavras que está lendo. Não procure sentido nessas palavras. Imagine que elas simplesmente passam pela sua mente, entram no seu cérebro e dele passam para o resto do corpo.

Você tem dois pés com muitos ossos que se movem. Seus dedos dos pés podem se mover juntos ou separados, por exemplo. Atrás dos dedos, há outros ossos nos pés. E há os calcanhares. Acima deles ficam os tornozelos e as canelas. Você tem dois joelhos, e também duas coxas e articulações dos quadris. Entre as articulações dos quadris ficam a pelve, os órgãos genitais e o reto. Você tem um cóccix na base da coluna e, acima dele, a coluna tem muitos segmentos ou vértebras.

Você tem dedos e mãos. Você tem pulsos e antebraços. Você tem cotovelos. Os movimentos de cada uma das suas articulações criam sensações diferentes. E você tem braços e ombros. Você tem uma cintura e a parte inferior da coluna, tem a parte central e a caixa torácica. Você tem um peito, ou seios, e um osso esterno. Quando você sobe pelo corpo e passa dos ombros, chega ao segmento superior da coluna, a coluna cervical, dentro do pescoço, que sobe até o cérebro.

Você tem um pescoço, uma garganta, uma mandíbula. Você tem boca para comer, falar e fazer amor. Você tem um nariz para respirar e é capaz de sentir perfeitamente a sua inspiração e expiração. Você tem olhos para ver; para olhar todas as coisas, inclusive este livro. Você tem sobrancelhas e uma testa. Você tem o contorno do cabelo, e lá está o crânio que protege o seu cérebro, oferecendo-lhe um espaço só dele. Acima do crânio está o alto da cabeça. É possível respirar de tal maneira que você sinta a respiração indo até o topo da cabeça e até mesmo além. Trata-se de uma ilusão, mas a sensação é real; sua respiração saindo pelo alto da cabeça e além, enquanto a sua consciência sobe pelo corpo inteiro e o sobrepassa.

Agora, pare de ler e faça uma pausa, fechando os olhos por alguns segundos. E então, fique em pé. Repare no que você sente ao ficar em pé. Observe como o corpo se apóia no chão, as sensações de altura e de peso, o modo pelo qual os pés fazem contato com o chão. E repare para onde você está olhando — direto para a frente, para baixo, para onde quer que seja. Em seguida, caminhe pelo quarto.

Compare a sensação que você tem de seu corpo e do ato de andar com a que tinha antes de ler esses três parágrafos de Neurolinguagem. Mais uma vez, repare nas sensações de altura e comprimento. Veja como o corpo se apóia; como se sentem a cabeça e os ombros; como você sustenta a cabeça. Note para onde você está olhando e quais as partes do quarto que você vê agora, com os olhos voltados direto para a frente. Observe o contato dos pés com o chão — ele é mais completo? Parece haver mais movimento nos seus pés? Você é capaz de fazer outras observações?

Sente-se e pense sobre o que você observou. Tente não deixar de lado nenhuma das diferenças que você sentiu ou percebeu depois de ler meros três parágrafos de Neurolinguagem.

O fenômeno da Neurolinguagem acrescenta uma nova dimensão à reeducação psicofísica, tornando-a acessível numa amplitude antes inimaginável e fazendo surgir a possibilidade de atingir órgãos internos e processos corporais involuntários que não estavam ao alcance dos métodos psicofísicos anteriores. Dou minha aprovação a todas as pesquisas feitas com essa finalidade e coloco-me à disposição, para ajudar, de todos os que estão explorando o método por conta própria. Também estou muitíssimo interessado em encontrar aplicações literárias da Neurolinguagem.

Aplicações
Geriátricas

Os exercícios de reeducação psicofísica podem ser simples ou complexos, breves ou longos, compostos de muitos ou de poucos movimentos. Por exemplo, os exercícios contidos no final do capítulo "Conheça a Si Mesmo" são simples e breves. Em geral, os exercícios mais compridos, mais complicados e que envolvem mais movimentos dão mais resultados. No entanto, muito se pode realizar com exercícios relativamente rápidos, simples e que exigem pouquíssimo esforço. Eles são excelentes para a reabilitação e podem ser executados até mesmo por pessoas idosas e doentes, com resultados surpreendentes. Para pessoas muito velhas, os maiores obstáculos podem ser a falta de motivação e de concentração; os movimentos não são necessariamente um empecilho, desde que a pessoa siga à risca a instrução — sempre reiterada — de fazer apenas o que estiver dentro das suas possibilidades atuais.

O exercício seguinte foi criado para Kay Masters, mãe do autor, de 75 anos de idade. Ela o fez com facilidade e obteve dele muitos benefícios, muito embora estivesse, na época, presa a uma cadeira de rodas, com uma pequena fratura no pé. Ela também fez muitos outros exercícios, que foram ligeiramente modificados para levar em conta o estado dela. Os exercícios psicofísicos aos poucos estão sendo introduzidos nos cursos que visam aumentar a capacidade e melhorar a vida de pessoas idosas. Eles têm tudo para transformar-se numa força revolucionária.

Para fazer este exercício, sente-se numa cadeira confortável, mas com encosto e assento firmes. Não use uma poltrona em que seu corpo afunde. Se a cadeira tiver braços, você terá de sentar-se um pouco para a frente a fim de dar liberdade às pernas e aos quadris para movimentar-se de acordo com as instruções. Lembre-se de repetir os movimentos tantas vezes quantas você conseguir, sem forçar, até um máximo de 25 vezes.

Sente-se na metade dianteira da cadeira. Abra os pés e as pernas um pouco mais do que de costume; os joelhos devem estar flexionados e os pés, mais ou menos paralelos. Ponha as mãos num lugar onde elas não impeçam seus movimentos — elas não devem repousar sobre as pernas (Figura 15).

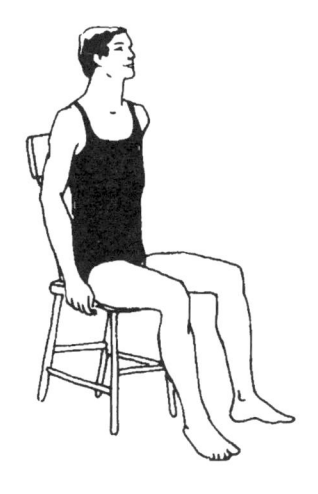

Figura 15.

Deixe a perna direita cair para o lado direito, apoiando o pé sobre o seu lado direito, externo; depois volte à posição original, de modo que a sola do pé esteja de novo plantada no chão. Continue fazendo o mesmo movimento; encontre uma posição na cadeira que permita que a perna se mova livremente. Deixe a perna direita cair para a direita e depois traga-a de volta ao centro, prestando atenção no movimento da articulação do quadril. O movimento deve ser feito sem esforço nenhum. Observe suas sensações e respire normalmente (Figura 16).

Pare um pouco. Em seguida, estenda a perna direita para a frente. Gire-a de modo que o pé direito vire para a direita e depois gire-a de volta. O pé deve virar sobre o calcanhar; nenhuma outra parte do pé

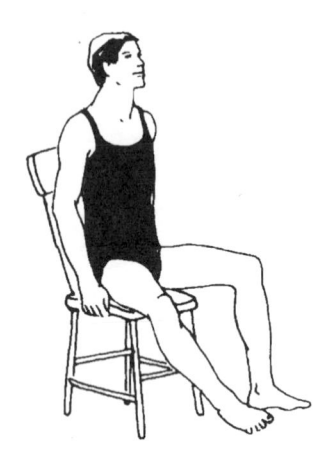

Figura 16.

deve tocar no chão. Sem parar de fazer esse movimento, tente torná-lo mais suave, mais natural, mais amplo. Simplesmente deixe o pé cair para a direita, com a perna esticada (Figura 17). Então, dobre um pouquinho o joelho e tente fazer a mesma coisa. Quando você dobra o joelho, seu pé precisa aproximar-se da cadeira. Quando você terminar a seqüência, descanse um pouco.

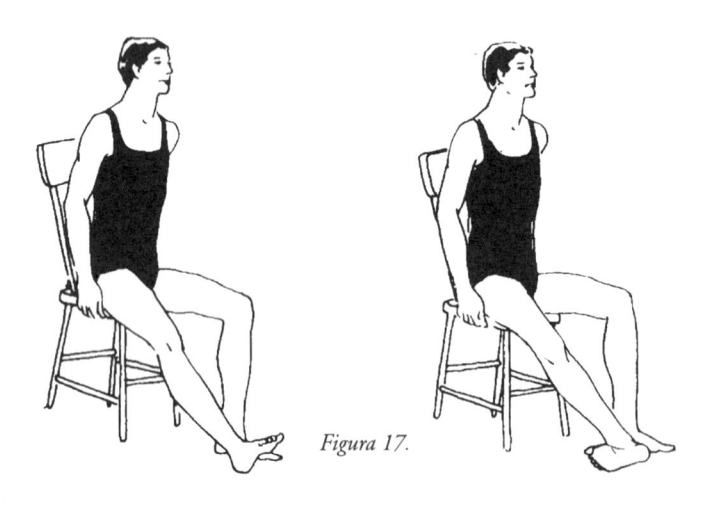

Figura 17.

Estenda a perna direita e tente deixar o pé cair para a esquerda, de modo que o lado interno do pé se aproxime do chão (Figura 18). Faça esse movimento durante algum tempo. Traga o pé um pouco mais perto da cadeira, dobrando o joelho um pouquinho, e faça o movimento. Então pare e descanse.

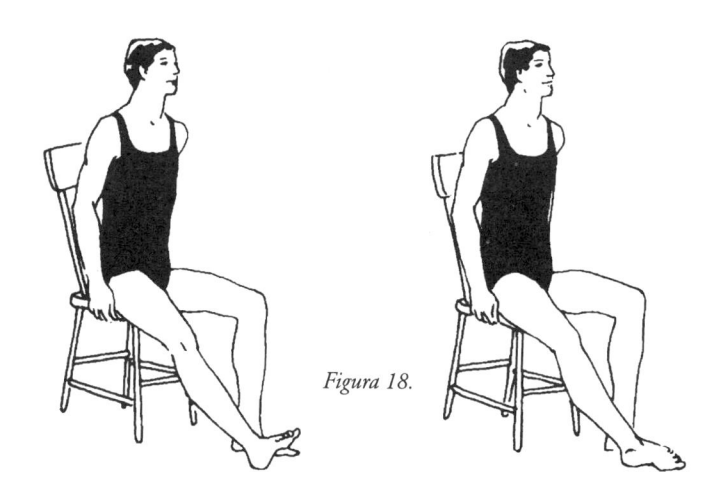

Figura 18.

Estenda a perna direita à sua frente novamente e veja se você é capaz de levar o pé para a frente, sem tirá-lo do chão, e depois trazê-lo de volta na sua direção. O pé deve ficar apoiado no calcanhar e você deve estar sentado bem para a frente na cadeira para que a perna fique bem retinha, sem flexão no joelho.

Mantendo a perna reta, empurre o calcanhar direito para a frente e depois traga-o de volta sem tirá-lo do chão. Tenha cuidado para não cair da cadeira — segure levemente nos braços da cadeira ou no assento com as mãos. Deixe o lado direito do seu corpo acompanhar o movimento. O ombro direito deve ir para frente quando a perna direita for para a frente, de modo que o corpo gire um pouquinho para a esquerda. Ao mesmo tempo, o ombro esquerdo irá para trás. Esse movimento se tornará mais claro à medida que continuarmos.

Agora afaste um pouco os pés e as pernas e deixe a perna direita cair para a esquerda, para o lado de dentro. A perna cairá com mais facilidade se o pé estiver apoiado no calcanhar. Repare no que acontece na articulação do quadril quando a perna cai. Observe que a nádega direita se movimenta um pouco na cadeira. Adiante um pouquinho o pé e continue fazendo o movimento. Então estenda a perna o máximo que lhe for possível e incline-a para o lado de dentro. Observe o pé quando ele se aproximar do chão. Sinta o que acontece agora na articulação do quadril e na nádega. Pare, mas deixe a perna estendida.

Vire o pé para dentro, passe-o de novo pela posição reta e vire-o para fora. O pé deve estar girando apoiado no calcanhar, e nenhuma de suas outras partes deve encostar no chão. Deixe a perna girar para dentro e depois para fora.

Sinta a rotação na articulação do quadril. Sinta que, quando o pé gira para dentro, há uma pressão na nádega esquerda, e quando ele gira para fora, há uma pressão na nádega direita. Seu corpo deve como que balançar para um lado e para o outro quando você gira o pé. Preste atenção no movimento do quadril. Então, só por um instante, preste atenção ao que está acontecendo na articulação esquerda do quadril. Uma porção de coisas também devem estar se processando ali. Agora concentre-se outra vez no quadril direito. Com o calcanhar tocando o chão, continue girando o pé direito para a esquerda e para a direita.

Pare e aproxime de si o pé direito até ele ficar mais ou menos paralelo ao pé esquerdo. Posicione-o de tal modo que ele não colida com a perna esquerda; então, deixe toda a perna direita inclinar-se para a esquerda e para a direita. Quando o joelho cai para a esquerda, o pé se apóia no seu lado esquerdo, interno. Quando o joelho cai para a direita, o pé se apóia no seu lado direito externo. Tente fazer um movimento suave e natural. Aproxime o pé um pouco mais da cadeira. Veja a que distância da cadeira você deve posicionar o pé para que a perna se mova mais solta e desimpedida. Será no ponto em que o pé está mais próximo da cadeira, com os pés paralelos, com o pé um pouco mais para a frente ou com a perna estendida? Experimente com as diversas posições até descobrir qual é a melhor para este movimento específico. Quando você tiver resolvido o problema, descanse um pouco.

Passe o seu peso para a nádega esquerda, de modo que a direita se levante um pouquinho da cadeira. Então passe o peso do corpo para a nádega direita e deixe a esquerda se levantar um pouco. Sinta o que acontece nas articulações dos quadris quando você faz isso. Você é mais capaz de sentir o que está acontecendo no quadril direito? Observe se você se movimenta mais facilmente para a direita do que para a esquerda. Descanse.

Estenda a perna direita e levante um pouco o pé do chão. Se você se sentar bem para trás na cadeira, vai perceber que pode erguer a perna mais alto e com mais facilidade. Em seguida faça alguns círculos com o pé, mantendo a perna rígida. Faça alguns círculos num sentido, e depois mais alguns no sentido contrário. Você pode parar e descansar sempre que ficar cansado. Faça círculos pequenos primeiro e depois círculos maiores. Faça círculos lentos primeiro, e depois círculos mais rápidos. Cuide para não prender a respiração. Abaixe a perna e descanse.

Sentado bem para trás na cadeira, estenda a perna direita outra vez e levante o pé do chão.

Simplesmente leve o pé e a perna da esquerda para a direita, sem girar o quadril nem inclinar o pé. Deixe a coxa deslizar de um lado para o outro sobre o assento da cadeira à medida que a perna vai para a esquerda e para a direita. Então, ainda com a perna desencostada do chão, incline o pé para a esquerda e para a direita girando-o primeiro para dentro e depois para fora. Nesse momento, não pense em movimentar toda a perna, apenas o pé. Em seguida, abaixe a perna e descanse.

Sente-se bem na frente da cadeira. Estenda a perna direita com o pé apoiado no calcanhar. Deslize o pé para a frente e para trás, sem desencostá-lo do chão e sem dobrar o joelho. Observe a diferença no modo pelo qual você está usando a articulação do quadril. Deixe a parte superior do corpo, os ombros inclusive, movimentar-se livremente, girando o corpo enquanto o pé desliza para a frente e para trás. Então descanse um minuto com ambos os joelhos dobrados e os pés plantados no chão. Levante o pé direito do chão e coloque-o no chão outra vez, leve e naturalmente. Faça isso várias vezes. Estenda a perna direita e incline o pé para a esquerda e para a direita sem dobrar o joelho. Faça o movimento com tanta leveza e naturalidade quanto lhe for possível. Ponha a mão no quadril direito e sinta o movimento que acontece ali quando o pé e a perna giram para a esquerda e para a direita. Tente senti-lo claramente. A parte superior da perna tem um osso bem grande em cuja extremidade há uma saliência arredondada, que gira no côncavo da articulação do quadril quando a perna gira para a esquerda e para a direita. Tente sentir onde fica esse côncavo. Sinta a mudança do peso do corpo de um lado para o outro. O que está acontecendo no lado esquerdo da sua caixa torácica?

Agora flexione a perna normalmente de modo que os pés fiquem lado a lado. Balance o joelho direito da esquerda para a direita. Observe como ele se movimenta agora. Você o deve estar sentindo bem mais solto. Ao balançar a perna, inspire. Tente balançá-la ao expirar. Ponha o pé um pouco mais para a frente e balance a perna para a esquerda e para a direita. Então estenda a perna completamente e gire-a para a esquerda e para a direita. Veja só como a articulação do quadril está girando agora. Deslize o pé para a frente e para trás, algumas vezes, afastando-o da pelve e aproximando-o dela outra vez. Mantenha a perna rígida, deixando o movimento partir do quadril. Então pare e descanse um pouco.

Agora estenda ambas as pernas. Erga várias vezes a perna direita. Então erga a esquerda. Veja se é mais fácil levantar a perna direita e se ela se eleva mais. Que perna parece mais pesada? Depois de todo esse trabalho, seria de imaginar que a perna direita estivesse cansada e parecesse mais pesada. Muito pelo contrário, ela parece mais leve e se movimenta com mais facilidade do que a esquerda.

Levante-se e ande um pouco. Vire-se para a direita e depois para a esquerda. Para qual direção você se vira melhor? Fique parado e erga a perna direita à sua frente, mantendo-a reta. Então faça o mesmo com a perna esquerda. Erga cada uma das pernas para o lado. Observe que, sem querer, você faz movimentos mais amplos com a perna direita.

Da próxima vez que você fizer este exercício, inverta as instruções e trabalhe com a perna esquerda. Depois disso, trabalhe alternadamente com os lados direito e esquerdo.

Uma Nota Sobre os Exercícios Seguintes

Nos exercícios seguintes, os fatores subjetivos se tornam mais importantes e o corpo propriamente dito se movimenta muito mais no espaço. No entanto, o corpo continuará sofrendo mudanças marcantes, e também mudanças menos evidentes. Os exercícios desse tipo visam aplicar os métodos psicofísicos num campo que ainda não foi muito explorado.

As advertências prévias quanto ao número de repetições devem ser ignoradas. Além disso, os exercícios seguintes não precisam ser executados tão regularmente quanto os que você fez até agora. Os exercícios anteriores têm de ser repetidos muitas vezes para provocar mudanças extensas e profundas no corpo, na mente e no funcionamento do organismo total. Quanto aos exercícios seguintes, é você quem deve decidir o que fazer com eles no futuro. Com eles, a intuição e o sentimento podem ser os melhores mestres quando se trabalha por conta própria.

Os exercícios seguintes, portanto, abrem um novo caminho de investigação, caminho que quase ainda não foi trilhado. Eu gostaria muito de receber informações dos leitores que trilhem esse caminho. Aqueles que se esforçarem bastante, por um tempo suficiente, certamente alcançarão uma terra ainda totalmente desconhecida.

Lado Esquerdo do Cérebro, Lado Direito do Cérebro

Nos exercícios precedentes nós vimos que, quando alguma parte do corpo é exercitada durante certo tempo e a consciência permanece concentrada, resulta desse processo uma melhora inequívoca no funcionamento dessa parte do corpo. Além disso, com a repetição dos exercícios, esse funcionamento melhora permanentemente, e aquela parte do corpo se torna mais sadia, mais forte, mais ágil, melhor em quase todos os sentidos. Qualquer pessoa que persevere na prática dos exercícios já apresentados neste livro vai perceber esses benefícios no que se refere aos sistemas muscular e ósseo do corpo. Também temos provas de que o funcionamento glandular melhora e de que o sistema nervoso se beneficia. Em face desses fatos, ficamos a imaginar se não seria possível usar o método dos exercícios psicofísicos para trabalhar diretamente sobre o cérebro humano, a fim de melhorar-lhe a saúde e o funcionamento.

Assim como o centro da atenção nos trabalhos anteriores foram determinadas articulações ou músculos, neste caso a atenção será concentrada em partes do cérebro, que serão "exercitadas" de várias maneiras; e o cérebro será sempre o ponto focal da intenção. Em decorrência dessa concentração, a maioria das pessoas sentirá o lado de dentro do crânio e a superfície do cérebro provavelmente pela primeira vez na vida. Alguns constatarão uma sensação de movimento no cérebro, e até serão capazes de sentir o cérebro recebendo e transmitindo sinais de e para outras partes do corpo.

Como compreender a experiência de "sentir" o cérebro? A crença predominante, quase indisputada, é a de que o cérebro não pode ser objeto de sensação, e que não há meios pelos quais o cérebro e seus processos físicos possam ser levados à consciência. Se assim for, então o que é que nós sentimos neste exercício? Só nos resta supor que estamos sentindo as mudanças no fluxo sangüíneo e no estado dos músculos do couro cabeludo e das regiões vizinhas; mesmo nesse caso, porém, isso ainda seria indício de que o cérebro recebe alguns estímulos inusitados, os quais estimulam aquelas respostas e as sensações decorrentes.

Há quem não queira excluir totalmente a possibilidade de o cérebro ser de fato um objeto de sensação e de aqueles que dizem o contrário estarem errados. No entanto, este exercício também contém intencionalmente certos elementos que nos dão a entender que, pelos menos durante parte do tempo, o que nós sentimos é uma espécie de imagem do cérebro, e não o cérebro propriamente dito.

O que mais importa não é o objeto que estamos sentindo, mas a utilidade do exercício. Se de fato nós formos capazes de exercitar o cérebro diretamente, e assim melhorar-lhe a saúde e a operação, então este tipo de exercício constituir-se-á numa descoberta e numa nova conquista da humanidade.

Infelizmente, não é tão fácil conhecer distintamente os efeitos destes exercícios cerebrais como é conhecer distintivamente os efeitos dos exercícios que trabalham com as articulações e os músculos do corpo. É claro que, como no caso de um exercício para os olhos, por exemplo, as mudanças resultantes serão de menor monta. As mudanças na saúde e na operação ainda serão perceptíveis, mas mais sutis; além disso, podem ocorrer de forma muito mais lenta, de maneira que fica mais difícil detectar ou medir objetivamente a melhora. Os exercícios para o cérebro têm de ser experimentalmente postos à prova num grande número de pacientes de pesquisa durante um período considerável de tempo, repetindo-se várias vezes os exercícios. Só por meio de um método clássico como esse é que chegaremos a conclusões aceitáveis para os cientistas, educadores e outros aos quais gostaríamos de persuadir neste caso.

Eu não fiz experimentos tão extensos quanto esses nem com tantas pessoas, e por isso só posso mencionar certos indícios de que a prática reiterada dos exercícios cerebrais pode melhorar o funcionamento da mente. Não posso falar de uma possível melhora na saúde do cérebro, visto que não tenho meios de obter provas desse fato. Independentemente disso, o exercício tem outros objetivos e oferece outras vantagens. Depois de praticá-lo, a maioria das pessoas entra num estado de relaxamento bastante profundo e pode praticar o exercício visando unicamente a esse objetivo. O exercício tem ainda a finalidade de fazer com que certas partes da cabeça, especialmente a parte de trás, se integrem de maneira mais completa à imagem corporal. Esse efeito é importante e vale a pena consegui-lo; poucos são os demais meios, se é que existem, de obtê-lo com êxito. Não tenho nenhum indício de que os exercícios possam ser nocivos; no entanto, não os recomendo para indivíduos psicóticos que possam tecer fantasias ao redor deles.

Agora passaremos ao exercício propriamente dito. Como ele tem de ser feito de olhos fechados, é difícil, embora não impossível, fazê-lo sem a ajuda de alguém, trabalhando a partir do livro. Em geral, é melhor que alguém leia as instruções para você, desde que essa pessoa lhe dê bastante tempo para executar cada parte do exercício. Será melhor você mesmo se encarregar de indicar, levantando o dedo ou dando algum outro sinal, que a instrução seguinte já pode ser lida. Se você quiser, adquira os exercícios gravados em fita mencionados no final do livro.

Agora sente-se numa posição confortável na qual você consiga se conservar com o mínimo de desconforto e sem se mexer durante os próximos quarenta minutos, mais ou menos. O melhor é sentar-se no chão numa posição oriental qualquer. Se isso lhe for muito incômodo, sente-se como quiser.

Agora feche os olhos e tente tornar-se tão consciente quanto possível do seu olho esquerdo. Mantendo os olhos fechados, olhe para baixo, na direção do chão, com o olho esquerdo. Olhe para o teto com ele. Olhe para a direita e depois, para a esquerda. Tente tomar consciência do formato e do peso do globo ocular esquerdo.

Agora faça a mesma coisa com o olho direito. Mantendo os olhos fechados, olhe algumas vezes para cima e para baixo com ele, depois olhe algumas vezes para a direita e para a esquerda.

Agora desloque a atenção para o lado esquerdo do cérebro, acima do olho esquerdo. Você deve concentrar-se no espaço dentro do crânio, onde fica o cérebro. Faça isso durante alguns segundos.

Agora desloque a atenção para o lado direito do cérebro e fique atento a essa área por algum tempo. Mude-a agora para o lado esquerdo, depois volte-a novamente para o lado direito. Fique direcionando a atenção alternadamente a um e a outro lado do cérebro.

Vou dar-lhe agora uma porção de imagens que você deve enxergar ou simplesmente imaginar do modo o mais vívido possível. Lembre-se de manter os olhos fechados no decorrer de todo o exercício.

Para começar, olhe para cima, para o lado esquerdo do cérebro, e veja ou imagine aí o número 1. Olhe para o lado direito e veja a letra A.

Olhe à esquerda para o número 2 e à direita para a letra B. À esquerda está o 3, à direita a letra C. À esquerda o número 4 e à direita a letra D. À esquerda o 5 e à direita o E. Imagine todo o alfabeto até a letra Z e o número 26, vendo o número à esquerda e a letra à direita.

Agora faça a mesma coisa ao inverso. Olhe primeiro para a direita e veja o número 1, e depois para a esquerda e veja a letra A. Agora veja o 2 à direita e o B à esquerda. Continue até chegar ao número 26 e à letra Z.

Pense um pouquinho sobre o que você acabou de fazer e veja se lhe é mais fácil fazê-lo de um lado do que do outro. Se a diferença de fato foi significativa, talvez você possa trabalhar freqüentemente com os números e as letras até igualar seu desempenho dos lados esquerdo e direito.

Agora, sempre de olhos fechados, olhe para cima, para o lado esquerdo do cérebro, e veja ou imagine aí a cena alegre do nascimento de um bebê. Do lado direito, imagine um velho morrendo. Abandone essa imagem e veja, à esquerda, um grupo de monges asiáticos vestidos com túnicas, cantando e rezando. À direita há um campo de batalha.

À esquerda está o sol; à direita, a lua.

À esquerda é um dia de primavera; à direita, um dia de inverno.

À esquerda é um dia quente de verão; à direita, um dia de outono.

À esquerda você vê a cor vermelha; à direita, a cor azul.

À esquerda você vê o verde; à direita, o amarelo.

Agora, à esquerda, o laranja; e à direita, a cor púrpura.

Além de ver ou imaginar o aspecto visível de algo, você também pode imaginar-lhe o som, o gosto, o aroma ou a sensação da coisa ao tato. Agora, do lado esquerdo do cérebro, imagine a sensação de tocar num veludo. Tente captar a sensação e respire tranqüilamente enquanto faz a experiência. À direita, toque numa casca de árvore.

À esquerda, imagine a sensação de acariciar uma seda. À direita, a sensação de tocar em metal ondulado.

À esquerda, imagine tocar numa lixa; à direita, num vidro bem liso.

À esquerda, passe as mãos e os dedos ao longo de um pingente de gelo; à direita, ponha a mão em água quente.

Agora, à esquerda, imagine o som de alguém batendo uma bola de basquete no chão. À direita, o som de um motor de avião. À esquerda, a buzina de um carro; à direita, sinos de igreja. À esquerda, tiros de revólver; à direita, o latido de um cão.

À esquerda, um gato está miando; à direita, o gato está ronronando.

Agora olhe com o olho esquerdo para o lado esquerdo do cérebro. Mova o olho de modo que ele pareça girar nesse espaço e explore-o; deixe o olho percorrer o espaço inteiro. Faça a mesma coisa com o olho direito — sempre fechado — no lado direito do cérebro.

Tente girar o olho esquerdo verticalmente para onde você quiser, mas sem sair do lado esquerdo da cabeça. Você não tem de limitar os círculos ao espaço do cérebro, mas mantenha-os dentro da cabeça. Então tente fazer círculos verticais do lado direito, ou imagine fazê-los, girando o olho direito.

Tente fazer, do lado esquerdo, *alguns círculos* um pouquinho inclinados — com o olho esquerdo, evidentemente. Tente girar o olho em muitos ângulos diferentes, fazendo vários círculos superpostos. Faça isso durante certo tempo do lado esquerdo da cabeça; depois, faça-o com o olho direito do lado direito.

Agora, com ambos os olhos, faça círculos verticais no meio da cabeça. Gire ao longo do corpo caloso, a massa arredondada onde os hemisférios cerebrais se tocam. Com ambos os olhos ao mesmo tempo, gire tão amplamente quanto você conseguir no interior da sua cabeça.

Faça alguns círculos que tendam mais para a esquerda e outros que tendam mais para a direita. Você talvez tenha de parar e começar outra vez, bem devagar a fim de fazer isso. Gire numa direção e depois pare e gire noutra direção. Faça uma porção de círculos superpostos em diversos ângulos, como você fez do lado esquerdo e do lado direito; mas, desta vez, encha todo o espaço do cérebro e o interior da cabeça com eles.

Pare e deixe que os olhos entrem em completo repouso. Tente fazer círculos horizontais com ambos os olhos — sempre no próprio nível dos olhos e girando tão amplamente quanto lhe for possível dentro da cabeça. Agora tente fazer círculos horizontais menores no nível dos olhos. Faça-os cada vez menores até chegar a um raio tão pequeno que não lhe permita mais girar; então, você deve se fixar nesse ponto e tentar permanecer aí. Não prenda a respiração, não tensione os músculos nem faça nenhum tipo de esforço. Se o ponto lhe escapar, faça mais círculos, tornando-os cada vez menores até chegar outra vez ao ponto; então fique firme nesse ponto por tanto tempo quanto lhe for possível; sem, é claro, esforçar-se demais.

Diga-se de passagem que este exercício é excelente para a meditação, e nesse caso só é preciso fazer esta parte. Vá fazendo círculos cada vez menores com os olhos até chegar ao ponto, e então fique concentrado nesse ponto por tanto tempo quanto possível, sem envidar nenhum esforço desnecessário.

Descanse um pouco. Então, no meio da testa, imagine a letra A, uma letra A bem grande. Então apague o A.

Imagine simultaneamente a letra A à esquerda e o número 2 à direita. Depois apague-os.

Imagine um número 1 bem grande no meio da sua testa.

Abandone essa imagem e imagine um A do lado esquerdo e, um pouco à direita do A, um 10.

Apague-os e imagine um número 1 do lado esquerdo e, do lado direito, um A, ambos juntos ao mesmo tempo. Apague-os e imagine o A à esquerda e o 1 à direita.

Abandone essas imagens e imagine dois uns (1 1) do lado esquerdo, juntamente com dois A's (AA) do lado direito. Deixe que eles se apaguem. Respire com naturalidade e, se for preciso, corrija a sua posição para ficar mais confortável.

Agora, bem no meio da testa, veja ou imagine um triângulo. Então imagine o mesmo triângulo logo abaixo do topo da cabeça no lado de dentro. Tente levá-lo até o lado interno da parte de trás da cabeça, de modo que, se os olhos pudessem girar 180 graus na horizontal, você estaria olhando direto para ele.

Agora vá levando o triângulo para cima ao longo da parte de trás da cabeça até chegar ao alto, e então continue o movimento até chegar à testa. Imagine-o deslocando-se pelo interior da cabeça, da fronte para o alto e depois para a parte de trás; depois, de volta para o alto e para a fronte. O triângulo deve descrever semicírculos verticais dentro do seu crânio.

Agora só olhe para o triângulo bem à sua frente e imagine que ele não é um triângulo, mas uma pirâmide. Ao lado da pirâmide há uma pessoa montada num camelo, que está andando. De que direção a pessoa está vindo? Ela vem cavalgando da esquerda, da direita ou de alguma outra direção?

Pare um pouco, porém não mais de um minuto, para esticar-se no chão, levantar-se ou fazer outra coisa que lhe agrade. Mude de posição. Talvez você queira esticar as pernas ou flexionar os joelhos. Faça o que lhe for mais gostoso e então sente-se outra vez.

Feche os olhos e olhe para o espaço do cérebro. Imagine um barco a vela singrando a água azul e repare em como o veleiro se movimenta.

Deixe a imagem se apagar e imagine um carro percorrendo uma rodovia. Repare no movimento do carro.

Deixe essa imagem desaparecer e imagine um homem caminhando. Tente tornar-se cada vez mais consciente dele à medida que ele anda. Ele pára, então anda mais um pouco, depois desata a correr. Ele diminui o passo e então torna a parar.

Esqueça o homem e veja novamente um carro. Observe o carro e veja-o acelerar, depois diminuir a marcha e parar; depois veja-o arrancar de novo e avançar cada vez mais depressa, percorrendo uma pista dentro da sua cabeça.

Agora a pista está fora da sua cabeça e o carro circula à sua volta girando como um halo rodopiante, ou como os anéis em volta de um planeta.

Imagine várias estradas em forma de espiral em volta da sua cabeça; imagine que o carro larga do alto da cabeça e vai girando até chegar ao queixo, voltando em espiral até chegar ao alto e parando ali.

Agora boceje e deixe o carro passar por sobre o seu nariz e entrar dentro da sua boca; engula-o e esqueça-o de uma vez.

Concentre sua atenção outra vez no cérebro e tente meditar sobre ele. Concentre-se no lado esquerdo do cérebro por algum tempo. Perceba que ambos os seus olhos estão olhando nessa direção, mas note que a sensação é melhor no olho esquerdo. A sensação de visão é mais clara. Então olhe para o lado direito do cérebro e medite sobre ele. Mantenha-o na sua consciência e tente imaginar qual é a aparência do seu cérebro no lado direito e no lado esquerdo. Pense sobre as dobras e circunvoluções na superfície dele. Pense no sulco que corre entre seus hemisférios. Pense sobre a massa cinzenta do seu cérebro.

Tente agora sentir ambos os lados de uma só vez, todo o cérebro. Pense no crânio e no interior do crânio, nesse cérebro com seus impulsos elétricos e sua química em permanente mutação. Medite sobre ele como o mais complexo mecanismo existente em nosso mundo. Nada construído pelo homem pode competir com ele.

Só imagine, por um momento, que você pode expandir e contrair o cérebro. Imagine que pode fazê-lo pulsar e sinta essas pulsações por algum tempo. Retendo na imaginação a figura do cérebro, deixe-o descansar e, falando diretamente com ele, diga-lhe que ele vai funcionar cada vez melhor. Diga-lhe que, com o passar do tempo, um número maior das células dele estarão ativas e funcionarão melhor.

Diga-lhe que você terá mais células à sua disposição, e que a interação entre as células e todos os processos do cérebro vai melhorar cada vez mais à medida que o tempo passar.

Pode ser que, pela primeiríssima vez, você esteja falando diretamente com o seu cérebro; e pode ser que, depois disso, o seu cérebro seja capaz de lhe responder e lhe dar o que você pede. Diga a si mesmo que ele de fato pode fazer isso, e que *ele fará isso se você lhe der a atenção pela qual o corpo anseia.*

Como o restante do corpo, o cérebro não quer ser ignorado. Ele vai funcionar melhor quando receber atenção; e, através do sistema nervoso, vai melhorar o funcionamento de todo o organismo. Agora concentre a sua atenção mais uma vez no cérebro como um todo. Conscientize-se do espaço que ele ocupa dentro da cabeça. Tente sentir toda essa magnífica estrutura viva, que a natureza presa tanto que construiu uma abóbada ao redor dela para protegê-la melhor do que qualquer outra parte do corpo. Agora abra os olhos, olhe ao redor e observe. Você nota alguma mudança nas suas percepções visuais, quer das cores, quer das formas, quer das texturas, quer da dimensionalidade? Veja se você está sentindo a cabeça, e especialmente a parte posterior dela, com mais nitidez do que de costume. Sua cabeça está mais nítida na imagem corporal?

Veja se você se sente relaxado e se é capaz de observar a si mesmo com atenção suficiente para poder afirmar que a sua consciência está alterada e definir como ela está alterada.

Tente se lembrar se, no final do exercício, as imagens estavam surgindo com mais facilidade ou rapidez. Observe a si mesmo detalhadamente e veja se você é capaz de discernir ainda outros efeitos deste exercício.

Levante-se devagar, espreguice-se e caminhe pelo quarto, afirmando para si mesmo que você está ficando cada vez mais desperto.

Estimule o Sistema Nervoso

Como no exercício anterior, também neste nós nos concentraremos no cérebro; mas, além disso, investigaremos por meio da experiência direta as ligações do cérebro com outras partes do corpo por meio do sistema nervoso. Não se trata de uma lição de neuroanatomia ou neurofisiologia, e o leitor erudito não deve tentar fazer uma crítica científica com base numa compreensão literal das instruções. De preferência, ele deve suspender o seu juízo, o qual só serviria para bloquear ou diluir as suas sensações, e supor que está trabalhando, na verdade, com um sistema simbólico. Então, como o leitor que não se preocupa em verificar a exatidão científica de cada instrução, também o erudito vai constatar em si certos fatos que são muito difíceis de explicar do ponto de vista científico.

Sente-se confortavelmente, feche os olhos e passe algum tempo tentando sentir o interior da boca. Veja se você consegue tomar consciência da língua, dos dentes, do céu da boca e da parte inferior da mesma, e de toda a cavidade bucal.

Veja se você consegue sentir o interior das vias nasais. Inspire e expire, devagar ou depressa, profunda ou superficialmente, continuamente ou aos trancos; faça tudo o que for útil para incrementar a sua capacidade de sensação. Primeiro feche uma narina e depois a outra com o dedo; a maioria das pessoas acha mais fácil sentir o interior do nariz quando inspira e expira por uma única narina. Solte os dedos e inspire e expire por ambas as narinas, sentindo o que está fazendo.

Agora ignore a respiração e simplesmente tente sentir as cavidades nasais. Sinta-as até onde você conseguir, tentando acompanhar as passagens para trás do nariz.

Desloque a atenção para os olhos. Tente sentir a forma, o peso e a superfície dos seus globos oculares, e procure sentir dentro da cabeça tudo o que existe por trás dos olhos e que está ligado aos mesmos.

Sinta ou imagine estar sentindo o que há por trás dos olhos até chegar ao cérebro, indo tão longe quanto você conseguir, mas sem deixar de sentir a ligação com os olhos.

Agora tente sentir ou imaginar vivamente onde está o cérebro; quanto a sentir ou imaginar, escolha o que lhe parecer mais factível. Explore o interior do crânio, as circunvoluções superficiais do cérebro, os dois hemisférios cerebrais e o corpo caloso (a passagem entre os dois hemisférios).

Desloque a sua atenção para trás ainda dessa passagem, chegando à base do cérebro e à base do crânio. Tente descobrir o lugar em que a coluna vertebral entra em contato com a base do cérebro e, então, concentre-se ou simplesmente imagine a base do cérebro, a parte mais antiga desse órgão. Mantenha a sua atenção nessa área e diga a si mesmo que você está entrando num contato cada vez mais íntimo com a parte mais antiga e primitiva do seu cérebro.

Imagine e tente sentir uma ligação entre a base do cérebro e os seus olhos, como se uma linha ligasse cada olho com essa parte do encéfalo. Inspirando e expirando, imagine impulsos passando de trás para a frente e da frente para trás, entre a base do cérebro e os olhos.

Em seguida conduza a sua atenção para um ponto um pouco mais elevado, para o espaço que fica aproximadamente logo atrás dos olhos, dentro da cabeça. E, inspirando e expirando, imagine linhas que lhe saem dos olhos para trás até chegar ao interior do crânio.

Leve a sua atenção um pouco mais para cima, para a altura do centro da testa, e imagine linhas que lhe saem dos olhos para trás e sobem até esse nível do cérebro — impulsos que passam para lá e para cá entre aquela parte do cérebro e os olhos.

Em seguida, leve a sua atenção para o alto do cérebro, a parte mais elevada, a região mais nova, bem no topo, exatamente abaixo do alto do crânio. Pense nas linhas que sobem dos olhos para trás até essa parte do cérebro. Faça com que essas linhas liguem a pupila de cada olho ao centro do cérebro superior.

Agora conecte esses três pontos num triângulo e use o cérebro para formar esse triângulo e enviar impulsos através dele; siga esses impulsos com os olhos. Olhe para o olho direito, depois para o alto da cabeça (o ápice do triângulo), depois para o olho esquerdo e depois, passando pela base do triângulo, de novo para o olho direito.

Mude o sentido do movimento. Olhe para o olho direito, depois para o esquerdo, depois para o ápice e depois para o olho direito outra vez, e fique traçando o triângulo.

Agora volte a sua atenção para o lado esquerdo do cérebro. Olhe ao redor, por assim dizer, no interior da cabeça, exergando primeiro toda a parte esquerda; sinta o ouvido e as passagens do ouvido entrando na cabeça pelo lado esquerdo, a boca, a cavidade nasal, os olhos.

E então tente imaginar todo o cérebro tão nitidamente quanto possível. Pense nas circunvoluções cerebrais. Deixe a mente passear pela superfície do cérebro, viajando ao longo dessas circunvoluções e sentindo o cérebro como um ser vivo, um complexo eletroquímico incrível e em constante movimento.

Sinta-o como se ele estivesse se contraindo e expandindo. Entre num contato sensível cada vez mais íntimo com ele, o cérebro dentro do seu crânio. E pense que agora esse cérebro acata as instruções da sua mente quando você fala com ele, dizendo-lhe para fazer-se cada vez mais vivo em sua consciência — os contornos dele, as atividades dele, as mensagens que ele envia e recebe.

Agora, sem deixar de se concentrar no cérebro, sinta a mão direita e, sem movê-la, imagine-a fechando-se num punho cerrado. Imagine os sinais nervosos viajando pelo braço direito até a mão, dizendo-lhe para cerrar o punho. Veja se você é capaz de sentir a mão direita reagindo, mesmo que levemente, a esses sinais (embora você não tenha de fato cerrado o punho).

Agora envie a mensagem de que a mão está relaxando e se abrindo, e veja se você sente alguma diferença na mão. Envie novamente uma mensagem para a mão direita cerrar o punho.

Mantenha a mão imóvel, mas imagine intensamente que você está cerrando o punho, que você é capaz de sentir os impulsos passando para a mão e a mão começando a se fechar, os músculos se organizando assim que a mensagem é recebida.

E então imagine a mão se abrindo; veja se você consegue distinguir a ligeira mudança na organização dos músculos que acontece quando você pára de sugerir que a mão se feche em punho; repita todo o processo mais uma vez.

Imagine intensamente que a mão vai se cerrar, que o cérebro está enviando mensagens que mandam a mão fazê-lo; imagine também, porém, que alguma outra coisa diz à mão que não se feche de fato, que reaja como se a sugestão recebida fosse só a de cerrar-se imaginariamente.

E então sugira que a mão se abra, que se abra bastante e que se torne muito frouxa e relaxada... uma mensagem para que a mão fique solta e relaxada.

Agora concentre-se no cérebro e observe se a sua consciência está mais voltada para o lado direito do cérebro, o lado esquerdo do cérebro, a mão ou o braço. Veja se você está mais consciente do seu lado direito ou do seu lado esquerdo, e então conscientize-se igualmente de ambos os lados do cérebro.

Olhe para a esquerda, sinta o cérebro do lado esquerdo, imagine-o e sinta todo o cérebro dentro do crânio.

Agora transfira a consciência para a base da espinha; faça-a subir pela espinha, passando pela base do cérebro, até chegar ao topo, e desça outra vez. Fique fazendo isso, lembrando-se de respirar com naturalidade o tempo todo.

Veja se você está anormalmente consciente da coluna vertebral na região do pescoço, das vértebras cervicais; transfira sua atenção para o alto do cérebro e faça-a passar pelas partes mais antigas do mesmo, pela base do cérebro, pelo pescoço, pelas costas, descendo até chegar ao cóccix, depois subindo outra vez.

E quando você descer até a base da espinha, observe se você está com uma consciência mais clara do reto e dos órgãos genitais do que você tinha antes. Acompanhe essa consciência em seu trajeto espinha abaixo e espinha acima, do alto da cabeça até a base da espinha. Imagine esses impulsos percorrendo todo o caminho descendente até os órgãos genitais e subindo outra vez.

Sinta o cérebro e a coluna vertebral abaixo dele, o ânus e os órgãos genitais, descendo do alto do corpo até o espaço entre as pernas e subindo outra vez, enviando mensagens que sobem e descem pela espinha.

Agora faça com que a mente sugira ao cérebro e ao sistema nervoso que a energia está se acumulando num ponto situado nas proximidades da base da espinha e dos órgãos genitais, e que essa energia vai fluir para dentro da espinha e subir por ela até o cérebro, até o alto da cabeça, e depois descer outra vez.

A Energia está fluindo para cima e para baixo pela espinha. Leve-a ao cérebro e conserve-a lá; imagine agora que ela está girando em redemoinho dentro da sua cabeça.

Imagine a energia redemoinhando dentro do seu crânio, circulando pelo seu cérebro e energizando-o. Deixe os olhos sentirem-se capazes de girar para dentro da cabeça e examinar todo o cérebro, vertical, horizontal ou obliquamente.

Imagine-se levando a energia para baixo até um ponto logo acima do nariz e entre os olhos, e imagine que ela está girando, girando ali. Imagine mais energia fluindo espinha acima até esse ponto entre os olhos, subindo até ali e girando, girando, girando e rodopiando, depois subindo até o alto da cabeça, rodopiando e circulando num plano horizontal imediatamente abaixo do ponto mais alto do crânio.

Use os olhos para vê-la girando, uma energia branca, dourada, circulando ao redor do ápice do crânio. Então comece a trazê-la um pouco para baixo, tornando os círculos maiores à medida que a energia vai descendo ao nível da testa e depois ao dos olhos. Então deixe-a girar pela base do cérebro, estimulando esse cérebro mais antigo, ativando-o por essa energia rodopiante, a energia dirigida pela mente.

Tudo o que você precisa fazer para provocar mudanças no cérebro é imaginar que elas estão acontecendo, do mesmo modo que pode provocar mudanças na mão simplesmente imaginando-as; essas mudanças vão acontecer quer você consiga senti-las, quer não. Imagine isso acontecendo agora: a energia se intensificando e girando ao redor do seu cérebro, estimulando os neurônios e as células do cérebro, a atividade elétrica, a atividade química, vivificando e pondo em operação um número maior de células vertebrais.

Agora você está cada vez mais consciente do que acontece dentro da sua cabeça; pense que seu cérebro está se tornando cada vez mais ativo, cada vez mais estimulado, que você pode tornar-se cada vez mais consciente, cada vez mais alerta, que o seu cérebro está mais rápido, mais ágil e mais inteligente.

E pense que o seu cérebro está inundando o sistema nervoso de mensagens, mensagens que falam de um funcionamento melhor, de transmissões elétricas mais exatas; essas mensagens percorrem todo o sistema nervoso. O cérebro envia esse estímulo, esse tônico, uma massagem de alívio para todo o sistema nervoso provinda do cérebro.

Sinta a energia fluindo espinha abaixo, passando pelo tronco, pelos órgãos genitais, pelos braços e pernas, pelas mãos e pés, intensificando-se à medida que passa pelo seu corpo e à medida que você se torna mais consciente do seu sistema nervoso. Você está sentindo algo agora que muitos nunca sentiram antes: está sentindo os nervos dentro do corpo.

Você percebe que algo está acontecendo dentro do seu corpo; consegue sentir o fluxo de energia, a atividade e a excitação dos nervos por todo corpo, e o cérebro dirigindo esse fluxo de energia, de vitalidade e de consciência.

Veja se você consegue sentir a energia na sua coluna vertebral agora. A sua imagem da coluna está mais nítida do que antes? Está mais fácil para você imaginar as vértebras, os olhos e ouvidos, o nariz e a boca, a parte interna do crânio, os nervos ramificando-se da espinha para todas as partes do corpo? Você consegue imaginar o cérebro transmitindo instruções para todas as partes, carregando e renovando o corpo com novas sensações de plenitude e de vitalidade?

Inspire um pouco mais profundamente, fique um pouco mais ereto e observe se isso aumenta a percepção do fluxo interno de energia através do sistema nervoso. Agora pense por um instante no seu esqueleto, nos músculos ao redor dos ossos, nas articulações relaxando à medida que os músculos também relaxam, na mente comandando o cérebro, no sistema nervoso falando aos músculos, nos músculos libertando o esqueleto, em todo o corpo-mente, trabalhando em conjunto com um sistema unificado.

Agora, mais uma vez, dirija a sua consciência para a base da espinha. Pense na energia se concentrando nesse ponto e subindo pela espinha até a cabeça, avolumando-se no corpo e atingindo o cérebro, o corpo vivo de energia, vivo pelo fluxo energético; veja todo o sistema nervoso ativo e animado.

Deixe a energia fluir para cima, do corpo para o cérebro. Contraia o reto várias vezes e observe se isso ajuda a energia a fluir, se vivifica ainda mais o corpo. Contraia o ânus e os órgãos genitais. Veja se isso infunde ainda mais energia no sistema nervoso, se estimula o fluxo energético. Agora simplesmente deixe a energia subir até o cérebro. Volte para ele a sua atenção enquanto a energia do seu corpo inteiro flui para lá e todas as funções cerebrais são intensificadas e elevadas por esse fluxo de energia nova.

Mantenha a atenção voltada para o cérebro por mais algum tempo; depois, lentamente, abra os olhos, olhe em volta e observe suas percepções da luz, das formas e das texturas. Alguns dos que fizerem o exercício estarão enxergando muito melhor, especialmente se o quarto estiver bem iluminado. Simplesmente observe como você se sente agora.

Deite-se, fique em pé, fique na posição que você quiser, mas permaneça tranquilo por algum tempo. Observe como você se sente agora.

Repare na sua audição, na sua respiração. Você se sente ao mesmo tempo relaxado e energizado? Ande um pouco pelo quarto e repare em como você se sente. O seu corpo lhe parece diferente? Sob quais aspectos? Perceba a imagem do seu corpo, particularmente dos dedos; sinta seus movimentos.

Vibrações Sonoras no Corpo (primeira parte)

Como o exercício que acabamos de fazer, também os exercícios seguintes vão se basear muito pouco nos movimentos corporais, tais como habitualmente os concebemos. Na verdade, haverá um movimento contínuo, que se processará, porém, dentro do corpo e não no espaço externo.

Os dois exercícios seguintes podem ser combinados para que os seus efeitos físicos, mentais e emocionais se intensifiquem. Se você não tiver muito tempo, pode fazer só o primeiro exercício. O segundo, no entanto, será muito mais eficaz se for precedido pelo primeiro.

Um dos efeitos principais desses exercícios será o de trazer mais completamente à consciência certas partes e funções do corpo das quais normalmente nós mal temos consciência, se é que a temos — e assim tornar a imagem do corpo mais completa. A maioria das pessoas também constata que eles produzem um estado de relaxamento mais intenso do que o produzido por outros métodos. A auto-observação cuidadosa revela que esse relaxamento é físico, mental e emocional. Na segunda parte do exercício, o relaxamento só pode ser obtido depois de uma elevação temporária da tensão física, mental e emocional.

Estes exercícios podem produzir estados de consciência profundamente alterados, se for esta a intenção da prática. Como no caso dos estados de consciência induzidos por substâncias químicas, pode ser necessário fazer diversas experiências para aprender a deixar que a consciência se altere e a fazer o melhor uso possível dos estados assim obtidos. Com essa experimentação e esse aprendizado, os exercícios podem ser instrumentos muito úteis para a exploração de domínios da consciência a que normalmente não temos acesso. Nesses estados alterados de consciência, a pessoa também pode dirigir a si sugestões terapêuticas ou simplesmente benéficas, que o corpo-mente aceitará e porá em prática com inusitadas facilidade e eficiência.

Nos exercícios seguintes, usaremos a criação de sons e a auto-estimulação pelo som para produzir os resultados desejados. O som dirigido para o nosso próprio corpo ou para o corpo de outra pessoa pode ter efeitos muito intensos. Diversos sistemas psicofísicos antigos conheciam esse fato e desenvolveram uma grande variedade de sons e modos de gerar sons que se tornaram importantes técnicas de crescimento, de cura e de muitas outras finalidades. No entanto, para usar o som dessa maneira, é preciso aprender com um professor. Aqui eu só lhe proponho as experiências que não exigem uma tal orientação para poderem ser realizadas com segurança e bons efeitos.

A segunda parte do exercício deve resultar em específico numa experiência esteticamente agradável. A expressão do eu que o exercício possibilita pode ser muito bela, profunda e auto-reveladora, além de promover uma catarse emocional. Os que gostam de música e a ela se dedicam podem, além disso, descobrir em si mesmos um novo potencial para o trabalho criativo.

Sente-se confortavelmente. Então, faça o som *aah*. *Aah*. Observe que para fazer o som você tem de abrir a boca. *Aaaaah*. Faça esse som algumas vezes. Em todos os casos, cada emissão de som deve durar pelo menos de dez a 15 segundos. Agora feche a boca mas, quanto ao mais, deixe o som sair como antes, naturalmente; não importa como ele sai, desde que você tenha na mente a intenção de produzir o mesmo som de *aah*. Observe que quando a boca está fechada, o *aah* necessariamente se parece mais com um *mmmmm*.

Mantenha a boca fechada, cerre os dentes e faça o som *mmmm*. Continue fazendo o som *mmmm*. Continue fazendo o som *mmmm*. Observe se o fato de abrir um pouco os dentes faz alguma diferença. Não modifique mais nada, apenas separe um pouco os dentes. *Mmmm. Mmmm*. Tente de ambas as maneiras, mantendo sempre a boca fechada, mas cerrando e descerrando os dentes.

Agora faça o som *aah* com a boca aberta e tente senti-lo em sua cabeça, lá onde está o cérebro. *Aah. Aah. Aah*. Tente projetar o som até lá. Tente fazê-lo com os olhos fechados e com os olhos abertos e veja se um jeito é melhor que outro. *Aah. Aah. Aaah.*

Agora, sempre fazendo o mesmo som, tampe o ouvido direito, seja com o dedo médio, seja dobrando o lóbulo da orelha para cima (tente de ambas as maneiras). *Aah. Aah.* Observe cuidadosamente como você está ouvindo o som. Então, mantendo o ouvido direito tampado, bata algumas vezes na coxa com a mão aberta, suficientemente alto para poder ouvir o som da palmada com perfeição. *Bate. Bate.* Observe a diferença no modo pelo qual você ouve os dois sons. Faça a mesma coisa outra vez, mantendo o ouvido direito tampado com o dedo médio da mão direita: *Aah. Aah. Bate. Bate.* Faça isso mais algumas vezes.

Você percebeu que, quando o barulho é gerado dentro de você, você sente que o está ouvindo com o ouvido tampado? E que, quando o ruído é gerado no exterior, como acontece com as palmadas, você ouve com o outro ouvido, o que não está tampado? Se você não notou isso antes, faça a mesma coisa outra vez com um ouvido tampado e observe a diferença. *Aah. Aah. Bate. Bate.*

Agora tampe ambos os ouvidos e faça o som *aah*. *Aah.* Faça-o de boca aberta. *Aah.* Então faça-o com a boca fechada. *Mmmm.* E então alterne o abrir e fechar a boca de modo a produzir os dois sons diferentes. *Aah. Mmmm. Aah. Mmmm.* Faça o som tão alto quanto possível com a boca aberta e com a boca fechada, o volume pode ser muito ampliado, de modo a fazer vibrar toda a cabeça. Você pode obter um volume muito maior do que quando a boca está aberta. Faça isso de um modo e do outro várias vezes. *Aah. Mmmm. Aah. Mmmm.*

Você vai perceber que o volume depende da abertura da boca. Quanto mais aberta a boca, mais suave o som. Quanto mais fechada, mais alto o som. Experimente. *Aah. Mmmm. Aah.* Se você abrir a boca ao máximo — como se estivesse dando um grande bocejo —, o som quase desaparecerá.

Continue fazendo a mesma coisa, com as mãos repousando sobre as pernas. Boca aberta. *Aah.* Boca fechada. *Mmmm.* Você pode, se quiser, continuar fazendo isso por mais tempo. Continue: *Aah. Mmmm. Aah. Mmmm.*

Use um dedo para tampar a narina direita e continue emitindo o som, com a boca fechada. *Mmmm.* Veja se agora você não parece estar ouvindo o som principalmente com a narina esquerda, e não com o ouvido. *Mmmm.* A sensação mais forte que você tem do som está na narina que não está tampada.

Lembre-se de que, se você tampa um ouvido, o som parece mais alto nesse ouvido tapado. Se você tampa a narina, a sensação do som é mais forte na narina que não está tampada. Como você explica essa aparente incongruência?

Agora tampe ambas as narinas e faça uma experiência. Tampe alternadamente a narina esquerda e a direita. *Aah. Aah.* Feche a boca e continue. *Mmmm. Mmmm.* Você vai notar que, quando abre a boca, o som parece estar na boca. Quando fecha a boca, o som parece estar na narina tampada. Abra e feche a boca algumas vezes. *Aah. Mmmm. Aah. Mmmm.*

Agora tampe ambas as narinas e faça o som *aah*. Se sua boca estiver completamente fechada, naturalmente você não conseguirá emitir nenhum som. Tente abrir um pouquinho a boca, depois abra-a bastante, com ambas as narinas tampadas. *Aaah.*

Observe que, à medida que a boca se fecha, você sente o som aumentar nas narinas. À medida que ela se abre, você pára de sentir o som nas narinas e começa a ouvi-lo dentro da boca. *Aaah.* Agora experimente tampar ambas as narinas e ambos os ouvidos usando os polegares e os dedos médios. *Aaah.* Quando ambos os ouvidos e ambas as narinas estão tampadas, você ouve com os ouvidos, ou pelo menos assim parece. *Aaah.*

Mantenha os ouvidos tampados, destampe as narinas e emita o som várias vezes: *aaah*. Como você vê, você continua a ouvir com os ouvidos enquanto eles permanecem tampados.

Percebemos, então, que a cabeça humana é uma curiosa câmara acústica. Se você tampar um ouvido, vai ouvir com esse ouvido enquanto o ruído vier de dentro. Se o ruído vier de fora, você ouvirá com o ouvido que não estiver tampado. Tente lembrar-se das outras experiências que fizemos. Há também muitas outras que ainda não fizemos.

Agora, mais uma vez, tampe os ouvidos e faça o som, primeiro de boca aberta — *aah* — e depois de boca fechada — *mmm. Aah. Mmmm. Aah.* Pense no famoso mantra indiano *aum.* Pronuncie-o *aah-um, aah-um*, duas sílabas separadas. Enuncie-o algumas vezes, abrindo a boca ao

falar *aah* e fechando-a para o som *um*, mantendo os ouvidos tampados. *Aah. Um. Aah. Um. Aah. Um. Aah. Uum.*
    Faça todo o espaço interior da sua cabeça vibrar com esse som. Amplifique o som, de modo que todo o interior da cabeça fique preenchido com ele: *aah. Um.*
    Tente direcionar o som para o lado direito do cérebro. *Aah. Um.* Preencha todo o lado direito da cabeça com o som. Por enquanto, talvez seja preferível fazer isso de olhos fechados. Continue a vibrar todo o lado direito do cérebro. *Aah. Um. Aah. Um. Ah. Um.* Pare um pouco e observe se você sente alguma diferença entre o lado direito e o lado esquerdo do rosto, o olho direito e o olho esquerdo, as têmporas direita e esquerda.
    Agora, de ouvidos tampados, projete o som *aah um* para o lado esquerdo do cérebro. Preencha todo o lado esquerdo da cabeça, do maxilar para cima, com esse poderoso som vibratório. *Aah. Um. Aah. Um. Aah. Um.* Veja o quanto você consegue prolongar o som *um. Aah. Uuuummmmm.*
    Agora, de ouvidos tampados, tente preencher toda a cabeça, do maxilar para cima, com os sons *aah, um, aah, um.* Tente fazer o *aah* vibrar tão forte quanto o *um. Aah. Um. Aah. Um. Aah. Um.* Para ampliar o *aah*, tampe não só os ouvidos, mas também as narinas, destampando-as para fazer o som *um.* Tampe-as para fazer o som *aah* e depois destampe-as para fazer o som *um*, sempre direcionando os sons para a cabeça. *Aah. Um.* Agora veja se você é capaz de fazer o *aah* vibrar lá em cima sem tampar as narinas. *Aah. Um. Aah. Um.*
    Descanse um pouco e apenas sinta as sensações criadas pelo que você esteve fazendo. Deite-se e veja como você se sente. Ainda deitado, faça o som *mmmm* e direcione esse som para cima, para o alto da cabeça. Não faça nada com as mãos, simplesmente direcione o som para cima enquanto está deitado de costas. *Mmmm.*
    Veja se você consegue direcionar esse som para o olho e a têmpora direitos. Faça isso por um tempinho. *Mmmm.* Agora direcione-o para o olho e a têmpora esquerdos. *Mmmm.* Depois tente encher novamente toda a cabeça com o som *mmmm.*
    Agora experimente fazer o mesmo som numa tonalidade mais alta. Eleve um pouco a voz e faça isso. Experimente fazê-lo com os dedos nos

ouvidos. *Mmmm*. Então sente-se e faça a mesma coisa. *Mmmm*. Continue tentando fazer um som cada vez mais agudo de ouvidos tampados. *Mmmm*.

Agora faça o mesmo som que você fez desde o início, o som mais grave, e direcione-o para a base do crânio, para o cérebro antigo — base do cérebro — e o alto da espinha. *Mmmm*. Direcione-o um pouco mais para cima, para a parte posterior do crânio. Tente encher todo o lado de dentro da parte posterior da cabeça com o som *mmmm*. Traga-o para diante, para a região que fica logo atrás da testa e dos olhos. Faça o som vibrar com os ouvidos tampados. *Mmmm*.

Agora tente concentrar esse som, enviando-o a um ponto situado entre os olhos, um pouco acima do alto do nariz. Essa é a localização do assim-chamado terceiro olho, um dos chakras da ioga. É também o ponto onde fica a glândula pineal, uma glândula importante que muitos consideram intimamente ligada com todos os tipos de percepção extra-sensorial e capacidade paranormal.

Agora, com os ouvidos tampados, tente bombardear o seu "terceiro olho" com vibrações sonoras. Você pode fazer isso de vários modos, fazendo o *mmmm* mais agudo ou mais grave, introduzindo nele uma espécie de trêmulo ou interrompendo-lhe a continuidade, de modo que ele se torne quase um zumbido.

Direcione todos esses sons para o "terceiro olho", concentrando-os ali tão intensamente quanto possível. *Mmmm*. *Mmmm*. Provoque explosões de som — *m m m* — e tente sentir o som como se ele estivesse martelando contra o lado de dentro da testa e a região do terceiro olho. *M m m m*. Imagine-se atacando o terceiro olho com vibrações sonoras, estimulando-o, tentando aos poucos romper, para abri-lo, uma obstrução que o está bloqueando. Continue martelando, mas não forte demais. *Mm mm mm mm mm*.

Agora bombardeie-o com um som estável. Depois, estimule-o com sons descontínuos. Faça-o primeiro de um jeito, depois do outro: *mmmm mm mm mm mmmm*.

Agora direcione esses sons para o alto da cabeça. Essa é a localização de outro chakra da ioga, chamado de lótus das mil pétalas. É também a área mais nova do cérebro, dotada de um potencial que ainda não conhecemos. Diz-se que, se fôssemos capazes de realizar esse potencial na vida cotidiana, então seríamos seres verdadeiramente conscientes e despertos, mais conscientes do que jamais fomos.

Agora inunde essa área de sons: todos os tipos de som, contínuos e intermitentes, agudos e graves. Vibre-a, estimule-a do modo o mais intenso possível: *mmmmmmmmm mm mm mm m m m m mm mmmmmmmmm.*

Faça colunas de som que se elevam até o alto do seu cérebro, estimulando-o: *mmmmmmmm mm mm mm m m m m mm mmmmmmmm.*

Direcione um pouco o som para o "terceiro olho"; depois, para o cérebro perto da base do crânio; depois, outra vez para o alto. Agora encha toda a cabeça de vibrações sonoras. *Mmmmm mm mm mm m m m mmmmm mm m mm.*

Inunde o cérebro com *aums* gigantescos. Inunde o cérebro inteiro. *Aah um. Aah um. Aah uumm. Aah uumm.* Faça-o tão alto quanto você for capaz. Entregue-se inteiramente às vibrações na sua cabeça.

Alguma coisa mudou? O quê? Procure observar os seus movimentos, os músculos, as articulações, a respiração, a sensação que você tem do rosto e da cabeça. Como você se sente mental e emocionalmente? Compare o estado atual da sua consciência com o estado dela no início do exercício.

Deite-se um pouco e observe como o seu corpo repousa sobre o chão. Observe a sua imagem corporal e procure mais uma vez sondar a sua própria consciência o mais detalhadamente possível. Você se sente relaxado?

Então levante-se lentamente e ande pelo quarto observando como você se sente ao caminhar. Lembre-se de observar-se ao máximo — o peso da cabeça, as sensações na cabeça e no pescoço. Fique em silêncio por um certo tempo e continue a ampliar a sua autoconsciência — física, mental, emocional.

Como eu já tinha dito, você pode parar ao terminar este exercício ou, depois de um breve descanso, passar direto para o seguinte.

Vibrações Sonoras (segunda parte): Canção do Eu

Como eu já disse, você deve executar este exercício imediatamente depois da Primeira Parte, visto que o estado de consciência por ela produzido será de muita ajuda para a obtenção dos efeitos da Segunda Parte. Estes efeitos serão mais psicológicos e emocionais do que os dos exercícios anteriores, embora não deixem de contribuir para aumentar a consciência interior e aperfeiçoar a imagem corporal. Fique atento a todas as mudanças de consciência que podem sobrevir com a prática deste exercício.

Sente-se numa posição confortável, uma posição semelhante à da ioga, se você conseguir. Feche os olhos e tente tomar consciência de todo o contorno exterior da sua cabeça. Isto engloba o rosto, o alto e a parte de trás da cabeça, a parte de baixo do queixo e o pescoço até a linha onde começam os ombros. Preste uma atenção especial aos olhos, à cavidade ocular, aos ouvidos, à cavidade auricular, à boca, à cavidade bucal, ao nariz e à cavidade nasal. Examine-as uma por uma. Sinta essas cavidades, entre nelas, do modo o mais completo possível. Tente seguir da boca para a garganta e daí abaixo, chegando até os intestinos. E, se quiser, deixe que a consciência simplesmente saia pelo outro lado.

Agora procure tomar consciência do cérebro e siga-o pela coluna vertebral abaixo. Deixe que a sua consciência desça pela coluna vertebral até o fim e depois suba de volta até a base do cérebro. Tente fazer isso algumas vezes de forma tão metódica quanto possível.

Enquanto isso, ponha os dedos médios nos ouvidos e encha a região do cérebro com o som *aah um* que agora já lhe é familiar. Simplesmente feche os olhos. Continue emitindo esses sons por alguns minutos, examinando o cérebro; depois, procure descer pela coluna vertebral até o cóccix e voltar por ela até chegar em cima.

Agora, tente perceber o esqueleto em sua integridade. Talvez isso o ajude a tomar consciência das vértebras. Comece com o crânio; o alto, os lados, as cavidades oculares e os ossos do maxilar. Conscientize-se do pescoço, dos ossos dos ombros, das costelas na frente e atrás, dos ossos dos braços, dos antebraços, das mãos, da pelve, das coxas, das pernas, dos pés e dedos dos pés. Tome consciência das articulações dos tornozelos, dos joelhos, dos dedos dos pés e das mãos, dos pulsos, dos cotovelos, dos ombros e da coluna vertebral. Na coluna, comece pelo pescoço; talvez seja esse o ponto mais acessível à percepção. Experimente movimentar um pouco a cabeça.

Continue fazendo o som *aah um*, inundando o seu cérebro com ele, e tome a máxima consciência possível de todo o esqueleto, começando pelo crânio. Dirigindo o som para a caixa craniana, procure imaginar-se somente como um esqueleto. Retire a sua consciência das outras partes do corpo, dos músculos e da carne, e pense em si mesmo como um esqueleto, sentado num quarto sozinho ou acompanhado de outros esqueletos. Não mais que um esqueleto sentado aí na posição em que você está sentado, com o som ressoando na cabeça, enchendo todo o interior do crânio de agora até a eternidade, num momento intemporal, numa pequena eternidade.

Deite-se e faça o som *aah um*, conservando a consciência do esqueleto deitado no chão. Veja se essa posição torna a tarefa mais fácil. Experimente com diferentes sons, mais agudos, mais graves, descontínuos. Tente direcionar o som para diversas partes do esqueleto. Procure fazer vibrar toda a sua estrutura óssea.

Agora imagine que o resto do seu corpo está voltando à vida, que a carne está começando a cobrir o esqueleto. Por toda parte dentro desse revestimento há veias, artérias, sangue e nervos. E imagine que as vibrações sonoras vão despertar o corpo para a vida, despertar-lhe todas as funções.

Sem se levantar, vá tomando cada vez mais consciência de todo o corpo que reveste esse esqueleto e da estimulação do corpo inteiro pelas vibrações sonoras. Sinta as vibrações passando pelos nervos, pelos músculos e pela carne; sinta todo o corpo voltando à vida por obra das vibrações.

Sente-se outra vez, de olhos fechados, e tente direcionar as vibrações para o alto da cabeça, para o ápice, o cume. Tampe os ouvidos e faça isso. Experimente com vários sons diferentes para determinar qual deles você acha mais estimulante. São os sons agudos, os graves, os descontínuos, os zumbidos? Que sons têm mais influência sobre você? Direcione os sons para o ápice do crânio. Tente descobrir sons puros. Imagine uma coluna de puro som e luz subindo pelo eixo central do cérebro, passando através do alto do crânio e indo além, cada vez mais para cima. Faça isso agora.

Agora deixe a coluna de som tornar-se maior, de modo a preencher toda a cabeça e ir ainda muito além dela, como uma grande vibração de som e de luz indo longe pelo espaço, como um grande farol.

Imagine-se capaz de projetar esse farol pelo espaço afora. Você pode focalizá-lo em diversas estrelas, sintonizá-lo com a vida inteligente que você pensa existir ali. Você pode, se quiser, imaginar ou acreditar que essa coluna de som e luz é uma espécie de oração, que através dela você se dirige para o Poder Altíssimo. Sons puros, sons vibratórios, tudo o que lhe parecer apropriado e eficaz.

Agora tente transformar esses sons numa música. Projete a música através de todo o cérebro. Crie a música das esferas, ou uma mensagem que você queira enviar. Mas faça música e preencha com ela toda a sua cabeça. Os ouvidos tampados, os olhos fechados: crie música.

E agora mantenha a música dentro da sua cabeça e cante para o seu cérebro. Cante para o seu cérebro e, sem usar palavras, cante a canção da sua existência, da sua vida até agora, das suas esperanças para o futuro. Cante para o cérebro e para os diversos níveis da sua psique. É uma canção que você dedica não só ao cérebro, mas também à mente inconsciente, uma canção de você para você mesmo que descreve o seu passado, o seu presente e o que você deseja para o futuro. Componha essa canção agora e inunde a sua cabeça com essa música, a sua canção. Tape os ouvidos e faça isso agora.

Pare um pouquinho. Lembre-se de que tudo o que o cérebro pode organizar, você pode fazer, dentro dos limites humanos. O cérebro e a mente juntos constituem a sua realidade, fazem a ponte entre você e o seu potencial; é por isso que, agora, você canta o seu eu. Cante a sua canção, esse cantarolar com que você inunda o cérebro, a mensagem de como você quer que seja a sua vida, o que você de fato deseja. E transmita essa mensagem ao seu cérebro, à sua mente, ao cérebro-mente. Deixe-a brotar das suas profundezas, transmita-a com paixão, de maneira tão bela quanto lhe for possível. Você talvez se surpreenda com a canção e com o que vai aprender sobre você mesmo.

Pare. Sente-se em silêncio por algum tempo. Sua atenção ainda está concentrada no cérebro. O cérebro está assimilando aquela mensagem e esta, por sua vez, está programando o cérebro para o seu futuro. Deixe que o próprio cérebro integre e comece a reorganização necessária para executar o programa que você lhe deu.

Não preste atenção às imagens que talvez lhe sobrevenham. Algumas pessoas, a esta altura, verão imagens negativas, até demoníacas. Isso significa que alguns aspectos negativos de você mesmo estão sendo reprogramados. Agora, inunde o seu cérebro de sons novamente para lhe dar mais energia para libertar-se de toda a programação negativa. Exorcize a si mesmo com o som puro durante algum tempo. Inunde o seu cérebro-mente de som para facilitar a reorganização de você mesmo à qual você deu início. Faça-o agora, um canto de exorcismo e de expulsão. Inunde o cérebro.

Continue a purgar a si mesmo, a purificar-se com a vibração de som que inunda o seu cérebro e alcança os níveis mais profundos da sua mente. Faça-o intensamente, energicamente; sinta o som ressoar por todo o cérebro, enchendo o crânio, um mensageiro de luz e mudança. Faça-o agora.

Agora, imagine por fim que você está sentado no topo de uma montanha ou de uma colina ao lado do mar e imagine que está amanhecendo. Um novo dia está começando. O sol está trazendo um novo futuro, um novo dia. E desta vez encha o seu cérebro com um hino a esse novo amanhecer, uma saudação ao novo começo. Uma Canção para o Amanhecer. Faça-o agora.

Pare. Sente-se ou deite-se em silêncio por alguns minutos e simplesmente observe como você se sente. Não analise, somente sinta. Em seguida você pode andar um pouco, se quiser. Observe a si mesmo — as suas emoções, sensações, percepções. Silenciosamente, deixe que o seu eu assimile a experiência que você teve.

Use Palavras e Imagens para Mudar o Corpo

No capítulo denominado "A Mente, o Cérebro e o Corpo", eu falei sobre várias maneiras pelas quais as instruções verbais e as imagens podem ser usadas para concretizar mudanças pequenas ou profundas no corpo humano. As palavras e imagens têm o mesmo poder na vida cotidiana, embora o ser humano raramente tome consciência de como é afetado por elas. Agora vou lhe dar uma demonstração prática desse fato e deixar que você constate por si mesmo esse poder[1].

Primeiro, deite-se de costas e examine toda a sua imagem corporal. Observe onde ela é nítida, onde é nebulosa e onde há lacunas ou áreas de inconsciência. Enquanto trabalharmos, o corpo e a imagem do corpo vão mudar, e esse fato lhe será claramente perceptível.

Deite-se com os braços dos lados do corpo, as palmas das mãos viradas para baixo, e mais uma vez examine o seu corpo. Conscientize-se da posição dos pés, das pernas, dos joelhos, das coxas, da pelve, das nádegas, do abdômen, das mãos, dos antebraços, dos cotovelos, dos braços, dos ombros, do peito, das costas, do pescoço, do rosto, dos olhos, da testa, da boca, da parte posterior da cabeça. E respire sempre normalmente.

Agora concentre a atenção no pé esquerdo e simplesmente flexione os dedos do pé esquerdo algumas vezes. Observe cuidadosamente as sensações e então imagine, de modo tão vívido quanto possível, que os está flexionando, dez ou 15 vezes, sem deixar de respirar normalmente. Agora flexione de fato o pé umas quatro ou cinco vezes — isto é, dobre-o para a frente e para trás na altura do tornozelo. Em seguida imagine-se flexionando o pé umas dez ou 15 vezes. Dobre ligeiramente o joelho esquerdo de modo que a barriga da perna desencoste um pouco do chão, e então deixe-a encostar levemente de novo no chão. Faça isso várias vezes. Agora imagine-se fazendo o mesmo movimento dez ou 15 vezes. Então de fato eleve e suavemente encoste a barriga da perna esquerda no chão dez ou 15 vezes, observando as sensações no joelho e na articulação do quadril, na parte de trás do pé e no calcanhar. Agora imagine-se fazendo o movimento, incluindo na imaginação todas essas sensações e todas as outras de que você tiver consciência.

Bata cinco vezes com a palma da mão esquerda no chão, simplesmente flexionando a mão na altura do pulso, sem tirar o antebraço do chão. Imagine-se fazendo isso, relembrando vivamente as sensações no pulso e na mão quando ela toca o chão. Bata de fato algumas vezes com a mão no chão, mas desta vez flexione o braço na altura do cotovelo, de modo que o antebraço desencoste do chão. Então imagine-se fazendo isso 15 ou vinte vezes.

Agora bata novamente com a mão no chão, mas desta vez com todo o braço esquerdo estendido, de modo que o movimento aconteça na articulação do ombro. À medida que você levanta e abaixa o braço, observe as sensações nos ombros e no braço e o modo pelo qual a mão faz contato com o chão quando você bate. Observe como você está sentindo o lado esquerdo e a caixa torácica. Agora imagine-se fazendo esse mesmo movimento 15 vezes.

Com a palma da mão esquerda, acaricie o lado esquerdo do rosto. Apenas esfregue a mão esquerda para cima e para baixo no rosto algumas vezes, observando a sensação no rosto e na mão. Acaricie todo o lado do rosto e da cabeça. Em seguida, ponha outra vez a mão ao lado do corpo e imagine-se fazendo a mesma coisa: acariciando o rosto e lembrando-se das sensações no rosto e na mão. Veja se você consegue se lembrar das sensações do ombro quando estava acariciando o rosto.

Em seguida, na imaginação apenas, passe a mão esquerda para cima e para baixo na parte da frente do corpo, no lado esquerdo, do alto do peito até a pelve e depois pela perna esquerda abaixo. Se isso lhe parecer útil, faça alguns movimentos verdadeiros e depois trabalhe outra vez com a imaginação. Tente sentir claramente o corpo sendo acariciado pela mão.

E então imagine que a sua perna esquerda está sendo acariciada pela mão de outra pessoa. A mão sobe e desce pela perna esquerda, do tornozelo até o alto da coxa. Então imagine duas mãos esfregando a sua perna de cima a baixo, uma mão fazendo isso na parte de fora e outra na parte de dentro. Você pode pensar numa determinada pessoa, ou pode simplesmente imaginar mãos anônimas.

Agora imagine que a sola do seu pé esquerdo está sendo suavemente acariciada e depois estimulada pelo arranhar gentil de unhas. Então imagine que uma mão segura o seu pé e a outra segura cada um dos dedos do pé sucessivamente, puxando-os e flexionando-os para a frente e para trás. Um dedo passa para a frente e para trás entre o dedão do pé e o segundo dedo; então entre os dois dedos seguintes, e assim sucessivamente. Depois de chegar ao dedo mínimo, ela volta no sentido contrário, esfregando cada um dos espaços entre os dedos até chegar outra vez ao dedão.

Agora imagine que o seu massagista, homem ou mulher, como você preferir, está com uma escova e começa a escovar a sola do seu pé esquerdo (lembre-se de que todas as instruções se aplicam ao lado esquerdo do corpo). Sinta as cerdas da escova na sola do pé, tocando-o de modo suave mas estimulante. Sinta a escova trabalhando nos lados e no peito do pé; depois, escovando todo o lado esquerdo, subindo pela perna até onde a escova consegue alcançar. Imagine-a escovando a panturrilha, o joelho e a coxa, no alto e dos lados. Se você não deu uma identidade à pessoa que está fazendo a massagem, não o faça agora. Depois, você talvez se surpreenda ao descobrir quem é.

Sinta a escova subindo pela articulação do quadril e escovando todo o lado esquerdo do seu corpo, toda a região à esquerda do umbigo. A escova passa sobre o abdômen e o peito, os dedos, a mão e o braço, o ombro esquerdo e o pescoço. Em seguida a escova entra em contato suave com o lado esquerdo do seu rosto, com o ouvido e o lado da cabeça.

Descanse um pouco e observe como você está deitado. Compare a posição do lado esquerdo com a posição do lado direito. Observe se você está igualmente consciente deles ou se um dos lados lhe parece mais nítido. Há mais sensação num lado do que no outro? Abra um pouquinho os olhos e observe se você está olhando para o lado esquerdo, para o direito ou para a frente. Olhe para a frente e veja se a sua cabeça está inclinada para um lado. Caso ela esteja, você sentirá uma ligeira tensão nos olhos quando olhar para a frente. Posicione a cabeça de tal maneira que os olhos possam fitar à frente sem tensão e, depois, torne a fechá-los.

Flexione a perna esquerda de modo que o pé fique plantado no chão e o joelho apontado para o teto; sinta a sola do pé no chão. Sinta ao máximo os dedos do pé, o peito do pé, a perna, o joelho, a coxa, a articulação do quadril, a pelve e o abdômen do lado esquerdo, a nádega esquerda, o lado esquerdo do peito, a mão e os dedos da mão esquerda, o braço esquerdo, o cotovelo e o ombro. Sinta o lado esquerdo da boca, a face esquerda, o lado esquerdo da testa e o olho esquerdo. Você tem a impressão de que o olho esquerdo está olhando para a frente ou de que ele está olhando um pouco para o lado? A cabeça está reta ou um pouco inclinada para a esquerda? Caso esteja inclinada, quando foi que ela se inclinou? Tente sentir nitidamente a cabeça e posicione-se de modo que a cabeça e os olhos estejam voltados para a frente. Não abra os olhos para fazê-lo, use apenas a sensibilidade.

Bata várias vezes com a sola do pé esquerdo no chão e depois imagine-se fazendo isso algumas vezes. Bata com a mão esquerda algumas vezes, flexionando o braço na altura do cotovelo. Então imagine-se batendo no chão com a mão esquerda, primeiro flexionando o pulso, depois flexionando o cotovelo, depois ainda levantando todo o braço. Estenda a perna esquerda no chão.

Agora o seu (ou a sua) massagista vai massageá-lo outra vez, desta vez com óleo. Imagine que o pé é massageado em primeiro lugar: o óleo quente está sendo esfregado entre os dedos, depois na sola do pé, as mãos aplicando-o suavemente, depois o peito e as laterais do pé. Então a perna inteira é esfregada com óleo; as mãos sobem pela perna pouco a pouco, esfregando primeiro o tornozelo, depois a canela, o joelho, a coxa; e o óleo vai penetrando na perna. As mãos seguram a perna, para trabalhar-lhe a parte de trás — a panturrilha, a barriga da perna e a parte de trás da coxa.

Em seguida é o quadril esquerdo que é massageado, depois a nádega, depois ainda a parte da frente do corpo até o umbigo. Trata-se de uma massagem suave e hábil, que agora se faz no abdômen e na parte superior esquerda do seu corpo, chegando a cada dedo, à mão, ao braço e ao ombro. Então, as mãos lhe esfregam óleo no pescoço e no lado esquerdo do rosto.

Em seguida, toalhas quentes e úmidas são aplicadas em todo o lado esquerdo do seu corpo, começando com o rosto e a cabeça e trabalhando desta vez do alto do corpo para baixo. Passe um bom tempo imaginando vivamente o processo inteiro, até chegar aos dedos dos pés. Então a parte esquerda do seu corpo é enxugada com uma toalha, começando pelos pés e subindo até a cabeça, com movimentos rápidos que, no entanto, proporcionam uma secagem completa.

Então, finalmente, as mãos passam por todo o seu corpo, ainda do lado esquerdo, estimulando-o com leves tapas, ambas as mãos batendo-lhe delicadamente com tapinhas agradáveis, começando pela sola do pé e continuando até chegar ao ombro. Então as mãos batem muito levemente, com a ponta dos dedos, no seu pescoço e no seu rosto.

Descanse um pouco e, ainda deitado, respire naturalmente, observando cuidadosamente os dois lados do seu corpo. Observe para onde os seus olhos estão olhando; veja se a sua cabeça está virada. Observe se alguma tensão se faz sentir quando você tenta olhar direto para a frente de olhos fechados.

Concentre a atenção no pé e na perna esquerdos. Agora diga dez vezes a si mesmo que a perna se sente pesada e quente, que o sangue está fluindo através da perna esquerda para o pé e que a perna esquerda se sente agradavelmente pesada. Então diga algumas vezes a si mesmo que o sangue está fluindo para a pelve e a nádega esquerda. Diga que o sangue está fluindo para o braço e a mão esquerda e para a parte esquerda do tronco. Diga, então, que o sangue lhe está fluindo para o lado esquerdo do rosto, para a bochecha, a cabeça e o olho esquerdo. E repita para si mesmo umas dez vezes: *O meu lado esquerdo está pesado, quente, e relaxado; o meu lado esquerdo está pesado, quente e relaxado.*

Agora diga a si mesmo que o seu pé esquerdo está ficando cada vez mais vivo e entrando cada vez mais na sua consciência. Vá dizendo isso várias vezes e formando uma imagem do pé baseada em suas sensações, usando a imaginação para preencher as possíveis lacunas. Imagine o pé esquerdo, seu formato e superfície, e diga que está ficando cada vez mais fácil senti-lo. Tome consciência dos dedos do pé, do calcanhar, do pé inteiro, e sinta como a perna esquerda repousa no chão. Sinta toda a região das canelas; depois, da coxa; depois ainda, da perna inteira. Sinta e imagine o lado esquerdo da pelve, a nádega, o quadril, depois o lado esquerdo do abdômen. Então sinta vivamente e imagine os dedos da mão esquerda, a própria mão e o braço até o ombro. Sinta a parte superior do corpo, o peito, o pescoço, a boca, o lado do rosto e o olho — tudo, naturalmente, do lado esquerdo. Abra os olhos e observe para onde você está olhando e se a cabeça está virada. Posicione a cabeça de modo que você fique olhando para a frente. Feche outra vez os olhos e sinta a cabeça do lado esquerdo.

Agora imagine uma linha descendo pelo meio do seu corpo, dividindo-o desde o alto da cabeça até o local em que as pernas se destacam do corpo. Sinta todo o lado esquerdo e imagine a aparência dele. Imagine-se flexionando os dedos do pé esquerdo, então o pé e o tornozelo esquerdos. Faça isso algumas vezes. Imagine-se depois dobrando um pouquinho o joelho e batendo com a barriga da perna no chão. Imagine-se batendo com a mão no chão, flexionando o braço no cotovelo. Imagine as sensações na mão, no antebraço, no cotovelo. Depois imagine-se erguendo todo o braço esquerdo para bater com a mão no chão e sinta o movimento do ombro. Sinta e imagine todo o braço enquanto faz isso.

Agora imagine-se flexionando o pé e, ao mesmo tempo, batendo no chão com a palma da mão, flexionando-a no pulso. Trata-se de um movimento simultâneo das articulações do tornozelo e do pulso esquerdos. Em seguida, flexione apenas os dedos dos pés e das mãos simultaneamente. Imagine-se flexionando alternadamente os dedos dos pés e das mãos. Respire normalmente enquanto imagina esses movimentos.

Abra rapidamente os olhos uma última vez e observe para onde você está olhando. Direcione os olhos de tal modo que eles fiquem olhando direto para a frente e mantenha-os um pouco nessa posição. Se você tiver alguma sensação de tensão, mova a cabeça de forma que os olhos se sintam bem. Observe o quanto você tem de mexer a cabeça desta vez. Por acaso desta vez você percebeu quando a cabeça ou os olhos se viraram? Ou o movimento foi inconsciente? Pense em quantos outros movimentos inconscientes você faz quando pensa, quando imagina e em todas as demais situações.

Observe a imagem do seu corpo por um momento. Compare a posição do lado esquerdo com a posição do lado direito do corpo, e a nitidez da imagem corporal dos dois lados. Depois de fazer uma comparação detalhada, role lentamente para um dos lados e levante-se. Ande um pouco, novamente comparando os dois lados do corpo.

---

1. Meu livro (escrito em co-autoria com minha esposa, Jean Houston) *Mind Games: The Guide to Inner Space* também faz uma demonstração experimental de mudanças induzidas no corpo e na imagem do corpo. Sua linha geral é muito diferente da deste livro e se volta mais para a mente, mas ele também contém um método sistemático para trazer à tona potenciais humanos latentes. Por isso, o uso conjunto dos dois livros pode ser de grande proveito aos grupos que se dedicam à psicofísica.

Transforme o Corpo com a Emoção

Como nos mostraram alguns dos exercícios precedentes, especialmente o último, é muito possível desencadear mudanças profundas no corpo por meio das palavras e das imagens sensoriais. Também é possível trabalhar especificamente com as emoções para transformar o corpo; mas, pelo que sei, esses procedimentos nunca foram empregados sistematicamente no passado. (Não me refiro aqui ao uso de "imagens agradáveis" para propiciar o relaxamento.)

Parece curioso que ninguém tenha desenvolvido esse método. Na vida do dia-a-dia, as emoções muitas vezes causam alterações sensíveis no corpo — por exemplo, as mudanças que acompanham emoções como a alegria, o medo e o desejo. A longo prazo, a inibição da expressão das emoções impõe ao corpo um fardo terrível. Tudo o que é preciso é aprender a controlar de modo produtivo a capacidade inata e adquirida que o corpo tem para mudar de acordo com os diversos estados emocionais.

Muitas coisas que acontecem no corpo são conseqüências evidentes de emoções mais ou menos inconscientes, as quais, por sua vez, já são elas mesmas condicionadas por atitudes que, além de inconscientes, podem ser até mesmo diametralmente contrárias às nossas crenças conscientes. A influência profunda que essas emoções inconscientes ou disfarçadas exercem sobre o estado do corpo pode ser, talvez, o fator mais importante para a nossa saúde e o maior determinante do nosso comportamento — na verdade, de todo o curso da nossa vida.

Especialmente interessantes são o embotamento e a distorção das experiências sensoriais causados pelas nossas atitudes conscientes e inconscientes. Ao longo de muitos anos de pesquisa com drogas psicodélicas e hipnose, constatei várias vezes que, num estado de consciência suficientemente alterado, muitas pessoas percebem espontaneamente que as suas experiências sensoriais são habitualmente distorcidas pelas idéias e valores que lhes foram impostos na infância. A idéia mais comum é uma atitude negativa contra a própria matéria e, por extensão, contra o corpo. A comparação desfavorável da matéria com o espírito e, assim, do corpo com a mente, continua, sem dúvida alguma, implícita na nossa cultura. Esses sentimentos negativos diluem ou embotam as sensações que o corpo tem de si mesmo e do mundo. Parece que são o sentido do tato e, talvez, o sentido cinestésico que mais sofrem com esse condicionamento profundamente arraigado. É possível superar esse condicionamento; aliás, isso é essencial para que a saúde e o bem-estar do corpo não sejam continuamente minados pela dose de alienação e ódio contra si mesmo que cada um recebeu nos primeiros anos de vida.

Uma das mudanças mais básicas e necessárias é reorientar o corpo para o prazer. Como afirmei antes, o sistema nervoso é hedonista por natureza. Vemos a prova disto na capacidade do corpo de mudar de inúmeras maneiras quando a nossa consciência toma um contato suficiente com modos novos e agradáveis de ser e de agir. Não há dúvida de que o corpo é racional o bastante para preferir o prazer à dor; mas, devido ao condicionamento primitivo, o *direito* do corpo ao prazer precisa ser sancionado e reafirmado — na maioria dos casos, repetidamente. Naturalmente, não estamos falando agora da busca infantil pelo prazer, que pode transformar-se numa compulsão. Mas no trabalho ou no lazer, ou em qualquer outra atividade, o uso do nosso corpo deve ser leve, fácil, eficiente e agradável. O corpo reorientado para o prazer e provido de experiências prazerosas será mais saudável e todo o ser se beneficiará com isso.

Há uma experiência simples que eu faço com pacientes sob hipnose que evidencia imediatamente quais são as reações do corpo reorientado para o prazer. Mesmo sem hipnose, muitas pessoas podem sentir as mudanças que ocorrem. Você já alcançou uma sensibilidade e consciência acima da média e provavelmente vai lucrar se fizer a experiência.

Sente-se confortavelmente no chão ou, se preferir, numa cadeira, colocando ambas as mãos com as palmas para baixo sobre as coxas. Concentre a atenção na mão direita e passe-a para cima e para baixo sobre a coxa, observando as sensações tanto na mão quanto na coxa. Agora diga muitas vezes a si mesmo que a sua mão direita está se tornando cada vez mais sensível, assimilando cada vez mais informações, ficando mais capaz de sentir perfeitamente. Continue passando a mão na coxa para cima e para baixo, afirmando que ela está se tornando mais sensível, de modo que a coxa possa reagir à maior sensibilidade da mão. Depois de certo tempo, compare as sensações na mão e na coxa com as que você teve no início.

Agora compare a mão direita com a esquerda. Compare a sua consciência da mão direita e da coxa debaixo da mão com a sua consciência da mão e da coxa esquerdas.

Instrua sua mão direita a permanecer sensibilizada e, então, volte a atenção para a mão esquerda. Reiteradamente, sugira à mão esquerda que ela é totalmente orientada para o prazer — é uma mão em busca de prazer, uma mão que aproveita ao máximo e tem todo o direito de aproveitar o fato de dar e receber prazer. Continue fazendo essas sugestões e comece a passar a mão esquerda para cima e para baixo sobre a coxa esquerda. Conceba a mão recebendo sensações prazerosas através do tato e dando prazer com o seu toque. Afirme que esse prazer pode se tornar cada vez mais intenso e que ele é uma coisa muito boa. Sinta todo o prazer que a mão pode lhe dar. Continue movendo-a, consciente do que a mão e a coxa esquerdas estão sentindo. Observe se a mão esquerda se movimenta e exerce seu toque de modo um pouco diferente da mão direita.

Agora pare e compare a mão que dá e recebe prazer com a outra mão, a mão direita, que ainda está sensibilizada. Você orientou a sua mão esquerda para o prazer e tornou a mão direita tão sensível quanto possível. Veja qual das duas sente mais. Esfregue a mão esquerda algumas vezes sobre a coxa esquerda e depois esfregue a mão direita na coxa direita. Com base no que sentem as duas coxas, com qual das mãos você gostaria mais de ser tocado? Geralmente ocorre que, quanto mais prazer o corpo sente, mais prazer ele é capaz de dar. Isso é verdade quer você toque o próprio corpo, quer toque o corpo de outra pessoa. Muitas vezes observei que os animais são imediatamente capazes de sentir a diferença entre o toque de uma mão orientada para o prazer e de uma mão no estado comum, ou até mesmo da mão que foi sensibilizada por sugestão.

Quer a sua experiência se enquadre nessa descrição, quer não, o exercício seguinte vai demonstrar claramente para você como os sentimentos modificam o corpo. O exercício pode ser feito por uma pessoa sozinha, mas é especialmente interessante quando feito por um casal ou um grupo de pessoas.

Para começar, deite-se de costas e examine o seu corpo. Observe como você está deitado e examine a sua imagem corporal.

Esfregue as palmas da mãos uma na outra. De que mão você tem mais consciência agora? Para igualar a sua consciência das duas mãos, junte-as, entrelaçando os dedos. Imagine a tendência ao prazer fluindo da mão esquerda para a direita, e a supersensibilidade fluindo da mão direita para a esquerda. Veja qual dos dois polegares, o direito ou o esquerdo, está do lado de fora quando as mãos estão unidas. Separe as mãos e torne a entrelaçá-las, colocando o outro polegar de fora. Junte e separe as mãos uma porção de vezes, deixando primeiro um polegar de fora, depois o outro. Também entrelace os dedos com as costas das mãos se tocando, e outra vez alterne a posição dos polegares. Entrelace de novo os dedos com as duas palmas juntas e bata as palmas uma na outra, produzindo som. Então ponha os braços e as mãos ao lado do corpo, palmas para baixo no chão.

Agora, de olhos fechados, concentre a atenção na mão direita. Tente sentir claramente e ao mesmo tempo imaginar seu lado mínimo, depois o dedo anular, e assim por diante até o polegar. Você pode mexer cada dedo algumas vezes se isso tornar a sensação mais nítida. Então tome consciência de todos os dedos, da mão inteira e do pulso. Esteja consciente tanto das costas quanto da palma da sua mão direita enquanto ela descansa no chão. Concentre ao máximo a sua atenção na mão direita. Você terá de minimizar a sua consciência das outras partes do corpo para se tornar consciente só da mão.

Pense que a sua consciência está toda na sua mão direita. Tente imaginar que você é a sua mão direita. E lembre-se, o mais vivamente possível, de alguma coisa muito agradável. Você pode pensar, por exemplo, em como se sentia quando era criança na manhã de Natal, ao entrar na sala para encontrar seus presentes embaixo da árvore. Ou, mesmo que não se trate do Natal, pense em alguma situação igualmente feliz que lhe aconteceu na infância. Agora a sua consciência está toda na mão, e a mão está repleta da emoção relembrada daquela situação. Deixe a mão direita ficar muito, muito leve e feliz, preenchendo-se das emoções que você está recordando agora. Concentre-se nisso por algum tempo.

Passe a mão direita pelo chão, sentindo a mão enquanto a mexe. Imagine e sinta que a mão está leve e borbulhante — uma mão que, se pudesse, estaria rindo de alegria.

Pare um pouco e compare a sensação na mão com as sensações no resto do corpo. Ela começa a se sentir mais leve e livre? O que você nota? Novamente, volte a consciência tão-só para a mão direita, dê-lhe total atenção e, mais uma vez, encha-a de emoção.

Deixe que as sensações de felicidade, leveza e alegria permaneçam na mão, mas transfira a atenção para o pé direito e imagine esses mesmos sentimentos introduzindo-se no seu pé direito. Faça com que os sentimentos se intensifiquem. Cada vez mais, tenha consciência da leveza e da alegria no seu pé direito. Se isso ajudar, você pode mexer um pouco os dedos do pé. Sinta o seu pé direito com alegria e descontração.

Sinta os sentimentos de alegria na mão direita e no pé direito simultaneamente. Acrescente algumas sensações agradáveis, de modo que os dedos dos pés possam sentir a areia quentinha, e depois experimente uma gostosa lama morna. Deixe que a mão e o pé direitos, contentes, sintam o som e o vento. Pense em alguém com cujos dedos dos pés você gostaria de brincar. Os seus dedos e os dedos da outra pessoa brincando juntos. Agora pense nesse pé feliz tocando piano — percorrendo alegremente as teclas. Imagine-se rabiscando ou desenhando uma figura com os dedos do pé direito. (Você pode mover o pé e os dedos do pé se quiser.)

Se você levantou o pé, abaixe-o de novo. Agora compare o pé direito e a mão direita, que estão contentes, com o outro pé e a outra mão. Que diferenças você nota? Observe se o pé e a mão direitos agora se sentem mais leves e muito mais vivos. Compare os dois lados do seu corpo.

Levante-se e ande um pouco. Ao caminhar, vire várias vezes para a direita e várias vezes para a esquerda. Depois deite-se outra vez. Pergunte a si mesmo se estar mais consciente é a mesma coisa que estar mais vivo. Pense nisso por um momento, sem reter a respiração nem tensionar os músculos do rosto ou de qualquer outra parte do corpo enquanto está pensando.

Agora, deixe que os bons sentimentos passem para a perna e cheguem ao joelho, sem deixar de sentir aquela felicidade na mão direita e no pé direito. Deixe a felicidade inundar a parte inferior da perna e o joelho e movimente um pouco a perna. Dobre um pouco o joelho, o tornozelo, os dedos do pé, como você quiser. Enquanto isso, observe rapidamente como o outro joelho se sente e se a diferença entre os dois lados do corpo está aumentando. Veja se a perna esquerda não lhe parece um tanto morta em comparação com a direita e pergunte a si mesmo se essa relativa falta de vida não é o seu estado normal. Você está habituado a sentir-se um pouco sem vida? Qual lado parece mais pesado? Veja, ainda, se um lado parece menor que o outro.

Pare de movimentar a perna direita e deixe a emoção fluir novamente. Desta vez, a emoção alegre e calorosa está subindo pelo antebraço direito até o cotovelo. Faça alguns movimentos pequenos com a mão e o antebraço direitos e sinta a alegria e a leveza dos movimentos.

Movimente ao mesmo tempo a parte inferior da perna direita e o antebraço direito. Como eles se sentem em comparação com o lado esquerdo?

Pare mais uma vez de se movimentar. Transmita o calor e os bons sentimentos para a coxa e o quadril do lado direito. Tenha consciência do bom sentimento e de uma atitude de carinho amoroso para com o seu próprio corpo. Acrescente essa serenidade aos pés, às panturrilhas, às coxas, ao quadril, à mão e ao antebraço direitos: todos serenos.

Agora perceba os sentimentos fluindo através de todo o braço e o ombro direitos. Sinta esse prazer alegre fluindo do pé para toda a perna e da ponta dos dedos da mão até o ombro. Movimente um pouco o braço direito e a perna direita — mexendo-se alegremente e sentindo esses bons sentimentos com um verdadeiro prazer.

Deixe o braço direito e a perna direita repousarem. Transmita o sentimento de alegria para a nádega direita. Sinta-a como uma nádega muito feliz — uma nádega alegre e brilhante.

Agora deixe que o lado direito da pelve se junte à festa, e também o lado direito do abdômen. Se você quiser se mexer um pouco para aumentar essas sensações ou saboreá-las um pouco mais, vá em frente. Mas só mexa o lado direito, o lado feliz.

Pare mais uma vez de se mexer. Imagine uma linha dividindo os dois lados do seu corpo, indo do alto da cabeça até os pés. Agora preencha de alegria, calor e bons sentimentos todo o lado direito do seu corpo. Deixe os sentimentos fluírem, inundarem — como quer que você conceba que eles se transmitem pelo corpo. Sinta a alegria e o prazer tomando conta do seu lado direito, passando-lhe pelo peito, pelo pescoço, pelo rosto e pela cabeça. Mexa o lado direito tanto quanto você quiser. Você pode fazer movimentos sensuais, sinuosos, ondulantes, mas só desse lado. Para aumentar ainda mais a alegria, o calor e o bom sentimento, faça alguns movimentos com todas as partes do seu corpo que já foram inundadas de emoção.

Pare mais uma vez de se mexer. Compare o lado direito do seu corpo, do pé até o pescoço, com o outro lado. E também compare os dois lados do seu rosto. Dirija a consciência especialmente para os sentimentos de alegria e felicidade do lado direito do rosto, e de todo o lado direito do corpo também. Agora limite-se a observar a si mesmo e veja se o lado direito do rosto não está começando a sorrir, enquanto o outro lado continua inexpressivo.

Além disso, sempre sentindo a alegria inundar todo o seu lado direito, perceba o que você está fazendo com os olhos. É provável que você esteja olhando para a direita, onde toda a diversão está concentrada, porque não há nada de interessante do lado esquerdo. Certas pessoas têm a tendência de virar todo o rosto para a direita. A mandíbula, a boca e até mesmo a língua podem estar tentando voltar-se em direção ao prazer.

Observe se a sua respiração pela narina direita está diferente da respiração pela narina esquerda; prestando atenção à respiração, veja se você nota uma diferença no lado direito do seu peito.

Tente tomar consciência, agora, de todo o lado direito do seu corpo. Perceba toda a imagem corporal do lado direito, inclusive os sentimentos e emoções. Tente mexer todo o lado direito do corpo, desde a ponta dos dedos do pé até o alto da cabeça. Mexa o lado direito como você quiser e aprecie as sensações do movimento.

Agora tente mover todo o corpo, os dois lados de uma vez. Veja se a imagem corporal está mais nítida de um lado do que do outro e se a sensação do seu corpo à direita é bastante diferente da sensação dele à esquerda. O que você percebeu? Por exemplo, acaso um lado parece mais leve e o outro mais pesado? Observe se um lado parece mais comprido e o outro mais curto. Que lado tem mais liberdade de movimento? Que lado lhe parece relativamente desajeitado, informe, menos saudável em comparação com o outro? Movimente-se um pouco mais e faça comparações.

Levante-se devagar e ande um pouco. Observe se as sensações são mais agradáveis num lado do que no outro. O que mais você notou?

Agora, se você está fazendo o exercício com outra pessoa, aproximem-se mais até que o lado direito de ambos os corpos esteja em contato o mais estreito e completo possível. O que você sente? Virem-se até que o lado esquerdo de ambos os corpos esteja em contato. Observe outra vez como você se sente.

Agora fique em pé com o seu lado direito em contato com o lado esquerdo do parceiro; em seguida mude de posição, o seu lado esquerdo em contato com o lado direito do parceiro. Tome a máxima consciência possível de todos os seus sentimentos e sensações nas diversas posições. Mais uma vez, fiquem em pé com os lados direitos em contato e aproveitem a sensação. Não juntem ainda os lados esquerdos, mas voltem aos lugares originais e deitem-se.

Como não fizemos nada para mudá-lo, provavelmente você sentiu o seu lado esquerdo como ele é de hábito. No entanto, você o comparou agora mesmo com o potencial que você tem para ser muito mais feliz e animado do que de hábito. Pense nisso e compare o seu modo normal de viver com o seu potencial. Se de certo modo a revelação lhe é desagradável, também deve lhe dar esperanças. Sua capacidade de mudança lhe foi demonstrada de modo direto e inequívoco, e a necessidade de mudar deve estar igualmente clara.

Essa experiência deve ter-lhe evidenciado que as suas emoções influenciam fortemente o seu modo de viver e, sem dúvida alguma, o seu corpo. Mas nós só fizemos ampliar, para que você os visse, certos efeitos emocionais, que sempre se fazem sentir na sua vida. Também poderíamos ter trabalhado com emoções negativas. Então você teria uma boa idéia do que faz consigo mesmo quando fica cronicamente zangado, amedrontado, deprimido ou repleto de ódio por si mesmo. Você compreenderia, então, com evidência, que as emoções e os estados mentais podem criar tensões musculares crônicas que deslocam o esqueleto, endurecem os vasos sangüíneos e até mesmo fazem as células se revoltar e o corpo literalmente destruir a si mesmo. Você já sabe com mais certeza, a esta altura, que as suas emoções afetam o modo pelo qual você sente os outros, bem como o modo pelo qual eles sentem você.

Deite-se confortavelmente, respire naturalmente e fique tão quieto quanto puder. Simplesmente pense em ficar muito tranqüilo. E agora imagine e tente sentir que existe uma membrana separando as duas metades do seu corpo. Você vai fazer alguns furos nessa membrana; vai deixar os bons sentimentos do lado direito passarem para o lado esquerdo. O lado direito continuará sentindo-se bem, mas esses sentimentos preencherão também o lado esquerdo. Movimente um pouco o lado direito e lembre-se outra vez do prazer e da alegria.

Agora a membrana está ficando muito porosa e os furos estão ficando maiores. Os bons sentimentos estão começando a fluir da direita para a esquerda e, se você prestar atenção, vai notar que o pé esquerdo já está captando a felicidade. Sentimentos bons e calorosos estão inundando o pé e o tornozelo esquerdos, e conseguem se difundir pelo corpo muito mais depressa desta vez, porque o lado direito já foi carregado com eles e só precisa compartilhá-los com o lado esquerdo.

Os bons sentimentos e a alegria estão fluindo, em primeiro lugar, para o pé esquerdo. E agora a mão esquerda está captando o prazer e começando a sentir-se mais leve. Movimente-a um pouquinho quando ela começa a se sentir assim.

Agora a panturrilha esquerda está captando a leveza e está sendo inundada de bons sentimentos. Seu antebraço esquerdo também está recebendo a leveza e a alegria. Você não precisa fazer nada — os bons sentimentos têm uma força que lhes é própria. A leveza e a alegria agora estão caminhando para cima através da coxa e do quadril esquerdos. O braço e o ombro esquerdos estão se tornando leves e felizes. Mexa o braço de tal modo que a sua consciência aumente. A nádega esquerda está se tornando uma nádega muito, muito feliz, recebendo alegria, calor e bons sentimentos. Movimente-a quando você começar a senti-la assim. Mais bons sentimentos estão infundindo toda a sua pelve do lado esquerdo e chegando até o abdômen. Movimente essas partes também e sinta a sensação boa.

O calor, os bons sentimentos e as emoções alegres estão lhe subindo pelo peito do lado esquerdo e chegando até o pescoço. Sinta esses bons sentimentos e, enquanto isso, movimente-se, pois assim eles se tornarão mais fortes. Movimente todas as partes do seu corpo que já estiverem se sentindo contentes e felizes.

Agora é o lado esquerdo do seu rosto que está sendo inundado de alegria, e os sentimentos bons estão fluindo ainda mais. Movimente todo o seu corpo agora e deixe que ele sinta o calor, a leveza, a alegria e o prazer. Veja se o lado esquerdo e o direito já não se parecem muito mais.

Agora deite-se em silêncio e observe como seu corpo se sente. Examine o corpo e constate o estado emocional em que você está. Compare os seus sentimentos agora com os que observou no início deste exercício.

É provável que o seu sistema nervoso tenha aprendido uma porção de coisas com essa experiência. Você trabalhou diretamente sobre o sistema nervoso oferecendo-lhe dados emocionais, e deu a si mesmo uma demonstração inequívoca do modo pelo qual as emoções lhe afetam o corpo e, logo, do modo pelo qual você pode usar as emoções para transformar o corpo. Movimente-se um pouco mais e deixe a sua consciência saborear essa experiência; deixe o sistema nervoso aprender com ela e determine-se a lembrar do que você aprendeu e a empregá-lo para o seu benefício no futuro.

Pense que você pode modificar este exercício de quase infinitas maneiras. Você pode trabalhar com as lembranças que quiser e pode infundir no corpo todos os sentimentos ou sensações que quiser sentir. No decorrer do tempo, você vai ser capaz de intensificar muitíssimo os seus sentimentos. Você faz algo muito parecido com isso na vida diária, mas a maioria das pessoas o faz inconscientemente ou só com um mínimo de consciência. Se, consciente e deliberadamente, você infundir bons sentimentos e emoções positivas no seu corpo, o sistema nervoso que é hedonista, vai começar a preferir esses sentimentos e emoções a todos os outros, de modo que eles se tornarão o seu modo normal e habitual de ser e de viver.

Outras Aplicações do Método

O método de ensino que apresentei neste livro, baseado no que chamei de "sedução da consciência pela novidade", tem um espectro muito amplo de aplicações. O próximo exercício lhe ensinará a concentrar completamente a atenção num objeto por muito mais tempo do que você conseguiria de outra maneira, pelo menos sem um treinamento árduo e prolongado em técnicas especiais de concentração e meditação. Aliás, os efeitos que você vai observar serão semelhantes aos da meditação, tal como é praticada pela maioria das pessoas. É provável que você entre num estado geral de relaxamento e, à medida que for contemplando o objeto a partir de muitos pontos de vista diferentes, ele se tornará como que sagrado, vivo, e de certo modo parecerá mais real do que todos os outros objetos à sua volta.

A criação da maioria dos exercícios apresentados neste livro exigiu um alto grau de consciência corporal e um conhecimento bastante detalhado da mecânica do corpo. Da mesma maneira, você só será capaz de inventar novos exercícios por si mesmo quando tiver aprendido a usar o corpo como um laboratório experimental. Com um pouco de perspicácia, entretanto, qualquer um pode descobrir novas aplicações do método básico, como o exercício que você vai fazer agora. Essas novas aplicações poderão nos ser de grande ajuda para resolver vários tipos e problemas e para reanimar lembranças; e poderão ajudar o psicoterapeuta a compreender o relacionamento de um paciente com as outras pessoas, especialmente com as figuras fundamentais em sua vida, muito mais rapidamente do que seria possível de outro modo.

Para fazer o exercício, você vai precisar de alguns objetos: um livro grande, uma mesinha e um tapete para colocar a mesa em cima. (Se você não tiver um ou mais desses objetos, será fácil fazer as necessárias substituições ou supressões.)

Sente-se numa posição confortável. Você deve ter diante de si, a pouco mais de um metro de distância, um grande livro sobre uma mesinha; a mesa deve estar sobre o tapete, um tapete qualquer. Você vai aprender a manter a sua atenção direcionada para esses objetos, especialmente para o livro, durante cerca de 45 minutos, sem fazer muito esforço. Eu vou ajudá-lo a concentrar-se sem vacilar; a mente não se desviará para pensar em outras coisas. Vou ajudá-lo a não se preocupar com sensações que nada têm a ver com o objeto. Trabalharemos juntos para conservar um relacionamento contínuo entre você (o sujeito) e o objeto, sem deixar que muitas outras coisas — enfim, sem deixar que nada de estranho — se introduzam no relacionamento.

Agora olhe muito cuidadosamente para o livro e comece a reparar em tudo o que você percebe. Você nota que o livro está deitado sobre a mesa, que, por sua vez, está colocada sobre um tapete.

Você nota não só as cores da mesa e do tapete, mas também as cores do livro, as letras na capa ou na sobrecapa do livro, os cantos do papel, a superfície plana da capa do livro.

Sua percepção das cores é determinada — em parte, é claro — pela quantidade de luz que há no quarto e pela direção de onde a luz vem. Deve ser fácil imaginar uma outra iluminação — uma luz bem forte sobre o livro, ou uma luminária focal brilhando sobre a orelha do livro, ou o livro iluminado à luz de velas, ou o livro num aposento bem pouco iluminado.

Olhando para ele, observe as relações que existem entre o livro e o chão; perceba que o livro está numa determinada relação com o teto, com a parede, à sua esquerda e com a parede à sua direita. Esse livro ocupa uma posição no espaço que se define pelas relações dele com o que está acima dele, abaixo dele e dos lados dele. Ele tem uma relação especial com você, com a mesa e com qualquer outro objeto com o qual você queira relacioná-lo.

Pense sobre a grossura do livro. Uma das coisas que determina a grossura do livro, naturalmente, é o número de páginas que ele contém.

Mas a grossura de cada uma das páginas é importante, assim como a grossura da capa.

Tente imaginar as páginas: como seria abrir o livro e segurá-lo apenas pela capa; a sensação da grossura dele, a sensação geral que ele lhe dá, a sensação de segurar entre os dedos uma página, algumas páginas e, por fim, muitas páginas.

Se você abrisse o livro, provavelmente constataria que o interior da capa está em branco e que a primeira página também está em branco, não de um lado só, mas dos dois. A página seguinte talvez tenha só o título; depois dela vem uma página com o título, o nome do autor, a editora e outras informações sobre o livro.

Pense nisso e imagine-se lendo o livro. À medida que você for percorrendo as páginas, o livro irá dando cada vez mais informações, ou, no caso de um romance, uma história irá se desenvolvendo. E ele revelará cada vez mais o seu conteúdo à medida que você se for aprofundando cada vez mais em suas páginas.

O livro tem um autor, ou vários autores; para chegar às suas mãos, ele precisou também de um ou vários revisores finais, uma editora, uma oficina gráfica, alguém que o encadernou, alguém que o entregou à livraria e alguém que o vendeu. Pense em alguns desses processos envolvidos — escrever, rever, publicar, imprimir, distribuir e vender. Mas pense neles em relação com o livro que você está observando.

O livro nasceu das experiências do autor ou dos autores. Que tipo de experiências foram necessárias? Em que medida o livro é produto da imaginação, e de que tipo de imaginação? Houve a pesquisa, houve a tarefa corpórea de escrever, sentado por horas e horas diante da máquina de escrever ou do computador, e depois a procura de uma editora que aceitasse esse manuscrito. Então foi preciso aguardar que o livro estivesse pronto; e quando ele finalmente chegou, o autor ou autora o segurou nas mãos, olhando para ele e folheando-o, teve um sentimento de satisfação ao ver seu livro pronto e perguntou-se: será que ele será bem aceito?

Pense em detalhes sobre o escritório da editora onde o livro foi revisto, corrigido e composto, e em todos os outros manuscritos que lá estavam, em diversos estágios do processo de transformar-se em livros impressos. Pense no gráfico escolhendo o tipo e no revisor lendo as provas. Continue olhando para o livro na mesa e imagine esse mesmo livro, ou um outro exemplar dele, chegando à livraria; alguém o tira de uma caixa e alguém decide como ele será exposto nas prateleiras.

Pense nesse livro numa prateleira ou numa mesa da livraria, esperando para ser comprado, para ser levado para casa, para ser lido e para comunicar o conhecimento que ele contém.

Pense nos outros exemplares do livro que estão sendo lidos por muitas pessoas, muitas mentes que o absorvem e interpretam-no segundo a própria experiência e a própria cultura.

Pense nele como um livro que muitas pessoas abriram, folhearam, leram e consideraram muito bom, divertido ou enfadonho.

Pense no livro, em repouso durante a maior parte do tempo numa prateleira, mas agora colocado em cima da mesinha à sua frente; e pense nos vários modos pelos quais você se relaciona com esse livro, no significado que ele tem para você.

O livro poderia ser um pouco diferente. Poderia ser mais grosso — se o autor tivesse escrito mais algumas páginas ou se o editor tivesse escolhido um papel mais encorpado. Poderia ser de muitas outras cores, e não da cor que ele é. Pense nele em diferentes cores. Pense nele um pouco mais grosso e um pouco mais fino.

Pense em como seria tocar nele agora com a palma da mão. A sensação depende, naturalmente, do lugar onde você o toca. Tocá-lo com as costas da mão seria muito diferente, assim como, digamos, descansar a bochecha sobre ele, ou tocá-lo com o nariz, a orelha, os lábios, a língua ou só com as unhas.

Você poderia estar mais perto do livro, tendo-o ao seu alcance; poderia ficar um pouquinho mais longe, ou mesmo onde está agora. Tente imaginar a sua percepção do livro dependendo da distância a que você está dele.

Você pode se levantar e olhar para o livro de cima. Imagine-se andando em volta dele, olhando para a extremidade inferior das páginas e para a extremidade superior. Continue andando ao redor dele e olhe para a capa e para o lado oposto do livro; continue circulando em volta dele em sua imaginação. Você poderia vê-lo de cima, olhando para baixo, ou deitar-se no chão, observando-o de baixo para cima.

Agora, por cerca de um minuto tente ver o livro tão nitidamente quanto lhe for possível, não a partir de um ponto de vista imaginário, mas exatamente do lugar onde você está. Veja cada parte da superfície do livro que se apresenta a você — as cores, as texturas, a área imediatamente ao redor. Tente olhar para esse livro com uma visão a mais nítida e constante possível e ver tudo o que há para ver nele, sem prestar atenção a mais nada.

Agora, sem deixar de olhar para o livro, procure observar se a cor da capa que está voltada para cima permanece constante ou se ela parece mudar enquanto você continua com os olhos fixos nele. A iluminação é constante? O livro permanece plano ou parece abaulado? As linhas ao longo das extremidades do livro continuam retas ou parecem curvar-se um pouco? Acaso algo muda na extremidade do livro? Você vê o livro exatamente da mesma maneira o tempo todo, ou quando você olha fixo para ele alguma coisa parece mudar?

Agora, sempre olhando para o livro, tente imaginar que você está num lugar em que o tempo passa muito rápido, em que ele passa muito, muito depressa, e que você está muito consciente da passagem do tempo enquanto olha o livro.

Olhe para o livro e imagine-se num lugar em que o tempo passa muito, muito devagar. Você tem todo o tempo de que precisa, todo o tempo que quer ter. O tempo passa muito, muito devagar.

Agora imagine-se num lugar fora do tempo, um espaço atemporal onde você e o livro são imutáveis, porque onde não existe tempo não existe mudança. Você é sempre o mesmo e sempre será.

E pense no livro não só como imutável, mas como o protótipo ou o arquétipo dos livros, como O Livro. Ele representa todos os livros. Em certo sentido, tudo o que se quer dizer por "livro", ou tudo o que já se entendeu por "livro", toda percepção de "livro" está contida nesse livro à sua frente. Pense sobre a qualidade de livro desse objeto e deixe que ele fale por todos os livros.

Sem deixar de olhar, pense no relacionamento que existe entre os seres humanos e os livros; pense no que o livro significa e já significou para nós, no que significou a invenção da imprensa, na explosão do conhecimento, nas possibilidades da educação universal, na difusão do conhecimento entre todas as pessoas, na enorme transformação do homem e da sociedade que o livro tornou possível.

Houve um tempo em que um homem que olhasse para o livro veria uma coisa absolutamente mágica e sagrada, um objeto de poder que também era visto como uma dádiva de Deus. Era um objeto tão poderoso que a pessoa sentiria respeito e espanto em sua presença. Todo o conhecimento humano agora poderia ser introduzido entre a capa dos livros; esses livros poderiam ser colocados em bibliotecas e essas bibliotecas conteriam, então, todo o conhecimento bom e útil produzido no decorrer das eras, as produções de todos os espíritos superiores, as grandes idéias, descobertas e invenções; tudo poderia ser conservado dessa maneira. Um pensamento como esse provocava vertigens na mente dos homens. Olhe para o livro à sua frente e tente imaginar, mesmo que difusamente, como um homem do passado se sentiria diante dele. Os homens que nunca haviam visto livros, quando os viram, compreenderam o poder que estava contido entre aquelas capas e todas as conseqüências que aquele objeto traria para a humanidade.

Agora simplesmente olhe para o livro como um objeto material que se apresenta aos seus sentidos, e tente imaginar vivamente as sensações de abrir o livro e folhear-lhe as páginas; o som que as páginas fazem. Tente lembrar-se do cheiro do livro, da aparência de algumas páginas, da sensação de olhar para uma página, lê-la e sentir o movimento dos olhos na leitura; lembre-se de como você segura o livro e de como você se senta segurando o livro à sua frente.

Imagine que o livro está quente. Se ele tivesse sido deixado ao sol, estaria quente ao toque. Você poderia repousar a cabeça sobre ele e usá-lo como um travesseiro. Ele poderia estar muito quente. Poderia queimar, poderia estar chamuscado ou fumegando.

Ele também poderia ter tomado chuva ou ter sido mergulhado na água. Molhado e frio, ele poderia congelar. O livro poderia estar encapsulado no gelo. Imagine o livro congelado, imagine como ele seria. Primeiro ele estaria molhado, e depois, ao secar, suas páginas se engruvinhariam.

Agora olhe outra vez para ele, tal como ele é. Mais uma vez, tente vê-lo com a máxima clareza. Fixe a sua atenção nele. Veja se o livro agora está mais estável do que estava antes. A luz já não fica mudando tanto. Os contornos do livro estão mais firmes. Ele está fixo, firmemente definido por suas relações com as coisas que o rodeiam, e vai se tornando cada vez mais normal, tornando-se apenas mais um livro.

Então continue a olhar para ele e veja se ele não é, de fato, um livro especial. O livro agora existe para você de uma maneira especial. Preste muita atenção e pense em todas as maneiras pelas quais sentiu o livro, todos os aspectos sob os quais o viu. Passe alguns minutos concentrando-se intensamente no livro e tente pensar nos pontos de vista sob os quais o encarou desde que o exercício começou — os pontos de vista filosóficos, históricos, artísticos, erudito, espacial, temporal, sensorial, todos eles diferentes e todos voltados para um mesmo livro. Por alguns minutos, lembre-se de tudo isso enquanto olha para o livro com a máxima intensidade que lhe for possível.

Agora, quando se sentir disposto, levante-se devagar e ande um pouco. Dê uma olhada no quarto e então sente-se outra vez.

Olhe para o livro e olhe em volta para os outros objetos do quarto. Observe se o seu olhar tende a voltar para o livro e se o livro agora tem uma qualidade que os outros objetos não têm; se ele tem mais individualidade e mais plenitude de ser do que os outros objetos presentes, como se de certo modo a sua atenção tivesse infundido nele um significado especial, que exige que você o perceba de um modo todo especial. Muitas pessoas constatam que, quando contemplam um objeto, pensando nele e concentrando-se nele como você fez agora, então ele se torna como que sagrado por um certo tempo e parece mais real do que os outros objetos ao redor. Ele tem uma qualidade essencial. A famosa pintura de uma cadeira de Van Gogh capta muito bem esse tipo de percepção — na qual um objeto assume uma importância especial e se destaca de todo o resto como se ele fosse o objeto ideal ou essencial.

Por meios diferentes do que acabamos de demonstrar, seria quase impossível manter a atenção tão intensamente concentrada num livro por um tempo equivalente. Tente pensar em alguma outra maneira de fazê-lo e você reconhecerá que isso é muito difícil. Seguindo o método que preconizamos, os sentidos podem ao menos aprender a se concentrar com um mínimo de esforço e de incômodo. O corpo aprende a tolerar a imobilidade prolongada, e até certo ponto a mente também aprende a concentrar-se. Mas o mais importante é que o objeto, por fim, é percebido sem associações e as outras distrações habituais — é visto "puramente" e assim se diferencia dos outros objetos, que são vistos da maneira comum.

Esse é o objetivo do exercício e, como assinalei no início deste capítulo, o mesmo método pode ser aplicado aos problemas e lembranças, de modo que também eles possam ser vistos "puramente".

O método lhe servirá bem se você cooperar com ele. Se, mesmo com esta estratégia, a sua mente continuar vagando ou o seu corpo o distrair, você terá de praticar se quiser alcançar o êxito com este método.

Remova os Obstáculos

Quase todos os exercícios deste livro são fáceis de fazer, e eu procurei, sempre que possível, minimizar as dificuldades e frustrações. O exercício deste capítulo é uma exceção. Vou pedir que você faça alguns movimentos que, pela aparência, deveriam ser muito fáceis. Contudo, você vai perceber que na prática eles são impedidos por uma estranha "configuração" do seu sistema nervoso — não apenas do seu, é claro, mas de quase todos os leitores deste livro.

Não sei a quem atribuir a descoberta dessas aparentes anomalias neurais e de quão benéfica é a superação delas. Ouvi dizer que G. I. Gurdjieff, sublime mestre das disciplinas esotéricas, achava que o cérebro humano se desenvolve quando as pessoas se capacitam a executar movimentos que, segundo supunha ele, não foram feitos no curso da evolução humana. Ouvi dizer também que Moshe Feldenkrais partiu da idéia de Gurdjieff e desenvolveu suas próprias seqüências de movimentos para aplicar essa noção. Talvez a idéia não tenha partido de nenhum dos dois, mas eu, particularmente, travei conhecimento com esse tipo de exercícios por meio do trabalho com Feldenkrais. Desde então tenho procurado encontrar outros movimentos desse tipo — aliás, *combinações de* movimentos —, e sem dúvida há outras pessoas que se dedicam ao mesmo empreendimento.

Baseado na minha experiência e na de meus alunos, acredito que a remoção dos estranhos obstáculos com que vamos lidar melhora o funcionamento do cérebro e, provavelmente, a saúde do organismo em geral. Espero que alguém se decida a explorar uma idéia que me parece bastante provável: a de que estes exercícios são especialmente úteis para prevenir a deterioração cerebral de pessoas mais idosas.

Para começar, fique em pé numa posição relaxada e descreva alguns círculos com os olhos. De olhos abertos — simplesmente descreva círculos com a máxima naturalidade possível. Faça-os lentamente; faça-os grandes ou pequenos, sempre o que for mais fácil para você. Tudo bem, desde que você de fato descreva círculos com os olhos.

Continue fazendo esses círculos e flexione os braços na altura dos cotovelos de maneira que seus dedos apontem direto para a frente. Sem parar de descrever círculos com os olhos, descreva-os com os dedos indicadores. Só com os dedos — não use os pulsos nem os cotovelos —, simplesmente com os dedos indicadores. Não pare de respirar.

Observe como a circulação dos olhos é afetada pela circulação dos dedos. Veja se você ainda é capaz de fazer círculos com os olhos ou se eles estão descrevendo círculos entrecortados ou algum outro movimento. Esqueça-se dos olhos por um momento e circule apenas com os dedos — só os dedos. Pare de fazer círculos com os dedos e comece a fazer círculos com os olhos, olhando para cima, para o lado, para baixo, para o outro lado, e para cima de novo em círculos lentos, suaves. Então faça círculos com os olhos e com os dedos, sem prender a respiração, e observe se o movimento é mais fácil ou mais difícil do que antes. Agora pare e abaixe os braços.

A menos que haja algo de errado com os músculos oculares, descrever círculos com os olhos é muito, muito fácil. Não apresenta problema algum, e, da mesma maneira, a menos que haja algo de errado com as mãos ou dedos, circular os dedos é facílimo. Mas quando as pessoas tentam combinar os dois movimentos, de súbito eles se tornam muito difíceis, não para os dedos, mas em geral para os olhos. Observe a si mesmo atentamente mais uma vez e tente descrever círculos simultaneamente com os dedos e com os olhos sem alterar nem interromper a respiração. Observe se os dedos e os olhos espontaneamente circulam na mesma direção. Depois, tente fazer círculos num sentido com os dedos e no sentido oposto com os olhos, sempre respirando livremente.

Fique plenamente consciente do que você está fazendo com os olhos e do que está fazendo com os dedos. Observe como se sentem o pescoço e a garganta; talvez você sinta uma pequena tensão se acumulando na parte de trás do pescoço enquanto se dedica aos movimentos. Tente inverter o movimento, fazendo os olhos circular no sentido oposto àquele em que estavam circulando antes. Depois deixe olhos e dedos circularem juntos muito devagar, e observe se isso torna a tarefa mais fácil. Depois, pare e descanse.

Você vai fazer alguns exercícios que, pela aparência, deveriam ser facílimos de executar, e, do ponto de vista do sistema ósseo-muscular, de fato são. No entanto, você vai perceber que certos obstáculos localizados no cérebro e no sistema nervoso central tornam esses movimentos concretamente difíceis, se não impossíveis, de fazer: por certo será difícil fazê-los bem.

Esses obstáculos existentes no cérebro e no sistema nervoso têm o efeito de inibir movimentos que deveriam ser muito, muito simples e fáceis. Essa inibição precisa ser desfeita porque ela não impede só esses movimentos específicos, mas afeta outros movimentos que lhe seriam muito úteis. E não é só isso: ela também limita a sua capacidade de pensar e de sentir.

Sempre que existem esses bloqueios no cérebro, a atividade cerebral naquele ponto se espalha para as áreas adjacentes, prejudicando as funções do pensamento e do sentimento. Quando você desfaz as inibições de tal modo que os bloqueios no cérebro sejam eliminados, aperfeiçoam-se também o seu pensamento e a sua capacidade de sentir. Essa afirmação é uma das poucas que eu peço que o leitor aceite pela fé — pelo menos até as mudanças produzirem seus efeitos depois de meses ou anos de trabalho. De qualquer modo, o cérebro não será um sistema sadio enquanto tiver essas inibições inúteis, que atrapalham ações muito simples.

Agora mesmo, flexione os braços; então, estenda o braço direito e, ao mesmo tempo, flexione o pulso direito. Em seguida flexione o braço direito e estenda o pulso direito; estenda o braço e flexione o pulso, e continue fazendo isso. Faça um movimento suave e contínuo, de modo que o pulso se dobre ao mesmo tempo que o braço se estende, depois faça o contrário. Tente fazer esse movimento suavemente. Lembre-se de que, ao endireitar o cotovelo, você flexiona o pulso; e, ao dobrar o cotovelo, você endireita o pulso, sempre respirando livremente. Faça isso até que o movimento lhe seja bem fácil e evidente e então pare.

Flexione e estenda o cotovelo — nenhum problema aí. Flexione e estenda o pulso: sua tendência normal, como você provavelmente vai notar, é a de, ao estender o braço, estender também o pulso. Isso é fácil de fazer, assim com o ato de ao flexionar o cotovelo, flexionar também o pulso. Você verá que isso não lhe trará problema nenhum. Mas agora faça o inverso: quando estender o braço, flexione o pulso, e quando dobrar o braço, estenda o pulso.

Tente fazer isso com ambos os braços ao mesmo tempo. Não se esqueça: flexione os pulsos quando estender os braços. Os músculos e o esqueleto não oferecem aí nenhum problema mecânico. Sempre respire livremente.

Agora faça outra coisa, que também deveria ser muito simples. Quando você estender o braço esquerdo e flexionar o pulso esquerdo, flexione o braço direito e estenda o pulso direito, de modo a fazer uma coisa com o lado esquerdo e a outra com o direito. Agora, ao estender um braço e flexionar o pulso, você dobra o outro braço e estende o outro pulso. Deveria ser simples, não é? Então faça um pequeno descanso e pense sobre o assunto, se quiser.

Sempre acontece que, num grupo de pessoas que não tiveram nenhum tipo de treinamento especial, é raríssimo encontrar sequer uma ou duas que consigam fazer esses movimentos simples; vê-se a tensão se acumular à medida que elas tentam e vão retendo a respiração. Por certo, trata-se de uma espécie de "nó no cérebro" e de um problema de comunicação no sistema nervoso. Não pode ser outra coisa.

Agora sente-se e instale-se confortavelmente; ponha os dois polegares para cima e gire o polegar direito em sentido horário. Sem parar de girar o polegar direito, gire o polegar esquerdo no sentido anti-horário e concentre a sua atenção principalmente no polegar direito. Agora, se você aproximar bastante os dois polegares e movimentá-los como se fossem uma unidade, achará extremamente fácil girar um no sentido horário e o outro no sentido anti-horário. É só você parar o movimento e girar o polegar esquerdo no sentido horário, tentando girar o direito no sentido oposto, que você há de encontrar dificuldades de novo.

Se você separar os dois movimentos na consciência, eles lhe serão muito mais difíceis do que se forem feitos como um movimento único. Se você parar de pensar e limitar-se a girar os polegares, vai perceber que um deles gira no sentido horário e o outro no sentido anti-horário sem esforço nenhum. Quase todas as pessoas percebem que, tornando o movimento tão inconsciente quanto possível, súbito não sentem mais nenhum problema — trata-se de um movimento inconsciente, quase involuntário.

Agora olhe para os polegares à sua frente, mais ou menos apontados para o teto, e gire um deles no sentido horário e o outro no sentido anti-horário. Movimente-os como uma unidade ou do jeito que lhe for mais fácil. Continue girando — não interrompa o movimento dos polegares, mas gire os braços de modo que, em vez de os polegares estarem verticais, eles estejam horizontais. O que acontece? Você percebe que os polegares, que estavam girando em sentidos opostos, agora estão girando no mesmo sentido.

Inverta o sentido do movimento dos polegares, mantendo-os na posição horizontal; então, traga-os de volta à posição vertical. Mais uma vez você vai perceber que eles estarão girando em direções opostas. Tente imaginar como isso acontece. Na horizontal, eles giram na mesma direção; na vertical, giram em direções opostas. Como você explica esse fato?

Você vai notar que, quer lhe pareça que os polegares estão girando em sentido opostos, quer no mesmo sentido, cada polegar se aproxima do dedo indicador exatamente da mesma maneira. Se o polegar estiver suficientemente próximo, quando você o girar em sentido horário ele deslizará sobre o alto do dedo indicador. Se estiver girando no sentido oposto, o polegar deslizará na parte de baixo do dedo indicador. Pare e descanse.

Faça essa última série de movimentos algumas vezes com imagens — ou seja, somente na imaginação. Veja se você é capaz de descobrir o motivo pelo qual os seus polegares giram em direções opostas quando na posição vertical, mas giram na mesma direção quando na horizontal. Existem outras partes do seu corpo com que aconteceria a mesma coisa?

Se você estiver usando sapatos e meias, tire-os, aponte os dedões do pé para o teto e descreva círculos com eles. Aponte os dedos do pé para a frente e faça círculos com os dedões. Você vai perceber que eles estão fazendo a mesma coisa que fizeram quando estavam apontados para o teto. Eles estão girando em sentidos opostos. Mas, em seguida, aproxime os dedos do pé uns dos outros — não os pés inteiros, somente os dedos — e chegará um momento em que você vai ver que os dedos do pé estão girando na mesma direção, quer você queira, quer não.

Se você virar os pés para dentro e aproximar os dedos de modo que as pontas deles fiquem de frente umas para as outras, você vai perceber que elas giram na mesma direção. Se você afastar as pontas dos pés, de modo que elas fiquem voltadas direto para a frente ou até mesmo mais para fora, de repente os dedos estarão girando em sentidos opostos, embora você não tenha parado de girá-los nem mudado o sentido do movimento de cada um deles. Como se explica isso? Continue a fazê-lo. Não se trata somente de uma questão de ponto de vista? Se você compreender isso o problema estará resolvido.

Aproxime as extremidades dos dois dedões do pé, sem parar de girá-los. Afaste os dedões a certa distância um do outro e, de repente, eles estão girando em oposição. Você verá que pode fazer isso com os polegares e os dedões dos pés simultaneamente. Se estiverem na vertical, ou se estiverem a alguma distância um do outro e mais ou menos na vertical, eles giram em sentidos opostos. Se eles se aproximam e são colocados na horizontal, eles giram juntos no mesmo sentido.

Agora, com os dedos dos pés apontados para a frente, gire na mesma direção com ambos os dedos e também com os polegares; os polegares e os dedões do pé, todos girando na mesma direção. Você vai ver que isso é fácil de fazer. Então gire os polegares num sentido e os dedões dos pés no outro. Eis um problema para você. Descreva círculos lentos, perfeitos, no sentido horário com os dedos dos pés e, ao mesmo tempo, faça círculos no sentido anti-horário com os polegares, respirando livremente tentando não se forçar. Você é capaz de me dizer por que isso é tão difícil de fazer?

Certifique-se de que seus polegares estão realmente girando em sentido oposto ao dos dedões dos pés. Veja se o movimento se torna mais fácil se você estender as pernas e girar os pés inteiros num sentido e as mãos inteiras no sentido contrário. Talvez você tenha um pequeno problema com a mobilidade do dedão do pé, mas você não deveria ter problema nenhum caso se observasse cuidadosamente. Você talvez pense que está girando as mãos e os pés em sentidos opostos. Mas, se olhar outra vez, é provável que veja que estava se iludindo e não sabia o que estava fazendo. Simplesmente respire com naturalidade e gire os pulsos e as mãos no sentido oposto ao do giro dos tornozelos e pés.

Muito freqüentemente, num grupo de pessoas, há algumas que parecem muito satisfeitas consigo mesmas e se movimentam com liberdade e naturalidade, pensando que pés e mãos estão indo em direções opostas. O único motivo de elas estarem tão felizes é que tudo está indo na mesma direção e elas não sabem disso. Pare e descanse.

Mais uma vez, lhe digo que aqui não há nada que, do ponto de vista mecânico, não seja fácil de executar. É tudo muito simples e estou certo de que você sabe disso, visto que, se fizer qualquer um desses movimentos separadamente, eles não lhe darão trabalho nenhum. Quando você tenta combiná-los é que se mete em encrencas. Repito que não existem bloqueios nos músculos nem nos ossos. Também não se trata de uma dificuldade de conceber na mente o movimento das mãos numa direção e dos pés na outra.

Do ponto de vista intelectual, não há problema algum. Portanto, o problema deve estar em algum ponto intermediário entre a mente e os músculos. O que existe entre esses dois extremos é o cérebro e o sistema nervoso.

Agora sente-se e limite-se a descrever alguns círculos com a cabeça — lentamente. Se você pensar em fazer círculos com o nariz, a sua cabeça vai girar; faça, enfim, o que for mais fácil para você. Não faça círculos demais numa direção, a menos que se saiba capaz de fazer isso sem ficar com tonturas. A menos que haja algo de errado com seu pescoço, você não terá problema nenhum para fazer círculos com a cabeça. Agora pare.

Descreva alguns círculos com os olhos. Inverta o sentido dos círculos oculares de vez em quando, como inverteu o sentido dos círculos que fez com a cabeça. Agora, cuidando para fazer dois movimentos circulatórios distintamente diferentes, gire no mesmo sentido com os olhos e a cabeça. Verifique se os olhos não estão apenas acompanhando a cabeça, mas estão de fato fazendo círculos independentes. Inverta ambos os movimentos de tempos em tempos e cuide para não reter a respiração. Então pare.

Faça mais alguns círculos com a cabeça. Faça-os tão conscientemente quanto possível. Depois tente fazê-los com o mínimo de consciência possível. Procure torná-los maximamente inconscientes. Observe se você os faz melhor quando os faz inconscientemente ou quando os faz conscientemente. A maioria das pessoas percebe que, no organismo nãotreinado, a consciência é um empecilho. Quando o fazem com a mínima consciência possível, automaticamente, o movimento melhora. Essa é a norma para o homem contemporâneo.

No entanto, é exatamente o contrário do que deveria acontecer se a pessoa estivesse suficientemente consciente. Nesse caso, a consciência de um movimento o torna melhor. Mas se a consciência é imperfeita demais, é melhor optar deliberadamente pela inconsciência e deixar o corpo cair num nível inferior de organização e se comportar de modo mais animalesco — ele vai funcionar melhor. Temos de saber que é assim que as coisas são, mas não podemos deixá-las continuar assim.

Agora, se você conseguir, alivie toda a tensão que você tiver no pescoço e no peito. Respire profunda e suavemente algumas vezes e boceje. Sacuda a cabeça ou gire-a, e então faça mais círculos com a cabeça. Não deixe de respirar livremente enquanto gira a cabeça. Então, faça movimentos com os olhos no sentido oposto.

A cabeça gira para um lado e os olhos giram no sentido contrário. Procure garantir que você esteja de fato fazendo esses movimentos e também observe a sua respiração.

Agora pare e conceba os movimentos da cabeça como um giro em volta do mostrador de um relógio. Em cima está o doze, do lado direito o três, em baixo o seis e à esquerda o nove. Gire lentamente a cabeça até o três, depois para o seis, em seguida para o nove; depois volte ao seis, volte ao três, vá do três para o nove e dali para o doze. Do doze ao seis, passando pelo nove, e do seis ao doze passando pelo três.

Agora faça a mesma coisa com os movimentos dos olhos. Gire do doze para o seis e depois do seis para o nove e do nove para o doze. Do doze para o seis, passando pelo nove, e do seis para o doze passando pelo três. Vá para o nove e depois para o três, passando pelo doze, e vá do três para o nove passando pelo seis.

Em seguida, faça alguns círculos completos em volta do mostrador, indo sempre para onde estão os números. Vá do doze para o três, para o seis, para o nove e de volta para o doze. Faça isso algumas vezes e depois faça o movimento contrário, indo do doze para o nove, para o seis, para o três e de volta ao doze. Então pare com a cabeça e os olhos na posição superior. Gire a cabeça do doze até o três e pare; gire os olhos do doze para o nove e pare. Gire a cabeça e os olhos para o seis. Gire a cabeça para o nove e os olhos para o três. Gire a cabeça e os olhos para o doze. Gire a cabeça até o seis passando pelo três e gire os olhos do doze para o seis passando pelo nove. Gire os olhos do seis para o doze passando pelo três e gire a cabeça do seis para o doze passando pelo nove.

Agora faça isso sozinho por um tempo, girando a cabeça e os olhos em pequenos impulsos em sentidos opostos. Quando você se perceber capaz de fazer os pequenos movimentos simultâneos de três num sentido e três no outro, girando a cabeça e os olhos, procure fazer o movimento de seis em seis, simultaneamente. Ou a cabeça vai para o três e os olhos vão para o nove, ou a cabeça vai do doze para o seis passando pelo três enquanto os olhos vão do doze para o seis passando pelo nove. E então continue o giro voltando para o doze com a cabeça e os olhos, cada qual num sentido.

Veja se você consegue fazer a volta completa bem devagar, de modo que a cabeça gire numa direção e os olhos na outra, encontrando-se no doze e no seis. Continue girando-os em direções opostas. Se você fizer isso bem devagar e com muito cuidado, verá que o movimento é possível e que não exige, para ser feito, que você prenda a respiração. Pratique um pouco mais e veja se você é capaz de fazer alguns círculos completos sem ter de parar. Os olhos giram num sentido e a cabeça no outro.

No caso dos outros movimentos que foram propostos, você vai perceber que o mesmo princípio operativo geral se aplica. Se você os subdividir em movimentos menores e praticá-los de modo muito cuidadoso e consciente, vai perceber que os movimentos propostos se tornam mais amplos e será capaz de romper as inibições do sistema nervoso. Então, como eu já disse, quando essas coisas se tornarem fáceis você fará espontaneamente alguns outros movimentos cuja possibilidade estava tão inibida que você nem mesmo tinha consciência deles. Finalmente, você também vai notar mudanças positivas nos seus modos de pensar e de sentir.

O exercício deste capítulo se destina a remover obstáculos do sistema nervoso, e tem de ser praticado regularmente por certo tempo. Depois disso, uns poucos movimentos rápidos a título de lembrete serão suficientes, até que, por fim, a tendência de reafirmar os obstáculos seja superada; então, a tarefa estará completa. Mas não custa pôr-se à prova de vez em quando e praticar mais alguns "lembretes", se houver indício de que eles sejam necessários.

Movimento, Música, Meditação

Como a meditação, todos os exercícios psicofísicos exigem que você concentre a sua atenção. É essencial impedir a mente de se distrair dos movimentos e da consciência dos movimentos durante o exercício. Na elaboração dos exercícios, eu frisei sempre a novidade e a variedade, mas mesmo assim você terá de fazer um esforço especial para manter a atenção concentrada; terá, sobretudo, de conscientizar-se das sensações provocadas pelos exercícios. Então você será capaz de reciclar a experiência não só visualmente, mas por meio de todos os sentidos, particularmente por meio do tato e do sentido cinestético.

Você deve praticar os exercícios imaginando os movimentos por meio de todos os sentidos. Ao fim e ao cabo, você será capaz de construir um corpo imaginário, que lhe parecerá totalmente separado do corpo físico. Suas sensações das atividades desse corpo imaginário ajudarão a melhorar o desempenho real do corpo físico; se você ficar imobilizado por causa de algum ferimento, o corpo imaginário poderá ser usado para exercitar o corpo físico e facilitar-lhe a recuperação. A doutrina dos "corpos sutis", comum a todas as antigas tradições psicofísicas, ressalta o potencial mental de criar e usar esse corpo imaginário para a autocura e para incrementar as atividades atléticas, artísticas e muitas outras.

Para começar a imaginar esse corpo sutil, você pode alternar a execução de uma ação com o corpo físico e a imaginação da mesma ação. Por exemplo, estenda totalmente o braço esquerdo; observe cuidadosamente as sensações associadas ao ato de elevar o braço e estendê-lo para o lado. Lentamente, abaixe o braço de volta à posição natural e observe as sensações: como a mão e o braço sentem o lado do corpo, como o lado do corpo sente a mão e o braço. Imagine, então, que você está estendendo outra vez o braço; imagine o que se sente ao erguer-se o braço e estendê-lo. Estenda realmente o braço e imagine-se abaixando-o para o lado do corpo; imagine o contato do braço e da mão com o corpo. Imagine como a mão, o braço e o corpo sentem uns aos outros.

Se você repetir esse exercício várias vezes e tentar sentir os movimentos imaginários tão vivamente quanto possível, chegará a um ponto em que não será mais capaz de distinguir, de olhos fechados, entre as partes reais e as partes imaginárias do exercício. O sistema nervoso será incapaz de distinguir entre a realidade subjetiva e a objetiva. O mesmo exercício pode ser repetido com diferentes partes do corpo até que todas elas possam ser movimentadas simultaneamente na imaginação e, por fim, um corpo imaginário completo passe a existir. (Claro está que este é um exercício psicofísico avançado, que você talvez nem queira fazer.)

Outra coisa boa é a dissolução temporária da imagem do corpo, o que leva a um relaxamento não só do corpo, mas de toda a estrutura do ego, proporcionando um grande alívio mental e emocional. Este é um exercício muito agradável que, se for incluído numa série de exercícios, pode proporcionar uma bem-vinda mudança de ritmo e motivar você a executar todo o programa de exercícios.

Esses efeitos são obtidos pelo que chamo de Movimento-Música-Meditação; estou me referindo a uma grande variedade de movimentos tirados do programa inteiro (e sem deixar de lado as possíveis improvisações que lhe venham à mente). Todos (ou quase todos) esses movimentos são executados com o corpo mais ou menos rente ao chão. Isso anula parcialmente a força da gravidade, de modo que você será capaz de notar mudanças na imagem corporal com mais presteza do que se o corpo ficasse ereto (como nas danças prolongadas que existem em muitas culturas para obter resultados semelhantes).

Como a maioria dos outros exercícios, este deve durar pelo menos 45 minutos, embora as sessões às vezes devam se estender até noventa minutos, duas horas ou até mais tempo. Logo você vai perceber, no entanto, que a experiência do exercício pode ser muitíssimo prazerosa, e então não lhe será difícil ampliar as sessões de vez em quando.

A escolha da música certa é muito importante, naturalmente. Tente escolher músicas que lhe pareçam muito corpóreas, que convidem a movimentos sensuais contínuos. Há várias gravações disponíveis da música popular tradicional de vários povos, de cânticos ritmados, e assim por diante — músicas que são especificamente destinadas a induzir estado alterados de consciência. Você pode experimentar a música da Polinésia e de Bali, cânticos sufis e, especialmente, algumas músicas indianas tocadas na cítara. Parece que algumas das gravações ao vivo mais hipnóticas de Ravi Shankar (sem canto) foram extremamente apreciadas pelos que se dedicaram à prática. Se possível, use um gravador que repita e toque continuamente, durante horas se você assim desejar.

Para começar, pode ser bom lembrar-se de alguns movimentos dos exercícios anteriores e executar uma série deles, adaptando os movimentos à música de modo que o exercício comece a se parecer mais com uma dança. Faça com que o exercício seja tão sensual e agradável quanto possível; envolva todo o seu corpo na experiência do prazer físico, mental e emocional. Perca-se na música e nas sensações físicas do movimento; a sua consciência aos poucos será cativada; depois disso, esse prazer se tornará toda a sua realidade. (Será mais fácil manter a imersão total se não houver interrupções para mudar a fita ou coisa parecida e se, como é óbvio, a sua posição no chão estiver maximamente confortável.)

Depois de certo tempo, você vai sentir que a imagem do corpo está mudando, que o movimento está se tornando mais leve e fácil. A certa altura, seu corpo parecerá insubstancial, fluídico. Muitas vezes, essa mudança é acompanhada pela visão de uma imagem orgânica muito bonita; outras vezes, é acompanhada por um sentimento muito primitivo de vitalidade animal — como se você estivesse rompendo barreiras e camadas de inibição para alcançar os sentimentos subjacentes.

Em seguida, você talvez sinta que o seu corpo é feito de línguas de fogo ou de partículas de energia que se movem num fluxo sinuoso, serpentino. As sensações de fadiga e de esforço desaparecem completamente; as restrições que comumente se impõem ao corpo não funcionam mais; e isso tudo parece muitíssimo real. Por exemplo, a essa altura você pode ser capaz de levantar-se e deitar-se novamente muitas vezes sem nenhum aumento no batimento cardíaco ou nas respirações.

Você deve chegar gradualmente às experiências prolongadas, observando suas reações. A grande maioria das pessoas de saúde normal logo será capaz de aumentar essas sessões para duas horas ou mais. Então pode-se começar a dissolver a imagem corporal e mergulhar numa experiência extraordinariamente prazerosa e revigorante, mental, física e emocionalmente. E depois você estará pronto para dar mais um passo rumo aos mistérios ainda não solucionados e sempre fascinantes do nosso ser.

A Técnica da
Liberdade

A técnica ou meditação apresentada a seguir provavelmente é das mais poderosas dentre as conhecidas pelo mundo contemporâneo. Eu estudei e pratiquei diversas formas de meditação e outras disciplinas espirituais por mais de meio século; mas, pelo que sei, esta aqui é absolutamente singular quanto ao método e quase inigualada em sua potência. Parece ser sido descoberta, sem a influência de nenhuma tradição espiritual e conhecida, por F. M. Alexander, gênio e professor australiano de reeducação psicofísica.

Acho que era nessa técnica ou meditação que o filósofo norte-americano John Dewey estava pensando quando atribuiu a Alexander a descoberta de "um novo princípio científico, ligado ao controle do comportamento humano, tão importante quanto qualquer princípio já descoberto no domínio da natureza exterior".

A técnica pode, é claro, ser praticada por qualquer pessoa, mas acho que dará seus melhores frutos naqueles que já têm uma experiência considerável de concentração e treinamento da atenção total. A reeducação psicofísica — provavelmente o melhor método de treinamento da atenção que já existiu — fornece o melhor fundamento para a prática da técnica, que na verdade decorre logicamente dela.

Esta forma de meditação é muitíssimo exigente e difícil, embora não pareça tão difícil quando simplesmente falamos sobre ela.

Em poucas palavras, o método consiste em ampliar a mínima lacuna que geralmente existe entre uma idéia ou impulso e a sua elaboração ou tradução em ação. Pense; quando decido fazer algo, eu tenho, ao menos por um instante, a possibilidade de fazer ou não fazer o que eu decidi. O que se deve reconhecer é que essa lacuna, esse instante, *é* a liberdade; e que, se eu trabalhar esse instante de determinada maneira, chegarei por fim a um verdadeiro estado de liberdade e, com ele, inseparável dele — provavelmente tão inseparáveis quanto o corpo e a mente —, um estado de plena consciência que é o que os grandes mestres, desde o antigo Egito e a Grécia até o presente, chamaram de o "despertar" do "sono" que é a condição normal da humanidade.

E agora, vamos ao curioso segredo de como aplicar a técnica e obter esses fins tão extraordinários. Para ilustrar, eu resolvo pegar a minha caneta. Mas, em vez de pegar a caneta como faria de ordinário, eu inibo essa ação e, no "espaço" ampliado, que criei, decidi ou pegar a caneta, ou não pegar a caneta, ou fazer alguma outra coisa. Então, se eu de fato pegar a caneta, vou fazê-lo com muito mais consciência e não da maneira habitual — que é uma espécie de desatenta extensão do impulso.

Agora, é preciso fazer isso não apenas uma ou algumas vezes, mas milhares de vezes, a fim de começar a romper o domínio do hábito e do inconsciente, para começar a tornar-se mais consciente e mais livre.

O esforço deve ser sustentado não só por algumas horas, mas por muitos dias. E o método deve ser aplicado a tudo o que lhe vier à mente. Quando se faz isso, ao fim e ao cabo algo surpreendente acontece. A tirania do inconsciente e do hábito é destruída e, com ela, o transe cultural. A pessoa acorda e não se vê mais como um robô; tanto o eu quanto o mundo são transformados. *Não há mais nenhuma sensação de coerção de dentro ou de fora.* Há uma verdadeira serenidade que, no entanto, se abre facilmente para uma expressão mais livre de quaisquer emoções apropriadas ou desejadas. E, como John Dewey disse certa vez, há também uma elevação da moral da pessoa que não tem nenhuma mancha de egoísmo nem a necessidade de impor-se aos outros. Esses sentimentos morais talvez sejam o ponto mais difícil de descrever. De qualquer modo, chega-se a uma profunda consciência de unidade com a natureza. Não nos vemos como entes separados, mas como partes de um todo; ao mesmo tempo, a sensação de ser um indivíduo é maior do que jamais foi antes. Não há emoções nem sentimentos mesquinhos, e nossas preocupações, necessidades e desejos, assim como o pensamento, o sentimento e a sensação, são o que se poderia esperar de uma condição de perfeita saúde — física, mental e emocional.

Esses e alguns outros efeitos muito intensos duram apenas algumas horas ou dias, mas um resíduo da experiência ainda permanece por várias semanas; além disso, a recordação do que aconteceu dá esperança para o futuro da humanidade. Naturalmente, a técnica não dá liberdade total, seja isso o que for. Mas dá um *tanto* de liberdade, tão maior do que a regra que passamos a conceber a possibilidade de uma raça humana tão diferente da atual como nós somos diferentes dos nossos antepassados, os quais, carecendo da linguagem, nem sequer podiam falar de liberdade.

Resumindo, nós nos observamos atentamente para perceber qualquer impulso ou idéia de fazer alguma coisa que possa surgir na consciência. Pode tratar-se, como no exemplo dado, de um impulso para estender a mão e pegar um objeto. Então nós dizemos *não* ao impulso e assim rompemos o elo entre o impulso e o ato, criando essa lacuna que *é liberdade*. A partir daí, com muita consciência, nós podemos decidir pegar o objeto, não pegar o objeto ou fazer alguma outra coisa. Mas assim que se forma a idéia de fazer alguma outra coisa, o impulso é de novo inibido, e assim vamos indo.

Isso não deve ser feito só com as ações físicas. Da mesma maneira, temos de observar as idéias, as imagens, as sensações, as emoções — tudo o que surge na consciência e começa a criar qualquer espécie de encadeamento causal. Um pouco de prática vai demonstrar o que significa; que nós temos a opção de não dar continuidade a certas seqüências de sentimentos e sensações, assim como temos a possibilidade de não empreender uma ação externa. Na verdade, a noção de "empreender" começa a perder a sua solidez quando nós compreendemos o quão pouco a vontade está envolvida e o quanto a "consciência" comum é inconsciente e automática — tanto ela quanto os vários comportamentos que ela menos cria do que *registra*.

O tempo necessário de meditação varia um pouco de indivíduo para indivíduo. Alguns precisam de mais horas de prática do que outros. É importante prolongar a duração da meditação de um dia para o dia seguinte, desenvolvendo a capacidade de conservar-se no estado meditativo. O êxito final é imediatamente reconhecível, e já não haverá nenhum pensamento ou sentimento e que seria apropriado continuar praticando a meditação.

Se há um ponto negativo no estado desperto a que por fim se chega, é o de ver claramente que as outras pessoas estão adormecidas ou como que em transe; de ver-se caminhando num mundo de "sonâmbulos", de ver-nos incapazes de comunicar a alguém a nossa nova condição. A pena ou compaixão que então sentimos pela humanidade é pelo menos mitigada pela compreensão de que o ser humano de fato tem a possibilidade de acordar e ser livre. O fardo de ver a raça humana vivendo num estado de semiconsciência é o mesmo que foi suportado — e descrito — por muitos grandes mestres e outras pessoas espiritualmente evoluídas. A serenidade e a alegria da experiência superam em muito a constatação de que a humanidade permanece num estado de transição no que se refere à consciência e ao acesso aos seus potenciais.

Pedimos que os que fizerem esta meditação enviem ao autor uma descrição da sua experiência e escrevam fazendo perguntas. O endereço para correspondência está no final do livro.

Conclusões

A reeducação psicofísica é uma força poderosa que poderia transformar a sociedade se fosse amplamente aplicada. O método é de grande valor terapêutico. Pode aumentar tanto a saúde quanto a longevidade e melhorar o funcionamento do organismo humano, promovendo o bom uso e a consciência do corpo.

Ensinado às crianças como disciplina preventiva, o método capacitaria as pessoas a evitar as tensões, as ações inconscientes e semiconscientes e as deficiências sensoriais que, ao fim e ao cabo, prejudicam a saúde, criam problemas mentais e emocionais e bloqueiam a concretização dos potenciais de pensamento, sentimento, sensação e movimento. No caso de crianças mais velhas e de adultos, o método poderia impedir a ocorrência de mais danos, revertendo ainda muitos danos já feitos. Resultados especialmente surpreendentes se poderiam obter com pessoas idosas. Quando se consegue motivá-las a fazer o trabalho necessário, elas descobrem que muitos dos assim-chamados "sintomas da velhice" são imediatamente reversíveis; não só se pode aliviar a dor e a rigidez como também pode-se melhorar muito a mobilidade; além disso, muitos supostos sintomas de senilidade também podem ser bastante reduzidos ou até mesmo completamente eliminados. Essas melhoras físicas e mentais aumentam a auto-estima e a autoconfiança e redespertam o interesse e o entusiasmo pela vida.

Do ponto de vista terapêutico, a reeducação obteve resultados surpreendentes na cura dos distúrbios reumáticos e neurológicos, dos problemas de coluna e de respiração e das doenças relacionadas com o estresse; mostrou-se útil para a reabilitação, o alívio da dor, o controle de distúrbios psicossomáticos e os cuidados pré-natais e pós-natais.

O psicoterapeuta que desenvolver suficientemente a consciência e a capacidade de usar as técnicas psicofísicas ver-se-á mais apto a diagnosticar e tratar os problemas de seus pacientes. Compreenderá muito melhor e verá com mais evidência os elementos corpóreos dos distúrbios emocionais e mentais. Então será capaz de trabalhar com a pessoa como um todo, eliminando, por exemplo, as constelações de tensão muscular que não são menos importantes, no conjunto da neurose, do que a ansiedade, a fobia, a depressão e quaisquer outros problemas que componham a síndrome. E o paciente, tendo obtido consciência e capacidade suficientes para sentir e eliminar suas tensões, não permitirá que elas se acumulem outra vez e tragam de volta os sintomas mentais associados, como acontece com demasiada freqüência.

Os métodos psicofísicos podem ser usados para a cura ou a reabilitação, mas também podem melhorar o desempenho de atletas, dançarinos e outras pessoas que passaram anos procurando refinar ao máximo o condicionamento físico, a coordenação motora, a agilidade, a força, a sensibilidade e todas as demais qualidades necessárias para os seus objetivos pessoais. O que os exercícios psicofísicos deixam claro é que sempre é possível melhorar ainda mais.

A experiência me diz que a prática regular e perseverante de exercícios como os apresentados neste livro estimula todos os efeitos acima descritos, e muitos mais. Depois de muito tempo, à semelhança do que acontece com a ioga e outras disciplinas psicofísicas, a reeducação neural produzirá mudanças que não são causadas pelos exercícios comuns. A capacidade de sensação aumenta; os processos de pensamento se tornam mais lúcidos e, para algumas pessoas, mais lógicos. A capacidade de alterar deliberadamente a consciência também se torna acessível, inclusive na modalidade que, para este método, é o resultado mais desejado — um grau de lucidez e de consciência que liberta a pessoa da coerção interior e exterior. Essa liberdade não se obtém rápido nem facilmente, e, a não ser para poucas pessoas, só se manifestará como um estado intermitente. Mesmo assim, o método proporciona vislumbres inspiradores e benéficos dessa lucidez e dessa autonomia que constituem o potencial do ser humano e que parecem ser o destino rumo ao qual a humanidade está evoluindo.

Bibliografia Selecionada

Alexander, F. M. *Man's Supreme Inheritance*. Londres: Chaterston, 1946.
_____. *The Use of the Self*. Londres: Re-Educational Publications, 1955.
_____. *The Resurrection of the Body*. Nova York: Delta Books, 1969.
Barlow, Wilfred. *The Alexander Principle*. Londres: Arrow Books, 1975.
_____. *The Alexander Technique*. Nova York: Alfred A. Knopf, 1073.
_____. *More Talk of Alexander*. Londres: Victor Gollancz, 1978.
Bertherat, Therese, e Carol Bernstein. *The Body Has Its Reasons: Anti-Exercises and Self-Awareness*. Nova York: Pantheon Books, 1977.
Eccles, John C. *Facing Reality: Philosophical Adventures by a Brain Scientist*. Nova York: Springer-Verlag, 1970.
Erickson, Milton H. *Hypnotic Realities*. Nova York: Irvington, 1976.
Feldenkrais, Moshe. *Awareness Through Movement: Health Exercises for Personal Growth*. Nova York: Harper & Row, 1972.
_____. *Body and Mature Behavior: a Study of Anxiety, Sex, Gravitation & Learning*. Nova York: International Universities Press, 1970.
_____. *The Case of Nora*. Nova York: Harper & Row, 1977.
_____. *The Elusive Obvious*. Cupertino, CA: Meta Publications, 1981.
_____. *The Potent Self*. San Francisco: Harper & Row, 1985.
_____. *The Master Moves*. Cupertino, CA: Meta Publications, 1984.
Haley, Jay, org. *Advanced Techniques of Hypnosis and Therapy; Selected Papers of Milton H. Erickson, M. D.* Nova York: Grune & Stratton, 1967.
Hanna, Thomas. *Somatics*. Reading, MA; Addison-Wesley, 1988.
_____. *The Body of Life*. Nova York: Knopf, 1980.
Heath, R., org. *The Role of Pleasure in Behavior*. Nova York: Harper & Row, 1964.
Houston, Jean. *A Mythic Life*. San Francisco: Harper & Collins, 1996.
Iyengar, B. K. *Light on Yoga*. Nova York: Schocken Books, 1972.
Jacobson, Edmund. *Progressive Relaxation*. Chicago: The University of Chicago Press, 1938.

Jones, Frank P. *Body Awareness in Action: A Study of the Alexander Technique*. Nova York: Schocken Books, 1976.

Kurtz, Ron. *Body-Centered Psychotherapy: The Hakomi Method*. Mendocino, CA: LifeRhythm, 1990.

Kurtz, Ron e Hector Prestera. *The Body Reveals*. San Francisco: Harper & Row, 1976.

Leigh, William S. *A Zen Approach to Body Therapy*. Honolulu: The Institute of Zen Studies, 1987.

Luria, A. R. *The Mind of a Mnemonist: A Little Book About a Vast Memory*. Traduzido por Lynn Solotaroff. Nova York: Basic Books, 1968.

Marrone, Robert. *Body of Knowledge: An Introduction to Body/Mind Psychology*. Albany, NY: SUNY Press, 1990.

Masters, Robert. *The Goddess Sekhmet: Psychospiritual Exercises of the Fifth Way*. St. Paul, MN: Llewellyn Publications, 1991.

_____. *Psychophysical Method Exercises* (Vols. I-VI). Pomona, NY: Kontrakundabuffer Dragon Books, 1983.

_____. *Neurospeak*. Wheaton, IL: Quest Books, 1994. [*Neurolinguagem*, publicado pela Editora Pensamento, São Paulo, 1997.]

Masters, Robert, e Jean Houston. *Mind Games: The Guide to Inner Space*. Nova York: Delta Books, 1973.

Needleman, Jacob. *A Sense of the Cosmos*. Nova York: Doubleday, 1975.

Penfield, Wilder. *The Mystery of the Mind: A Critical Study of Consciousness and the Human Brain*. Princeton: Princeton University Press, 1975.

Pribram, Karl H. *Languages of the Brain: Experimental Paradoxes and Principles in Neuropsychology*. New Jersey: Prentice Hall, 1971.

Reich, Wilhelm. *Character Analysis*. Nova York: Noonday Press, 1972.

_____. *The Function of the Orgasm*. Nova York: Noonday Press, 1972.

Rolf, Ida. *Structural Integration* Nova York: Viking, 1975.

Rrywerant, Yochanan. *The Feldenkrais Method: Teaching by Handling*. San Francisco: Harper & Row, 1983.

Schilder, Paul. *The Image & Appearance of Human Body*. Nova York: Science Editions, 1964.

_____. *Mind: Perception and Thought in Their Constructive Aspects*. Nova York: Columbia University Press, 1942.

Shelton, Herbert M. *Exercise!* Chicago: Natural Hygiene Press, 1971.

Sherrington, Charles S. *Man on His Nature*. Cambridge: Cambridge University Press, 1951.

Speransky, A. *A Basis for the Theory of Medicine*. Nova York: International Publishers, sem data.

Sweigard, Lulu E. *Human Movement Potential: Its Ideokinetic Facilitation*. Nova York: Dodd, Mead & Company, 1974.

Tinbergen, N. "Ethology and Stress Diseases." *Science*, Vol. 185, nº 4145 (5 de julho de 1974), pp. 20-27.

Todd, Mabel E. *The Thinking Body: A Study of Balancing Forces of Dynamic Man.* Nova York: Dance Horizons, 1975.

von Durckheim, Karlfried Graf. *Daily Life As Spiritual Exercise.* Nova York: Harper & Row, 1972.

_____. *Hara: The Vital Centre of Man.* Nova York: Fernhill House, 1970.

Young, J. Z. *The Memory System of the Brain.* Berkeley: University of California Press, 1966.

_____. *Introduction to the Study of Man.* Londres: Oxford University Press, 1971.

Para adquirir fitas e áudio dos exercícios psicofísicos, escreva para o Dr. Robert Masters, P.O. Box 3300, Pomona, NY 10970.

Neurolinguagem

Transforme o seu corpo enquanto lê

Robert Masters

Jogos Corporais para o Século XXI

A neurolinguagem pode mudar radicalmente o seu corpo, a sua consciência, a própria essência do seu ser. **Tudo o que você tem de fazer é ler este livro!** Uma técnica revolucionária – ou jogo corporal – *Neurolinguagem* volta-se para o sistema nervoso por meio da palavra escrita a fim de provocar mudanças nos músculos, nos órgãos do corpo e, conseqüentemente, nas dimensões mental, emocional e espiritual da vida.

"*Neurolinguagem* é diferente de qualquer outro livro que li. Ele usa a palavra impressa para estimular a imagem que o leitor tem do corpo, e faz isso de um modo que entretém e provoca. Mas que os leitores tomem cuidado. Eles nunca mais serão os mesmos depois desta leitura!"

Stanley Krippner, Ph.D., co-autor de *Spiritual Dimensions of Healing* e de *Personal Mythology*.

Robert Masters, Ph.D., é diretor de Pesquisas para a Foundation for Mind Research desde 1965. É co-autor de *Listening the Body* e de *Varieties of Psychedelic Experience* e autor de *The Goddess Sekhmet*. Seu livro *Mind Games*, escrito juntamente com sua mulher, Jean Houston, inspirou a canção de John Lennon com o mesmo nome.

EDITORA PENSAMENTO

HARA — O Centro Vital do Homem
Karlfried Graf Dürckheim

Nas discussões atuais sobre o corpo e a alma surge uma nova voz que deve ser ouvida por todos os que se dedicam à análise dos problemas da humanidade com vista à sua evolução: Karlfried Dürckheim, com seu livro *Hara — O Centro vital do Homem*.

O conceito de Dürckheim sobre o ser humano transcende a distinção entre corpo e alma no contexto de um "indivíduo" destinado a manifestar o Ser divino na vida material e que pode ser ajudado a cumprir esse destino com exercícios mais avançados do que os que costumam ser propostos pela medicina e pela psicologia tradicionais.

Em japonês, *Hara* não significa apenas "barriga" no sentido anatômico do termo, mas contém um significado existencial. Só quem consegue concentrar a gravidade no centro do corpo físico e preservá-la aí tem a chance de amadurecer; e, como pessoa madura, esse ser humano pode transcender o eterno "morrer e renascer" implícito nas leis básicas da vida. Hara não significa "algo físico", nem tampouco "algo espiritual". Hara *é* o ser humano centrado na unidade original. Quem tem Hara demonstra-o com o aumento de sua força vital e com sua maior capacidade de suportar o sofrimento.

Ao mesmo tempo, o Hara serve de elo de ligação entre o Eu sobrenatural, ou divino, e o Eu comum do homem, entre a "experiência religiosa" da unidade original e sua manifestação real no mundo. O conhecimento do Hara é uma das pérolas da sabedoria oriental, mas seu significado humano tem alcance universal.

Karlfried Dürckheim, catedrático de Psicologia e Filosofia na Universidade de Kiel, Alemanha, dedica a segunda parte do seu livro a exercícios práticos para a obtenção do Hara. A introdução de exercícios como parte da grande terapia existencial é uma novidade e atende amplamente às necessidades manifestadas pelo homem moderno.

EDITORA PENSAMENTO

A CIÊNCIA DO PRANAYAMA

Swami Sivananda

As religiões hindus atribuem ao Pranayama um lugar de grande importância. Sua prática, observada com exemplar ascetismo, está intimamente ligada ao domínio da mente e da vontade. Mediante o Pranayama, podemos controlar a energia vital que vibra no sistema nervoso e dinamiza os músculos, pois ele incute em quem o pratica o poder de dominar o seu corpo astral ou sutil, o Linga Sharira.

O Pranayama é a aplicação de uma energia que pode ser considerada a força viva do organismo animal. Quem a conquista pode tornar-se senhor não apenas de sua própria existência como também de todo o Universo, pois o Prana é a própria essência da vida cósmica, o princípio sutil do desenvolvimento universal que, sem pressa nem intermitências, o impele para a sua meta final.

Sri Swami Sivananda desenvolve esse aspecto da prática da ioga com inquestionável autoridade, estilo agradável e, sobretudo, com grande minuciosidade, numa série de exercícios que ajudarão o estudioso a adquirir força física e, sobretudo, vigor espiritual.

EDITORA PENSAMENTO

O DESPERTAR DA KUNDALINI

Gopi Krishna

Segundo a filosofia esotérica — e o autor deste livro o confirma — existe em toda a matéria uma grande força magnética, que nos livros hindus é chamada de "serpente ígnea" ou Kundalini. Especificamente no ser humano, ela estabelece laços entre os corpos físicos e astrais e entre os corpos astrais e mentais e, à medida que a evolução prossegue, esses laços são vivificados pela vontade, que libera e guia essa energia, embora de maneira meio desordenada. Por isso, o correto despertar da atividade da Kundalini deve ser precedido de um período de treinamento, visando à purificação dos veículos.

Neste livro, o autor expõe, em linguagem simples, as experiências por que passou em seu treinamento e que, a seu ver, poderão ser úteis a outros principiantes, mormente se estes recorrerem sensatamente à assistência de autênticos expertos no assunto.

Por isso, *O despertar da Kundalini* torna-se um livro extraordinário, pois o autor se baseia em sua própria experiência de iluminação — meta suprema de toda disciplina espiritual, inclusive da meditação. É um livro para todos os que desejam conhecer a meditação e a Ioga, assim como as energias que elas podem colocar em movimento.

As revelações de Gopi Krishna sobre a Kundalini fornecem, pela primeira vez, uma ponte entre a ciência e a religião.

EDITORA PENSAMENTO